本书受到国家社会科学基金项目 (22BGL202)、教育部人文社会科学研究规划基金项目 (23YJAGJW005)、辽宁省社会科学基金项目 (L22BJY037)、辽宁省社会科学基金项目 (L18BZS001)、辽宁省教育厅科学研究经费项目 (LJKMR20220984)、辽宁经济社会发展立项课题 (2023lslybkt-073)、辽宁省科学事业公益研究基金 A 类项目 (2023JH4/10600014) 的资助。

Research on Influencing Factors of

BAIJIU SALES
PERFORMANCE

in Hypermarket

大型商超白酒销售业绩
影响因素研究

李明宇　◎著

中国财经出版传媒集团

经济科学出版社
Economic Science Press

·北京·

图书在版编目（CIP）数据

大型商超白酒销售业绩影响因素研究/李明宇著
. －－北京：经济科学出版社，2023.12
ISBN 978 - 7 - 5218 - 4492 - 4

Ⅰ.①大…　Ⅱ.①李…　Ⅲ.①商店 - 白酒 - 销售管理
- 影响因素 - 研究②超级市场 - 白酒 - 销售管理 - 影响因
素 - 研究　Ⅳ.①F724.782

中国国家版本馆 CIP 数据核字（2023）第 014268 号

责任编辑：李　雪　袁　溦
责任校对：齐　杰
责任印制：邱　天

大型商超白酒销售业绩影响因素研究

李明宇　著

经济科学出版社出版、发行　新华书店经销
社址：北京市海淀区阜成路甲 28 号　邮编：100142
总编部电话：010 - 88191217　发行部电话：010 - 88191522
网址：www. esp. com. cn
电子邮箱：esp@ esp. com. cn
天猫网店：经济科学出版社旗舰店
网址：http://jjkxcbs. tmall. com
固安华明印业有限公司印装
710×1000　16 开　19.5 印张　270000 字
2023 年 12 月第 1 版　2023 年 12 月第 1 次印刷
ISBN 978 - 7 - 5218 - 4492 - 4　定价：98.00 元
（图书出现印装问题，本社负责调换。电话：010 - 88191545）
（版权所有　侵权必究　打击盗版　举报热线：010 - 88191661
QQ：2242791300　营销中心电话：010 - 88191537
电子邮箱：dbts@ esp. com. cn）

前言
Preface

　　随着中国白酒行业的持续调整和国外烈性酒的抢滩扩张，大型商超已经成为白酒销售的关键渠道和战略制高点。由于大型商超具有白酒品牌繁多、购物环境效应强、时节效应突出、促销手段复杂多样等特征，现有分析框架与理论不能予以直接应用。加之中国大型商超发展历史背景独特，研究大型商超渠道的白酒销售业绩影响因素问题，不仅有利于经验累积和理论发展，同时对于白酒企业的经营管理具有重要的实践指导意义。

　　传统营销分析框架明确了分析构面和诸多影响因素，但是没有给出影响因素间的结构层次关系。本书融合三个经典营销分析框架，围绕商超的独特情境特征和白酒的多维文化属性，识别因素间的结构关系，建立适用于大型商超的白酒销售业绩影响因素理论模型。在此基础上，构建指标测量体系，应用 FX 白酒在大润发连锁超市辽宁区 23 家门店的销售数据进行实证分析，识别关键影响因素，揭示销售业绩提升策略的着力点。具体研究要点如下。

　　一、构建了大型商超白酒销售业绩影响因素理论模型。基于刺激—机体—反应模式、科特勒行为选择模式和霍华德 - 谢思模式等文献分析，根据商超情境、白酒产品和消费行为的独特性，以及白酒文化、节日、消费者购买行为、个体属性和心理特征等因素，明确了影响因素间的层级关系。嵌入了团队分析因素，构建了商超情境的白酒销售业绩影响因素理论模型。

二、识别了影响因素并构建了指标体系。基于影响因素理论模型，识别出产品、时节、环境、销售手段和团队五大方面影响因素，并以此构建了 5 个一级指标，再以一级指标为基础，构建了价格、包装、酿造方法、酒精度，节日、非节日，消费环境、有形展示，促销、无促销，个体素质、团队培育 12 个二级指标，最终得到能够反映大型商超白酒销售业绩影响因素理论模型的 31 个三级指标。

三、实施了基于偏序集的单因素分析。重点研究了产品、环境、团队、时节和销售手段五个方面因素对大型商超白酒销售业绩的影响、特征和作用机理。分析的结果表明：产品促销动态效应的方向并不明确，正向变动关系验证了"理性上瘾"的说法、负向变动关系验证了"习惯形成"的观点；四种促销类型中，极限让利促销的效果最好，特别促销的效果次之但与传统节日促销相近，一般促销的效果最差；大型商超白酒销售具有明显的节日效应和季节性特征，且白酒消费特征与节日文化融为一体；白酒销售团队成员的敬业精神是提升市场占有率和品牌竞争力的重要影响因素。

四、开展了基于差转计算的多因素耦合分析。以上述 23 家门店的 31 个三级指标的得分归一化数据作为大型商超白酒销售业绩影响因素的观测数据，以门店促销贡献的 Hasse 图分类结果作为算法的耦合目标，采用差转计算进行多因素耦合分析。由算法得出的经验知识表明，低档、桶酒、固态法、元旦、传统节日促销 5 个因素对门店类别有完全的解释能力；其他因素需要彼此联合才能对门店类别作出诠释。基于单因素分析和多因素耦合分析，共识别出 17 个关键影响因素和 5 个起主要决定作用的关键影响因素。

五、提出了基于关键影响因素的大型商超白酒销售业绩提升策略。包括产品管理策略、团队管理策略、时节管理策略、销售手段管理策略、环境管理策略，在实践中优化以自饮消费者为主要对象的非节日销售活动，重点做好极限让利促销和一般促销；以高性价比的简装产品惠及现有门店辐射范围的忠诚消费者；精心组织传统节日促销，特别是春节、中秋国庆节两个节日时段的促销产品设计和促销活动设计，以高性价比的中高端产品为主导，扩大 FX 白酒品牌影响和产品辐射的时空范围。

撰稿过程中，笔者在已有研究成果基础上，参阅了大量国内外理论著作和相关资料，特别是最新的营销管理研究成果。出版过程中，经济科学出版社的编辑同志对本书统稿、排版、校对等做了大量工作。在此向相关文献的作者以及经济科学出版社的编辑同志表示衷心的感谢。书中难免存在一些缺点和不足，诚挚欢迎来自各方面的批评和指正，以使本书更趋于完善。

李明宇

2023 年 10 月于锦州

目 录
Contents

1　绪论 / 1

　1.1　研究背景及意义 / 1

　1.2　国内外研究现状 / 5

　1.3　主要研究内容 / 35

　1.4　研究方法与技术路线 / 38

2　大型商超白酒销售业绩影响因素理论模型构建 / 42

　2.1　营销管理经典理论框架的回顾 / 42

　2.2　商超情境下 BS 模式和 H – S 模式的融合思路 / 47

　2.3　商超情境下白酒消费者行为影响因素分析 / 49

　2.4　影响因素理论模型建立 / 88

　2.5　本章小结 / 95

3　大型商超白酒销售业绩影响因素识别与指标体系构建 / 97

　3.1　影响因素识别 / 97

　3.2　影响因素指标体系设计 / 105

3.3 影响因素指标量化赋分 / 114

3.4 本章小结 / 129

4 大型商超白酒销售业绩单因素偏序集决策分析 / 131

4.1 产品因素的促销效能分析 / 131

4.2 环境因素与团队因素的促销效能分析 / 155

4.3 时节因素的促销响应分析 / 173

4.4 本章小结 / 189

5 大型商超白酒销售业绩多因素耦合差转计算分析 / 193

5.1 差转计算算法的溯源 / 193

5.2 基于差转计算的多因素耦合分析 / 197

5.3 销售业绩全解释因素重要性的理论解析 / 207

5.4 销售业绩非全解释因素重要性的理论解析 / 213

5.5 销售业绩的关键影响因素 / 219

5.6 本章小结 / 221

6 基于关键影响因素的大型商超白酒销售业绩提升策略 / 224

6.1 产品管理策略 / 224

6.2 团队管理策略 / 230

6.3 时节管理策略 / 235

6.4 销售手段管理策略 / 238

6.5 环境管理策略 / 242

6.6 本章小结 / 247

7 结论与展望 / 250

7.1 结论 / 250

7.2 创新点 / 252

7.3　展望／254

附录／255

附录1　大润发连锁超市 FX 白酒销售额门店特征值／255

附录2　专家评分数据转换的三级指标赋分值／257

附录3　大润发连锁超市 FX 白酒销售团队问卷
　　　　调查门店特征值／258

附录4　FX 酒业商超营销中心调查问卷／260

附录5　大润发连锁超市 FX 白酒产品促销效能相关数据／269

参考文献／277

后记／300

1 绪 论

1.1 研究背景及意义

1.1.1 研究背景

无酒不成席,中国白酒可谓食品行业之王。白酒产业在国民经济中占有重要地位,历来受到国家的高度重视,创造的经济效益一直高于其他酒类产品。例如,贵州茅台已超越了产品的属性,集消费品、奢侈品与金融品于一身,2020 年凭借市值 1.5 万亿元位于 A 股市值榜龙头[1],随后其市值超越了贵州省 GDP,并在全球食品饮料行业中超越了可口可乐,登顶世界第一。白酒产品早已超脱单纯的食用功能,并与中国浓厚的历史文化、社会习俗和符号象征等独特属性相融合,这意味着国外关于酒类产品的大量研究,可能无法填补国内实证研究的空白,因为这些成果必须考虑中国白酒的文化内涵。

随着中国白酒行业的持续调整和国外烈性酒的抢滩扩张,加之商超购物已经成为一种消费习惯和休闲方式,连锁经营、集中管理、分散销售的大型商超逐步发展成为白酒销售的关键渠道和战略制高点。中华全国商业信息中心统计数据显示,2018 年全国重点大型零售企业酒类零售额同比增长 6.5%,2019 年前三季度全国重点大型零售企

业酒类零售额同比增长 6.3%；消费者在大型商超购买白酒的比例达
42%，大型商超已成为消费者购买白酒的首选渠道[2]。李（Li，
2018）[3]对国内某大型商超某品牌白酒的销售数据进行了挖掘分析，
发现大型商超已经成为线上与线下销售渠道的结合点，是中高端白酒
的集散地，更是品牌建设的重地。对于白酒销售而言，大型商超是白
酒企业的必争之地，堪称"得商超者得天下"。

国外对商超酒类产品销售业绩影响因素的研究，明确了与餐饮渠
道、流通渠道和团购渠道相比，大型商超渠道更受产品特性、购物环
境、促销手段等诸多方面因素的影响。独特的销售环境，需要框架性
地整合多种因素，这让区域性品牌白酒的商超销售环境更为复杂。例
如，大润发连锁超市辽宁区，尽管某些区域性品牌白酒企业花费了大
量的人力、物力和财力开展白酒营销活动，却造成促销设计和执行不
力、品牌推广不均衡、缺货成本或机会成本上升、产品结构不合理、
团队行为畸变等问题，有的白酒品牌因销售业绩不良而尴尬出局，有
的白酒企业甚至因此而被其他企业全盘收购。

中国有句俗语叫作"酒香不怕巷子深"，意思是说只要酒的品质
过硬就不愁买家，唯有花香蜂自来，但是大型商超白酒销售恰恰相
反，绝大多数产品均有促销，并且是多种类轮换式促销。到底哪种促
销类型效果好，促销动态效应如何，促销效能是否存在差异？大型商
超吸引消费者的主要方式是薄利多销，价格相对一般超市来说较便
宜，但是白酒除外，价格定位明显高于一般超市，如何诠释大型商超
白酒产品定位与顾客购买之间的营销关系？白酒消费者的购买偏好相
对稳定，但是大型商超白酒销售过程中却充溢着更多的冲动性购买，
哪些因素契合了消费者需求，并使其产生了需求投射？

大型商超白酒销售业绩强烈依赖于促销手段，但我国商超发展的
历史背景独特、经验积累少，以及白酒产品自身的特殊属性，决定了
其促销活动是一项复杂的系统工程。商超白酒促销多由白酒企业和大
型商超共同策划，共同商定促销产品、促销类型和促销时机，促销活

动频繁多样，堪称"无促销不销售"。琼斯等（Jones et al.，2012）[4]从澳大利亚悉尼和珀斯挑选了24家瓶装烈酒销售点作为分析样本，研究发现促销活动无处不在，平均每个促销点安排33种促销活动，其中大型商超的瓶装烈性酒促销活动最多，且多数以价格促销为主。埃尔伯格等（Elberg et al.，2019）[5]以某大型商超的10家门店为研究对象，通过改变酒类产品的促销深度，分析了价格促销的动态效应，发现消费者在享受了30%的折扣而不是10%的折扣后，购买酒类产品的可能性增加了22.4%。与国外相比，我国大型商超白酒的促销效果充满不确定性且经常达不到预期。由于大型商超具有白酒品牌繁多、购物环境效应强、时节效应突出、促销手段复杂多样等特征，因此，销售业绩会受到多种因素的交互影响。

对于大型商超白酒销售业绩影响因素问题，目前理论研究滞后于实践。鉴于大型商超之于白酒销售业绩的战略性地位，亟须在传统经典营销分析框架基础上，围绕商超的独特情境特征和白酒的多维文化属性，识别完整的影响因素，明确影响因素的层次结构、运作机理，进而构建大型商超白酒销售业绩影响因素理论模型。在此基础上，建立影响因素指标体系，应用单因素分析和多因素耦合分析方法识别销售业绩的关键影响因素。本书基于现有文献，以区域性代表品牌FX白酒为例开展实证研究，进行大型商超白酒销售业绩影响因素研究，以期为白酒企业在大型商超渠道的营销管理提供理论支撑和实践指导。

1.1.2 研究意义

（1）理论意义

大型商超白酒销售业绩影响因素问题的研究，是营销管理领域的一个特殊子域，具有一定的理论意义。对于该领域的选题，通过对现有文献的梳理和分析，尚未发现系统的理论研究。

在理论体系方面，本书将管理科学理论、营销管理理论和消费者行为理论有机融合，结合笔者十余年的白酒企业经营管理实践，基于系统论视角对大型商超白酒销售业绩影响因素问题展开深入研究，全面、系统地剖析销售业绩影响因素的内在关系和对销售业绩的内在作用关系，进而构建销售业绩影响因素理论模型和指标体系。整体研究以大型商超系统为基准点，对白酒销售业绩影响因素进行单因素分析和多因素耦合分析，识别关键影响因素，研究成果将进一步丰富管理科学理论体系、营销管理理论体系和消费者行为理论体系。

在理论分析方面，本书围绕大型商超白酒销售业绩影响因素的理论模型展开研究。研究中吸收和借鉴了刺激—机体—反应模式、科特勒行为选择模式和霍华德–谢思模式等相关理论，突出了研究的系统性和内在性，着眼于销售业绩提升，从弥散、可用、可控三个层次对销售业绩影响因素进行了辨识与分析，为大型商超白酒销售业绩影响因素的实证研究重塑了理论模型，提供了理论基础，拓宽了理论视野。

（2）实践意义

大型商超白酒销售业绩影响因素研究是科学提升销售业绩的基础。本书进行了影响因素理论模型与指标体系的构建，从系统分析、过程分析角度对销售业绩影响因素进行了深入研究。

由于竞争环境的改变，大型商超成为白酒产品的关键销售渠道和白酒企业的必争之地。本书将研究理论和实践紧密结合，影响因素理论模型集一般理论、特域知识、实践经验融为一体，有利于系统地认知商超渠道白酒销售业绩影响因素问题，以期识别关键影响因素并辅助决策，"反哺"企业经营管理和战略制定。本书构建的影响因素指标体系，是大型商超白酒销售业绩影响因素的分析和观测的因素框架，借助指标体系可逐层认知销售业绩影响因素，筛选出有效的量化分析变量。基于单因素分析和多因素耦合分析，识别大型商超白酒销售业绩的关键影响因素，进而分析和归纳销售业绩提升策略，对于白酒企业大型商超渠道的产品管理、团队管理、时节管理、销售手段管理、环境管理具有现实性的指导意义。

1.2　国内外研究现状

结合商超销售情境的购物自助性和视觉营销等特点，本书围绕大型商超白酒销售业绩影响因素研究的主题，着重从以下五个方面进行深入的梳理和综述。

1.2.1　大型商超消费者体验影响因素研究

消费者是营销学和营销实践的基石，决定着企业经营的成败和国家经济的持久发展。当下的消费者主体正面临着与企业营销策略密切相关的各类困境[6]。尤其是在新发展格局下[7]，顾客开始追求更高的生活品质和消费体验。体验经济中，企业不仅是产品或服务的提供者，更是体验的创造者[8]，消费者体验贯穿于企业与消费者互动的整个过程，与销售业绩息息相关。多年来，营销学者们对大型商超消费者体验的影响因素做了大量研究。

现有文献大多认为，大型商超的客流量主要由购物、休闲两部分人群构成。顾客进入门店，能否有效停留并发生购买行为，不仅取决于商超口碑和产品品牌，更取决于消费者体验，即顾客的自身与大型商超互动的综合感知。2019 年，刘金荣和徐琪[9]研究认为，相对完美的消费者体验正是大型商超的优势所在，因为网络渠道往往因缺乏购物体验而产生较高的退货率，特别是在盛大购物节后一个月的退款率远高于往常。

国内外关于大型商超消费者体验方面的研究，主要集中在与商超氛围相关的空间感受、服务感受和便利感受等维度。科特勒（Kotler，

1973)[10]对商超氛围的定义具有实战性：商超氛围即通过对购物环境的特别设计来引导消费者产生特定的情感反应，以增加其购买的可能性。已有大量学者的研究表明，凡是顾客在卖场中感知到的色彩、声音、味道、温度、现场人员的行为及互动情况等因素，皆可定义为商超氛围。阿图尔卡尔和凯萨里（Atulkar & Kesari，2018）[11]指出，商超氛围的诸多因素均在零售商和生产厂家的控制之下，可为消费者创造独特的购物体验，并影响冲动性购买倾向。虽然不同文献对商超氛围界定的角度不同，但核心要素是一致的，即商超氛围与购物环境密不可分，能被顾客体验、感知并产生情感反应，从而释放出冲动性购买倾向。商超氛围直接影响消费者购物体验，是决定消费者的期望是否得到满足的重要因素，因此决定着生产企业在大型商超的销售业绩。这与勒冠特尔－埃里克森等（Lecointre－Erickson et al.，2018）[12]的研究观点是一致的，鉴于大型商超销售管理的动态性和竞争性，巩固和强化商超氛围的竞争优势已经成为营销管理的关键问题。

以上研究成果表明，所谓商超氛围，是指大型商超的物理环境、展示文化、服务与关心、客流密度等几个方面共同营造出来的综合性的特定时空环境，是门店中影响顾客心理和行为的内部和外部的可控因素、可用因素与弥散因素的集合。商超氛围直接影响消费者体验，相关研究也主要集中在物理环境、展示文化、服务与关心、客流密度四个领域。

（1）物理环境

物理环境，是指大型商超的购物环境。从国内外研究文献看，商超物理环境因素包括购买环境中各种物理的外部因素和内部因素[13]，如建筑、设施、工程和人为景观，以及配色方案、门店布局、灯光、照明、温度、湿度、声音、音乐、香气等。

很多学者研究了物理环境的作用机理，认为物理环境变量对于消费者感知的商超形象、品牌价值、促销力度、产品性价比的影响具有统计显著性。大型商超的实体设计和空间布局对于消费者如何轻松或以其他方式更高效地完成购买过程发挥着重要作用[14]。加劳斯（Garaus, 2017）[15]的研究认为，大型商超和生产企业精心设计的物理环境除了提供采购信息外，还能触动顾客情感，提升满意度，从而导致购买意愿的激增。相比于国外学者，杨潇茵[16]基于商场环境、消费者行为和商场营销业绩的研究，构建了商场环境通过消费者购物价值影响营销业绩的概念模型，并利用商场数据进行了实证检验，结论表明消费者对商场环境的感知显著正向影响消费者功利主义购物价值和享乐主义购物价值，而消费者功利主义购物价值正向显著影响消费者光顾频率和当日消费金额。2011 年，李飞等[17]研究发现，北京翠微大厦购物中心善于把环境要素与营销组合中产品、价格、沟通等各要素进行联合运用，每年店庆活动期间门店环境都进行精心布置，以营造节日文化氛围，如运用灯光设备装饰店堂，处处彩旗飞舞，层层有中奖海报等，取得了销售业绩逐年提升的良好效果。2019 年，王钰等[18]通过构建传统零售商的创新决策模型比较分析发现，随着网络零售和传统零售竞争程度的增强，传统零售商的创新水平上升，主要通过良好的购物环境来提供满意的商品体验，以提升商超渠道的竞争优势。

现有研究还发现，消费者在大型商超花费的时间与物理环境所能提供的愉悦程度正相关，同时消费者在门店内停留时间越久，越容易发生冲动性购买行为。张等（Jang et al., 2018）[19]的研究成果表明，引人入胜的商超物理环境能够吸引顾客流连忘返，帮助消费者更快捷地找到目标产品，并让购物过程变得更加愉悦。在当前背景下，很多国内学者也倾向于商超购物环境可延长顾客停留时间的观点，认为顾客停留的时间越长，越有可能发生计划外购买；相反，货架杂乱、通道狭窄、布局糟糕的物理环境则会对消费者体验形成不良影响，降低顾客的购买意愿和满意度。

综合来看，国内外诸多学者从多方面对大型商超物理环境问题进行研究，大多倾向于探讨物理环境的便利程度决定着顾客舒适、愉悦的购物体验，包括能有效增加停留时间和与导购员交流的机会，刺激顾客的享乐欲望和冲动性购买倾向，吸引其主动通过排面陈列和特殊陈列来选择心仪的产品。

（2）展示文化

展示文化，是指大型商超产品的有形展示所呈现的文化情境。展示文化能够影响消费者的心理和行为，进而影响产品的销售业绩。

现有文献表明，产品的展示文化是视觉营销的生命线，不仅给商超形象加分，还可以提升门店的客流量和客单价。伍德（Wood，1998）[20]通过实证分析发现，大约60%的购买行为和53%的大宗购买行为源于商超产品展示文化的影响。在国内外相关研究中，产品陈列是展示文化的核心所在，包括特殊陈列和排面陈列。很多文献倾向于讨论在大型商超显要位置向消费者展示产品文化的必要性，认为有形展示是改善消费者体验的重要手段。李东进等[21]分析指出，产品的陈列方式是影响消费者评估产品价值的重要因素。消费者能够从产品陈列中获得有价值信息，做出评估与购买决策。博戈莫洛娃等（Bogomolova et al.，2017）[22]研究了大型商超的展示文化，认为产品陈列布局的视觉吸引力指标是影响消费者体验的重要因素，决定着商超每平方米销售业绩的最大化。这表明产品陈列的展示文化对于大型商超白酒销售业绩具有重要影响。白酒企业应与大型商超密切沟通，确保在展示文化中获得更好的特殊陈列和排面陈列，从而改善消费者体验，提升市场占有率和品牌影响力。

大量的研究从文化因素切入。在商超情境中，顾客的购买决策受到个体属性和价值观念的影响，而产品的展示文化能有效影响消费者的动机、感知和态度。在以往的文化研究文献中，消费者购买过程的集体主义文化和个人主义文化的差异性对比，经常引发争议。卢德米亚尔和马丁（Ludmial & Martin，2019）[23]指出，在消费者体验对于冲动性购买的影响方面，集体主义文化的消费者要强于个人主义文化的消费者。鉴于中国消费者的文化属性,大型商超白酒销售的冲动性购买行为与集体主义文化息息相关,并深受特殊陈列和排面陈列的文化力量影响。在新发展格局下,国内学者发现白酒产品的有形展示直接决定商超氛围的优劣,是影响消费者体验和购买决策的重要因素。白酒产品排面陈列和特殊陈列的文化,能够有效吸引消费者驻足观望,为导购员的服务与关心提供良机。

另一类被研究较多的是货架空间配置(SSAP)。随着越来越多的生产企业把产品引入大型商超有限的陈列位置,货架空间配置变得越来越具有挑战性,已经成为销售管理中特殊活跃的研究领域。阿吉亚尔等(Aguiar et al.,2018)[24]研究了货架空间配置问题,指出货架上好的产品陈列可以吸引消费者眼球,有效提升销售业绩。货架空间配置的主要职能是将大型商超的稀缺货架空间分配给不同的展示产品,其规划任务包括货架前排可见单元、货架合理分配和货架陈列位置。货架空间配置对于产品力、消费者认知和顾客需求均有重要影响,并最终影响产品的销售业绩。货架空间配置的弹性作用印证了阿吉亚尔等[24]的观点,即随着产品陈列空间的增加,消费者的购买需求也会增加。拥有购买意向的消费者可以分为高任务导向和低任务导向。高任务导向的消费者希望在最短时间内完成购物任务,便利的货架布局和良好的产品陈列可以帮助顾客愉悦而快捷地完成更多的计划外购买;低任务导向的消费者更享受购买过程本身,精彩的展示文化能够激发消费者的情感需求,唤起更积极的停留时间和购买情绪,有助于提升商超的客单价。这也支持了普拉沙尔等(Prashar et al.,2015)[25]的研究发现——大型商超产品的有形展示会显著影响消费者体验,直至让其做出冲动性购买行为。由此表明,大型商超的展示文化界定了白酒产品如何应用陈列细则摆放于货架上,从而创造出更有条理的视觉营销效果,改善消费者体验。顾客的购物选择在很大程度上受到展示文化的影响,特别是计划外购买以及正在搜索的产品尚未出现时,货架上便利的产品陈列可以最大限度地契合其投射的需求,进而完成购买决策。

除了上述探讨外，也有学者尝试研究了展示文化的附加功能，即展示文化不仅给消费者提供了选择产品的便利，还具有教育、娱乐和说服的功能，导致顾客"对某种产品的渴望"在某个瞬间油然而生。

以上研究表明，大型商超产品的展示文化是影响消费者体验和提升销售业绩的重要因素。显而易见、伸手可取、品相关联、货签对位、赏心悦目的展示文化，能够展示产品、美化环境、影响消费者的心理和行为，进而刺激更多的冲动性购买。

（3）服务与关心

"服务与关心"，是指大型商超及生产企业践行以顾客为中心的团队文化，在消费者购物过程中所提供的服务水平和表达关心的能力。在大型商超白酒营销管理中，"服务与关心"已远远超出了其本身的含义，成为提供便利和提升顾客价值的重要媒介。

我国学者关于服务与关心的研究起步较晚，但近年来随着大型商超不断发展升级，对服务与关心的关注度越来越高。张跃先[26]通过综合运用程序化扎根理论、关键事件和问卷调查等研究方法探讨了服务消费情境下消费者幸福感的构念开发和驱动因素问题，发现驱动消费者幸福感的因素包括人际因素和非人际因素，其中人际因素——服务人员对顾客满足感和积极情感的效用发挥最大。也就是说，大型商超须以全新的视角提升服务的质量，让顾客拥有更满意的购物体验。郭俊辉和许翠微[27]研究认为，对于线上线下双渠道运营的大型商超而言，线下渠道的服务质量直接影响着顾客价值的感知，因此较好的线下服务能让消费者拥有更好的门店体验和难忘记忆，可为"回头客"的首要回想奠定基础。李雪等[28]研究了展厅现象对消费者体验的深刻影响，认为展厅现象不仅直接冲击了销售人员的绩效，甚至改变了传统的零售环境，以及销售人员与消费者的互动方式。因此，为了提高销售业绩，导购员应以新的视角审视产品知识与客户信息，从而提供全新的服务与关心的氛围，以适应环境变革。李明宇和牟凤菊[29]指出，数字经济背景下，应基于大型商超渠道加速推进线上线下融合发展，建立客户、渠道数据库，以及厂、商、终端、用户一体化体系，优化白酒企业经营管理与资源配置水平，改善消费者体验并提升销售业绩。

由以上研究成果可以看出，导购行为（shopping guide behavior）是服务与关心最具体、最重要、最可控的表现形式。所谓导购行为，是指大型商超的导购员在排面陈列或特殊陈列的现场，积极与顾客沟通——介绍产品信息、回答顾客问题、引导顾客做出购买决策的销售行为。穆拉托（Muratore，2016）[30]指出，恰到好处的导购行为，以及与之相辅相成的产品属性——如质量、数量和价格，会影响消费者的购买体验，引发更大概率的冲动性购买。进一步研究表明，促销并非影响顾客购买过程的唯一因素，消费者的心理和行为也会因为导购行为而发生微妙的变化。顾客对于导购员提供的服务与关心的体验，特别是对于契合需求的期待，决定着他们是否心悦诚服地做出购买决策。优秀的导购员会结合门店的物理环境、展示文化和客流密度，为消费者提供差异化、高效率的"服务"和恰到好处的"关心"，提升顾客满意度。需要说明的是，大型商超的导购员属于生产厂家派驻在门店中，为顾客现场讲解、现场示范及现场服务，改善消费者体验的销售人员。特布兰赫（Terblanche，2018）[31]研究发现，训练有素的导购员能够主动与顾客进行恰当的沟通，以顾客需要的价值为核心，通过产品介绍、氛围营造、需求关心、心理引导等服务细节，有效干预购买决策。这与布斯塔曼特和卢比奥（Bustamante & Rubio，2017）[32]的观点是一致的，导购员可以通过精心设计的互动活动，改善消费者的购物体验，激发其冲动性购买欲望，进而作出计划外的购买决策。根据特布兰赫[31]、布斯塔曼特和卢比奥[32]的研究结论，消费者在购买过程中经常通过征求导购员的意见来完成购买决策，因此大型商超和生产企业都战略性地把导购员视为"服务与关心"的执行者。本书通过对大量文献的总结和归纳，得出导购员个体素质的因素构成：在资质能力方面，不仅要有仪容表现、学历水平，更要有沟通能力和促销机智；在敬业精神方面，不仅要有责任心、进取心，更要有完成复杂销售任务的执行力；在卖点认知方面，不仅要深谙产品的品质因素、价格因素、文化因素，更要精通产品的促销方式。

大量的服务与关心研究从商超环境因素切入。梅拉宾和罗素（Mehrabian & Russell，1974）[33]的刺激—机体—反应（SOR）模式提出了一种观点：商超中的环境因素是引发消费者反应的"刺激"。"机体"指的是外部刺激和消费者行为之间的内部过程，包括感知、生理和情感等。"反应"指的是消费者表现出的最终效果或行为反应。环境因素会激发消费者本能的购买欲望，但这些刺激在服务与关心的过程中大多是可控的，现有的研究已经注意到从操纵刺激的视角来分析商超环境因素的重要影响。达斯和瓦什涅亚（Das & Varshneya，2017）[34]在 SOR 模式基础上研究消费者对特定购物环境的反应，认为需要分析顾客情感反应，因为情感反应决定消费者行为，对于大型商超环境因素的管理至关重要。越来越多的大型商超和生产厂家积极做好基于商超氛围的服务与关心的细节改善，从而借势物理环境和展示文化，刺激消费者产生特定的情感和动机，以增加购买的可能性。为探析导购过程中顾客触摸产品和多感官提示的重要性，国内外的学者们也探讨了商超导购与产品陈列的关联性问题，证明了展示文化、服务与关心、物理环境的联合作用，即生产企业可以通过导购员的服务与关心来干预商超情境下的营销刺激，让顾客在联合因素的影响下唤起愉悦情感与购买兴趣，进而发生冲动性购买行为。

（4）客流密度

客流密度，是指大型商超门店中同时在场的顾客的密度。具体来说，客流密度 = 同时在场人数/营业面积。客流密度越大，同时在场的消费者就越多。研究结果显示，在商超氛围中，客流密度与物理环境、展示文化、服务与关心之间是正相关关系。

托德（Todd，2007）[35]认为，发生购买的客流量以及销售额

（客单价）取决于产品价格、品牌价值、促销吸引力和购物者兴趣等多种因素。鉴于客单价 = 销售额/成交客数，成交客数 = 客流总数 × 客流转化率，适度的客流密度才会产生舒适的购物体验，进而增加客流转化率，提升产品销售额。德威克拉等（De Wijk R A et al., 2018）[36]研究发现，大型商超的购买行为具有特定类别的特征，酒类产品销售额不一定受购物者数量（客流量）的影响，而是受购物者行为（客单价）的影响。客单价是由客流密度以及顾客的访问时间驱动的，并与商超内的其他因素联合对销售业绩产生影响。德威克拉等[36]对某大型商超的客流密度以及顾客在葡萄酒产品陈列前的停留时间进行了监测，发现当葡萄酒的客流密度相对固定时，销售额与顾客访问时间正相关。学者研究表明，随着对商超渠道酒类产品营销管理方式的不断细化，基于客单价的客流密度管理已经成为大型商超和酒类生产企业改善消费者体验、提升销售业绩的重要手段。此外，与客流密度相关的研究也集中在商圈研究的文献中。在当前高度竞争的零售业发展环境中，微小的区位差异也可能形成截然不同的客流密度，给消费者体验和销售业绩带来重要影响，学者们纷纷对各种条件下大型商超的区位分布进行了研究。如刘勤[37]以驻沪某大型商业零售连锁企业为例，以内部收益率（IRR）为考察对象，结合商圈因素、企业业绩因素及地域价值因素，揭示了不同地区大型商业零售企业选址及其回报率的规律。

与以上学者研究侧重点不同的是，李森彪和邢文杰[38]针对客流密度管理，对实际中存在"快速通道"的大型商超排队系统的运营效率进行优化，以顾客排队等待时间为目标函数，得到了双排队系统下各自服务台的最优配置数量，给出了求得最优商品数量分界点的方法。

以上学者关于大型商超消费者体验影响因素的研究多数是在西方语境下进行的。然而，商超氛围类因素（物理环境、展示文化、服务与关心、客流密度）对于消费者体验和销售业绩的影响，在东西方国家之间没有显著性差异。商超氛围类各因素是联系的、彼此不可或缺的；若物理环境不好，展示文化就会受到影响，服务与关心无从谈起，客流密度必然减少；同理，若服务与关心不到位，物理环境和展示文化就会大打折扣，客流密度也会受到影响。也就是说，商超氛围类因素直接决定了消费者体验的效果，潜移默化地干预其购买决策，最终能够影响大型商超白酒产品的销售业绩。

1.2.2 大型商超酒类产品促销影响因素研究

在已有的研究中，国内外学者对促销还未统一定义。综合来看，促销按性质可分为狭义的促销和广义的促销。

狭义的促销（sales promotion）是指短期的商业激励活动，目的是鼓励对某一产品或服务的购买或销售，为消费者提供立即购买的理由[39]。狭义的促销更加注重较短周期内的激励措施，以提升产品销售业绩。当传统零售渠道所占市场份额较小时，零售商会制定一个较低的价格，以促销的方式增加产品的销售量和企业的利润[40]。广义的促销是指促销组合，也称营销沟通组合，由广告、销售促进、人员销售、公共关系和直复营销等营销沟通工具的特定组合构成，用于有说服力地沟通顾客价值和建立顾客关系[39]。

国外促销理论一般认为促销是短期性工具。鲁伊兹－莫利纳等（Ruiz－Molina et al.，2010）[41]在研究葡萄酒促销时指出，促销是针对消费者的简短推广活动，目的是刺激产品和服务的销售。费斯塔等（Festa et al.，2015）[42]在研究葡萄酒营销组合的演变时认为，促销是通过消费者分析和市场细分，为更有效地销售产品而采取的短期行动。相比于国外学者，李飞等[17]以北京翠微大厦作为研究对象，运用规范的单案例研究方法，对其店庆促销管理进行了研究，发现促销活动每成功一次，就累积一次品牌资产，从而为平时销售额增长作出贡献，能够助力企业长期的销售业绩；同时基于新建的关系促销理论

的综合模型，首次提出关系促销理论，它与传统促销理论的最大不同
在于其成为长期性促进销售业绩的工具。这说明国外的研究成果未必
适用于中国大型商超的促销管理实践。

大型商超已经成为欧美国家酒类销售的最主要渠道，例如美国
40.4%的葡萄酒产品通过大型商超销售[43]。现有研究显示，酒类促
销已经成为大型商超的惯例和标配，堪称"酒类销售的生命线"，能
够有效增加客单价，提升销售业绩。围绕与销售业绩的关系，相关研
究主要关注了促销空间管理、价格促销和促销执行三个领域。

（1）促销空间管理与销售业绩关系研究

所谓促销空间管理，是指通过有效的门店空间布局管理和货架空
间分配管理，实现特殊陈列和排面陈列展示文化的最优化，增加消费
者参与促销活动、购买促销产品的便利性，从而提升促销效果。

门店空间布局管理主要针对促销产品的特殊陈列的位置管理而
言，因为促销产品在门店不同位置的陈列，激发的冲动性购买的效果
有所不同。中间通道陈列对于生产企业和大型商超的促销产品最具展
示意义，它可以有效地将通道末端的促销空间扩大一倍。索伦森
（Sorensen，2016）[14]研究发现，门店的末端封顶位置是商超中最有
效的促销空间，原因是促销产品陈列于客流量更大的必经位置，可形
成更大的视觉注意力，最终在促销活动中达成更高的销售业绩。

现有促销管理文献中，货架空间管理是重要的研究领域。皮齐和
斯卡尔皮（Pizzi & Scarpi，2016）[44]充分证明了货架空间分配对促销
效果和顾客感知具有重要的影响。在大型商超促销活动中，产品的感
知质量是影响销售业绩的因素之一，而产品感知质量不仅取决于产品
质量水平，还受货架空间展示量的影响[45]。货架空间分配管理主要
针对促销产品的排面陈列的位置管理而言，因为同一货架的产品排面
陈列位置不同，导致消费者的关注度和感知水平不同，进而对促销贡
献和促销效率的影响也不同。根据购物者的独立性，莫瑞等（Mow-
rey et al.，2017）[46]研究了最佳的货架空间展示方向，并提出了可视

性优化的货架空间分配建议。产品货架空间分配的变化能够影响促销产品的实际可用性，使顾客对品牌和质量在心理和行为上做出更为积极的响应。弗拉曼德等（Flamand et al.，2018）[47]构建了有效的零售货架空间分配模式，以促进消费者的购物便利性和计划外购买，即把货架陈列的黄金位置分配给更加需要推广的促销产品，从而使其更容易被消费者关注和触摸，提升产品促销效能。

通过文献梳理发现，消费者关于大型商超产品陈列的心理因素对促销效能具有显著影响。销售团队须积极收集顾客建议，结合门店空间布局和货架空间分配的细节，响应消费者的心理和行为。昂古雷亚努等（Ungureanu et al.，2017）[48]指出，消费者在购买过程中，会受到品牌、包装、位置和潜意识图像的影响，因此，基于空间布局与货架空间分配的促销产品陈列，应聚焦顾客诉求和视觉营销效果，激发消费者产生更积极的动机、感知和态度，进而完成购买过程，增加销售量。

（2）价格促销与销售业绩关系研究

所谓价格促销，是指大型商超通过改变产品价格来提升销售量的营销方式。多年来，学者们对价格促销做了大量研究，结论表明价格促销能够有效促进大型商超渠道的销售业绩。

李季等[49]利用某大型连锁超市的销售数据对价格促销进行实证分析，构建了多产品协同促销模式下的促销时间决策模型，发现价格促销能够显著影响销售业绩，其效果随着促销时间的延续而降低，周末的促销效果明显优于工作日。也就是说，价格促销的效果并非一成不变，而是随着促销时间的变化而变化。澳大利亚的行业报告显示，40%的产品在超市进行价格促销，这一数字在过去8年里增长了10%[50]。鉴于价格促销引发的白酒产品市场需求的不确定性，白酒企业可应用基于ADRC研究库存模型来化解复杂市场环境给企业造成的断货或压货的压力[51]。进一步研究表明，价格促销能够激发顾客的冲动性购买倾向，系统地应用能够影响消费者的购买决策和购买习惯，甚至造成了大量购买备用的"囤积"现象，以及由此引发的"断货"现象。

有些学者认为，价格促销与忠诚顾客和非忠诚顾客的价格敏感性相关。杰迪迪等（Jedidi et al.，1999）[52]指出，价格促销与品牌负资产相关，提高促销敏感度会增加促销让利幅度，从而导致市场中所有公司的利润受到影响。垄断企业可以通过短期内的深度折扣在"提高促销敏感度"中获得潜在好处，而竞争企业则会竞争到底，直至发现自己处于不利地位。卡布拉尔和维拉斯－博阿斯（Cabral & Villas－Boas，2005）[53]研究发现，在价格促销竞争中，垄断企业的明显优势可以导致竞争企业的整体利润随着时间的推移而降低。作为促销手段的重要组成部分，价格折扣能让消费者付出同样的金额得到更多的产品。但价格折扣只有达到一定的力度才能吸引消费者兴趣，激发购买热情。研究者发现，大型商超产品的动态价格调整策略已经将顾客训练成理性的和战略性的，即顾客会考虑节假日产品降价时再来购买，如世界上最大的零售商沃尔玛在感恩节和圣诞节期间的销售额占到全年销售额的近20%[54]。

（3）促销执行与销售业绩关系研究

通过对现有文献的梳理，发现大型商超酒类促销活动执行方面的研究，主要包括促销沟通的灵活运用、促销手段差异化运用和商超形象的有效运用等几个方面。

①促销沟通的灵活运用。促销沟通是销售人员了解消费者购买意向、推介产品卖点，并灵活地促进顾客的需求投射与产品特征相契合的过程，也是促销执行中重要的服务与关心的环节。然而，国内在这方面的研究文献较为鲜见，国外的研究则多以葡萄酒为例。在葡萄酒营销中，已有一些关于促销沟通、顾客满意度与购买倾向之间关系的研究成果[55]。鲁伊兹－莫利纳等[41]研究发现，餐饮业越来越多地开展了葡萄酒的促销活动，主要通过价格折扣和有效沟通来达到积极的效果。有些学者还特别强调了葡萄酒促销沟通能够显著影响消费者的

顾客满意度，即顾客满意度可以通过灵活的促销沟通得到增强，从而巩固老顾客的忠诚度、建立新顾客的信任感，进而提升葡萄酒的销售业绩。因此，从市场实践角度看，可将促销沟通作为酒类产品营销管理的重要工具，服务于酒类产品的市场细分。金等（Kim et al.，2019）[56]指出，销售人员与顾客之间的酒类促销沟通对于提升顾客满意度至关重要。从社会交换理论来看，基于有效的促销沟通，即使是一般的店内促销活动，顾客也能积极参与，进而衍生出兴趣并激发更多的计划外购买行为。

综合来看，大型商超导购员与顾客之间的酒类知识或产品卖点的促销沟通，可有效影响消费者的心理和行为，白酒企业应基于促销沟通的焦点问题，强化销售团队的继续教育和自学习模式，构建高质量的外部学习网络与内部学习网络[57]，提升导购员的敬业精神、资质能力和卖点认知水平，以提供差异化和人文化的促销沟通，改善顾客的品牌忠诚度，进而提升销售业绩。

②促销手段的差异化运用。在促销执行中，通过一定的手段激发消费者对某一特定产品的购买欲望并完成购买决策，是促销有效的关键。其中，优惠消费者、提高消费者对产品性价比的理解，以及让消费者体验良好的客商互动关系，最直接的方式是货币促销和非货币促销。所谓货币促销，是指基于"钱"的促销方式，如价格折扣、店内优惠券等促销活动，能够有效增加产品销售量；所谓非货币促销，是指基于"物"的促销方式，如赠送礼品、店内抽奖和店内游戏等促销活动，除有效增加产品销售量外，也能提升顾客的品牌忠诚度。

关于货币促销和非货币促销方面的研究，主要集中在差异化的利益和贡献上，以及对品牌表达和消费者忠诚度的差异化影响上。夏皮罗（Shapiro，1992）[58]强调了货币促销的长期负面影响，特别是对品牌忠诚度的削弱，建议限制货币促销活动。吉尔－索拉等（Gil－Saura et al.，2009）[59]研究发现，在非货币促销活动中，顾客能够感知自身与生产企业和大型商超的关系程度，进而表现出更高的顾客忠诚度，这与关系利益对零售适应性的研究结论具有一致性。奥利尔和拉诺泽（Aurier & Lanauze，2011）[60]研究表明，非货币促销活动作为品牌表达的信号，能够告知消费者品牌推广的关系意图，促进商超情境下消费者与品牌的互动积累。根据"消费者—品牌"联结的现象学，"消费者—品牌"关系的建立能够影响商超产品的销售业绩。洛和巴恩斯（Lowe & Barnes，2012）[61]研究认为，免费的礼物和样品产生了相应的促销效能，并直接影响了顾客对于品牌的情感。穆索、奥利尔和德（Musso，Aurier & De Lanauze，2019）[62]基于关系营销，分析大型商超消费者与品牌间的关系利益，发现货币促销能够提供功能利益，而非货币促销可提供更多的享乐利益，是消费者购物体验的驱动因素。进一步研究表明，基于价格的货币促销活动更能够刺激消费者购买，能为消费者带来功能利益，却不能促进品牌表达；基于抽奖、赠品或游戏的非货币促销活动，既能为消费者带来享乐利益，又能对品牌表达产生积极影响，进而提升顾客忠诚度。

对上述文献的总结和归纳可知，非货币促销对品牌表达有正向影响，顾客可以通过非货币促销的互惠关系来诠释对白酒品牌的理解。大型商超白酒销售过程中，白酒企业可将非货币促销活动视为提升品牌竞争力的重要途径，在重视价格折扣等货币促销的同时，应更多开展赠酒、品酒、游戏或抽奖等非货币促销活动，增大货币促销和非货币促销的联合效果，提高混合促销比例，从而有效强化客情关系，提升品牌忠诚度和顾客满意度，确保促销达效和业绩提升。

③商超形象的有效运用。大量的研究表明，商超形象是大型商超促销执行的另一种重要的驱动因素，如沃尔玛的"天天低价"、家乐福的"开心购物"形象等，都是利用了商店形象的某一种或几种维度发展起来的[63]。

夏尔马和辛格（Sharma & Singh，2018）[64]研究了美国、泰国和肯尼亚的大型连锁超市消费数据，探讨了商超形象在文化与交易倾向之间的调节作用，即大型商超的良好形象会增加价格促销的接受度和有效性。这进一步印证了加勒森和伯顿（Garretson & Burton，2003）[65]的观点，消费者在形象好的商超中对促销价格更易于接受，且比在形象差的商超中更容易达成交易。夏尔马和辛格[64]的研究表明，可以通过运用商超的积极形象来克服与促销活动相关的负面影响。为推进促销活动落地，白酒企业可依托大型商超的积极形象，针对不同区域的购买偏好采用不同的混合促销方式，从而提升各门店白酒产品的市场占有率和品牌竞争力。

与国外相比，对于促销执行与销售业绩关系的研究，国内学者起步较晚，但取得了新的进展。丁军[66]通过构建顾客成本最优和效用最大化模型，研究了促销类型在实操层面对光顾意愿、顾客所需促销优惠水平、产品缺货时的负面情绪的影响，发现限量促销情境下促销优惠水平升高到一定水平后并不会带来光顾意愿的相应提高。卢长宝等[67]为探讨限量促销诱发的前瞻性情绪及其对购买意愿的作用机制，根据促销决策及目标导向型决策理论，结合限量方式、产品类型及限制数量3个因素开展研究，发现执行过程中炫耀品更适合使用生产型限量促销，非炫耀品更适合使用销售型限量促销。禹海波等[68]研究了需求可变性降低对风险偏好零售商的库存决策、销售努力决策和期望效用的影响，用均值CVaR刻划零售商的风险偏好特性，并给出企业库存决策和促销决策的管理启示。此外，有学者开始在大型商超白酒促销执行过程中研究影响因素的理论基础。李明宇[69]在继承刺激—机体—反应模式、科特勒行为选择模式和霍华德－谢思模式等经典营销理论和系统论的基础上，提出了销售业绩影响因素的五维联动结构，从弥散、可用和可控三个层次对销售业绩影响因素进行辨识，构建了大型连锁超市白酒销售管理理论分析框架，进而系统地认知大型商超白酒销售问题并指导促销管理实践。

综上，大型商超酒类产品促销影响因素中的各因素对于销售业绩有着重要影响。关于大型商超酒类产品促销影响因素的研究，国外对于促销产品的空间管理、价格促销、促销执行等领域的研究比较敏感，同时对于品牌战略格外重视，认为消费者与品牌的关系可以影响大型商超酒类产品的销售业绩；但是对于促销与产品、时节、团队、环境等因素的层次关系及联合作用研究较少。国内则对促销影响因素的基本性质、结构关系方面缺少研究，尤其是对于大型商超白酒产品的促销管理问题还鲜有研究。

1.2.3　酒类产品特征对消费者行为影响研究

酒类产品特征对消费者购买行为具有显著影响。滕飞等[70]的研究表明，公司产品与客户需求的有效匹配将为公司发展提供可靠的保障，能有效提升销售业绩，并促进公司战略目标的实现。随着研究的深入，已有学者发现产品类因素对于白酒销售业绩的重要影响，并开展了深入研究。李明宇[71]基于大型商超白酒销售业绩影响因素指标体系，以23家门店的31个三级指标赋分作为白酒销售管理的多因素观测数据，以门店促销贡献分类结果作为算法的监督数据，采用差转计算进行知识挖掘，发现低档、桶酒、固态法、元旦、传统节日促销五个因素对门店类别有完全的解释能力，其他因素需要彼此联合才能对门店类别作出诠释，揭示了影响大型商超白酒销售业绩的关键因素，以及产品管理策略的着力点。这也支持了李宝仁等[72]的研究观点，通过对零售企业数据进行挖掘分析，能够让零售企业和生产企业更好地了解和洞察消费者的产品需求，从而实现精准化营销，或者实现产品精细化管理。

酒类产品特征对消费者行为影响的相关研究，主要集中在产品包装、内在品质和文化属性三个领域。

（1）酒的产品包装对购买行为的影响

现有文献从多方面对酒类包装影响顾客的购买决策进行了探讨。好的酒类包装除了在贮酒方面为酒类产品加分外，还可以起到提升档次、强化功能的作用，且能够契合消费者的需求偏好，吸引顾客青睐并激发冲动性购买倾向。学者研究表明，无论是葡萄酒还是白酒，都用精致的包装向消费者传递个性化和艺术化的文化意蕴。

从国外研究来看，葡萄酒作为一种复杂的产品，消费者在购买或饮用之前无法对其质量进行充分的评估，只能依赖酒类产品的外在线索，如阿特金和牛顿（Atkin & Newton，2012）[73]强调的包装或标签上的信息描述。因此，酒类产品的外在因素，如瓶盒款式、封盖类型、标签设计、产地信息能够显著影响消费者的购买决策，甚至会影响购买后的质量评价。巴伯等（Barber et al.，2008）[74]在研究中也认可了酒类包装的价值和意义，指出其能够提升赠送礼物和宴会饮用的仪式感。相比于国外，随着中国酒业的繁荣和人民生活水平的提高，消费者对于白酒的偏好越来越不局限于酒质本身，还包括白酒包装所展示的表誉文化。与众不同的包装设计与创新，以及以人为本的包装信息与表达，可以有效提升白酒产品的档次和个性化风格，给顾客带来心仪的视觉感受，进而激发其冲动性的购买欲望。

①包装设计与创新。关于包装设计与创新的研究已经引起学界和业界的广泛关注。消费者在酒类包装方面的需求正在发生变化，生产者也正在突破传统的思维方式引入新的包装样式。白酒产品包装设计与创新包括突出文化底蕴和品牌特色、考量缓冲性能和财务成本，并需要结合消费者需求、体验与感知来不断契合这样的设计与创新。

在西方国家，葡萄酒的包装设计与消费者的审美需求日趋契合，达到了相对完善和成熟的产业水平。赫尔切和布鲁尔（Hirche & Bruwer，2014）[75]研究发现，葡萄酒是一种与他人共同享用的饮料产品，其包装会对饮用者的社会认同度产生影响，而且往往取决于宴会情境。进一步研究表明，基于具体的饮用情境，消费者对于包装的实用性和创新性的总体需求，极大地启迪了包装设计与创新的思路，每一年都会有新颖别致的酒类包装样式和材质问世。

国内很多学者聚焦传统文化、消费心理，对包装设计与创新进行了深层次探讨。谢宏图[76]研究认为，白酒包装设计如何回归理性而又不失市场竞争力将是当前急需解决的问题。韩培[77]探究了包装设计中的传统文化元素的应用，将传统陶瓷元素与包装设计相结合，传承了我国的陶瓷文化，拓宽了包装的新意和白酒销售的渠道。同时，一些研究者对于白酒包装同质化的深层次原因进行了研究——很多顾客对于包装的重视程度超越了白酒的内在品质，造成白酒市场上瓶型或外盒模仿率过高，雷同现象严重，不利于白酒品牌的成长。另外，有学者研究发现，中国白酒已经被洋酒形成包围态势，且在国际市场上竞争力不强，能否扭转不利局面的关键方法不是改变酒质而是改变包装[76]。随着研究的深入，国内的学者开始从白酒包装领域的传统文化应用维度来研究消费者需求，有的融合养生、环保与生态理念创意出白酒包装的新模式，还有的开展基于用户体验需求层次的白酒包装设计与创新研究等。白酒企业和包装企业都希望推出令消费者体验更好的创新包装，既能印象深刻又能爱不释手，从而提升顾客注意力和购买率。但是一些研究者也注意到个别品牌白酒的包装设计问题，例如包装创意与品牌诉求、营销理念和顾客需求无法契合，以至于带来不尽如人意的体验，影响了销售业绩。刘万明[78]研究指出，国内白酒产品包装过于重视外在的形式美，从色彩搭配、图案布局到酒具形状皆高贵典雅，然而缺乏科学、文明、健康的酒文化影子，难以让消费者获得精神上的更高享受。综合来看，在"体验经济"时代，以顾客的使用体验与核心需求为出发点，将以人为本的理念应用于白酒包装设计、研发生产的全流程之中，对于实现白酒营销的市场细分和业绩提升意义深远。

②包装信息与表达。学者们已经认识到，酒类产品包装的信息描述与表达内容会影响消费者的心理和行为。早期的研究表明，主观性的酒类产品信息描述会偏向消费者的感官认知，并倾向于使酒类产品更具特色和吸引力，以促进更多的购买行为发生；客观性的酒类产品信息描述会偏向消费者的理性认知，可以提高对酒类产品的实际了

解，使之更有效地记住产品、购买产品和消费产品，以提高购买效率。利克等（Lick et al.，2016）[79]研究指出，大型商超实现酒类销售业绩的关键目标必须通过酒类包装来实现，基于包装的导购过程为：吸引消费者、提供信息并说服其购买。对于无经验的消费者而言，在酒类品种繁多的商超挑选酒类产品并不轻松。因此，酒类包装标签上的信息描述成为消费者的重要提示。丹纳等（Danner et al.，2017）[80]研究发现，酒类包装标签在消费者选酒过程中起着导向作用，影响其情绪反应，并营造出可接受性的心理变化。

此外，一些研究者认为，葡萄酒作为拥有社会声誉的产品，其营养概念和健康理念通过包装标签得到高度宣传，对于消费者的购买决策具有显著性影响。卡雷罗等（Carrero et al.，2016）[81]强调了葡萄酒标签对于顾客购买决策的导向作用，标签上的可用信息可以高度提示不同偏好的消费者，并左右其购买意愿。安农齐亚塔等（Annunziata et al.，2016）[82]则认为，酒的包装标签信息内容既能够影响专业消费者的购买意愿，又能够影响非专业消费者的购买意愿，并对女性消费者的购买意愿影响显著，因为女性对于美容、营养、健康方面有着更专业的需求，其购买决策更愿意基于包装标签的信息与表达。

（2）酒的内在品质对消费者购买行为的影响

"酒香不怕巷子深"的基本动因是"闻到香"或者"知道香"，所以买酒才不怕巷子深。白酒作为一种复杂的产品类别，由于专业的深度、市场的差异性和知识信息不对称性，导致白酒的购买过程相对复杂。在已有的相关文献中，关于酒的内在品质对消费者购买行为影响的研究，主要体现在主观知识和体验式营销两个方面。

①基于酒质的主观知识对购买行为的影响。鉴于成品酒的绝大多数属性在消费之前无法验证，且搜索信息的成本往往大于直接体验产品的成本，因此毕晓普和巴伯（Bishop & Barber，2012）[83]认为，消费者的知识积累在酒的购买过程中起着关键的作用。鉴于普通顾客对于酒类产品认知有限，缺乏购买技巧和经验，需要给予更多的引导。

在导购员现场服务与关心下，酒类知识的信息处理最终会成为消费者获取酒产品的强烈体验和经验[84]。酒类知识可以在自身的记忆中检索，因此很多顾客都期望成为酒类知识更加丰富的行家里手，从而不需要寻求外部信息的辅导。文献中还有一种观点，认为推动购买决策的不是酒类产品的客观知识，而是消费者有效的主观知识[85]，拥有良好主观知识的消费者很容易放弃感知到的次等选择。简言之，消费者购买过程中的信息处理更多地依赖于自身的主观知识，而不是酒类产品所展示的客观知识。可见，白酒企业应积极开展酒类知识的营销活动策划，加强消费者在白酒认知和品鉴方面的知识普及，从多个层面提升顾客的主观知识水平，并对大型商超导购员开展酒类知识的继续教育，以利于辅助顾客完成购买决策。

此外，国外大量研究文献记录了主观感官知识如何影响消费者对于酒类产品内在质量的感官体验。托马斯等（Thomas et al.，2014）[86]研究发现，无任何主观感官描述的品酒宣传单，反而比有详细的主观感官描述的品酒宣传单对产品销量更有促进作用，因此建议品酒宣传单中删除所有关于酒的内在品质的主观感官描述内容。"复杂的"和"不熟悉的"主观感官描述可能导致酒质的信息过载，会让消费者感到厌恶，因为在随后的品鉴过程中，如果主观感官描述所形成的某些内在品质的期望没有得到顾客主观知识的确认，他们就会对该产品的内在品质产生质疑，从而导致糟糕的购买决策和糟糕的销售业绩。

②基于酒质的体验式营销对购买行为的影响。从国外文献来看，根据托马斯等[86]的研究，大量的美国葡萄酒企业越来越青睐于品尝室体验的营销活动，以提高消费者对葡萄酒工艺和产品品质的认知程度。消费者在做出购买决策之前，可以在酿酒师的指导下亲自体验不同价位葡萄酒的品质。品酒室为消费者体验提供了平台，即在没有购买压力的情况下品尝酒的品质和学习酒的知识。这种直接面向消费者、基于酒质的体验式营销，为酒厂与顾客之间建立了新型的营销关

系，也为酒厂提供了产品动销和品牌推广的机会，并且有利于销售业绩的持续增长。

国内的文献研究显示，我国白酒企业近年来也开始借鉴国外葡萄酒的体验式营销模式，针对目标市场开展了白酒工业旅游活动，让顾客体验厂容厂貌、酿造工艺和品牌文化等，并参与富有特色的白酒品鉴环节。例如，李渡酒的"元、明、清代古窖群"和"酒糟冰棍"，茅台的"国酒文化博物馆"、五粮液的"酒圣山"、泸州老窖的"国宝窖池群"等。白酒企业"跳出白酒卖白酒"不仅迎合了消费者对健康与休闲的需求，也让目标消费群体更加了解白酒企业的历史、文化、工艺和内在质量，增强了白酒品质的认同感和品牌的忠诚度。李明宇[71]在研究大型连锁超市白酒销售业绩提升策略时指出，白酒企业应以白酒品质宣传为主题，强化对白酒固态酿造工艺的文化包装和体验式营销。大型商超的高档白酒定位在高端白领、社交名流等群体之上，此类消费群体的价格敏感性较弱，重视体验和享受。白酒企业完全可以组织这些核心消费者"回厂一日游"，参观高端白酒的传统酿造工艺，品鉴稀缺珍贵的陈年老酒，强化口口相传的口碑效应，助力大型商超白酒销售业绩提升。

（3）酒的文化属性对消费者购买行为的影响

在已有相关研究中，较多文献讨论白酒兼具水的外形和火的性格，其文化属性存在于酒用（即酒的功用、效用及使用）之中，能够在一定程度上丰富一个国家或民族的内涵，而中国白酒的酒用相较其他国家的酒用更具文化色彩。

①酒文化对西方消费者的影响。文化是酒消费的重要驱动力，卡罗琳（Caroline，2007）[87]探讨了英国的葡萄酒消费者在不同的社会环境和场合中如何与葡萄酒互动，并关注了他们如何使用葡萄酒来定义自己的个性，以及主动强化这些自我认知的问题。关于酒文化研究，查特斯和佩蒂格鲁（Charters & Pettigrew，2008）[88]提出了基于三元结构的葡萄酒消费动机范例——身体动机、象征性动机和经典性

动机，并最终将经典性动机分解为三个维度：感官体验（味道与食物搭配）、互动体验（社会化与友爱）和认知体验（挑战与探索）。卡罗琳[87]最早对英国中等社会的葡萄酒顾客进行消费行为研究，发现消费者通过馈赠、饮用、贮藏、品鉴，以非常复杂的方式诠释葡萄酒文化。

国外的学者已将品酒和饮酒界定为一种文化，并借助这些文化来识别和定义各种社会现象。查特斯（Charters，2007）[89]讨论了酒宴仪式与社会交往之间的关联效应，认为葡萄酒和食物之间存在着密切的协同作用。国外学者也对葡萄酒文化、葡萄酒历史、葡萄酒消费行为以及葡萄酒营销管理进行了大量的研究。关于酒类产品购买过程的研究，西方文献多以本国的消费者为调查对象。鉴于文化影响的差异性导致每个国家与酒的互动不同，西方国家的研究结论未必适用于中国白酒消费者行为分析。

随着研究的深入，一些学者开始认为酒不仅是一种日常饮品，更是特殊场合的重要组成部分，甚至可以被尊为寄情和交际的艺术精品。布尔迪厄（Bourdieu，1977）[90]研究了酒的高艺术形式和低艺术形式，讨论了用于精英活动的交际用酒，而不是百姓消费的餐桌用酒。酒不是一种滥饮的饮品，而是"上等"的，尽管它可以作为饮料日常使用[91]。在商超情境中，无论是自我饮用选酒、作为礼物选酒还是重要宴会选酒，消费者都会发现选酒过程是复杂的，需要导购员的服务与关心。这也证实了克里斯蒂和诺里斯（Christy & Norris，1999）[92]的研究观点：消费者用酒的场合越重要，就越会感到选酒的复杂与压力。

酒文化的影响已经深入到许多英国成年人的社交行为当中，并以不同的方式呈现不同的状态。卡罗琳[87]的研究展示了酒类消费者如何在一系列的场合共饮或独享的案例，识别了酒的感知与交流之间的差异。交际场合的性质、宴会饮用的价值、潜在的礼品消费均会影响消费者的购买行为。酒类消费者的每一次购买决策都是情境的依赖，会根据情境的性质完成购酒行为[93]。尽管一些学者关注了饮酒独酌的情趣，但酒文化在社交领域表现出的仪式感或媒介功能得到了更多学者的关注。那些不懂酒或不喜欢酒的消费者也会在社会交际中学到酒知识，使其能够在相应场合讨论酒、购买酒甚至饮用酒，以此助力精英目的实现，类似于使用高尔夫球来促进商业关系的发展。

②酒文化对中国消费者的影响。不同时期的文献显示，白酒消费是典型的文化消费，白酒文化具有弥散性、表誉性、寄情性、媒介性等特点。中国白酒是世界上最古老的蒸馏酒精饮料，与社会活动和经济活动有着紧密联系。作为中国酒文化的传承与弘扬，白酒成为各类宴席中不可或缺的饮品，也成为礼单中的主要角色——被调查的消费者中有超过五成的人群购买白酒用于馈赠。这体现了白酒产品良好的交际文化特征，不是"传礼"就是"寄情"。

文化是影响白酒消费的重要因素，而白酒消费行为反过来又体现着消费者不同的文化价值[94]。现有研究认为，斟酒、敬酒、祝酒、陪酒等主流的酒礼行为，属于融洽社交网络的亲社会行为，对于构建和谐、美好的人际关系具有积极的促进作用。白酒不仅展现了中国悠久的历史文化，也诠释了中国特色的伦理文化，饮酒的过程与细节均体现了对饮酒者的敬重。在社交过程里，往往需要为了达成某种目的而建立人情关系。龚艳萍和向鑫[95]的观点得到了普遍的认可，他们认为在人情关系的建立之中白酒往往是重要的媒介和工具。祭祀用酒、相逢用酒、离别用酒、庆功用酒……酒文化也是哲学思想和人文精神的体现，自古以来中国的酒场不乏把酒长志、心念同道、以酒交朋、把酒问天的人文精神[96]。2023 年，李明宇[97]针对中国白酒文化内涵存在认知偏差的现象，提出了酒文化内涵三层次分析框架，并从酒用动因的交际需求、表誉心理、历史积淀、诗酒文化、地域习俗和民族风情六个维度，分析了酒用构面与中国白酒文化特征要素之间的交互关系，在此基础上构建了中国白酒文化内涵三层次理论模型，研究结果对于规范白酒消费行为、推动中华优秀传统文化创造性转化和创新性发展具有重要的理论和现实意义。

然而，研究文献也表明，中国白酒应该有自己的危机意识。作为全球最大的烈性酒生产国和消费国，中国白酒消费量占世界烈性酒消费量的30%以上，但国外烈性酒不断蚕食中国白酒市场，且势头持续攀升。同时，已有学者注意到越来越多的新生代不了解中国白酒文化，对于白酒的酿造、品鉴以及酒场习俗等认知度较低，亟须从保护传统文化的战略高度来吸引新生代消费者关注白酒、热爱白酒和消费白酒。

马健[98]研究指出，"酒风"的改变不仅取决于消费者对健康饮酒方式的认知和接受，而且取决于中国饮酒文化的移风易俗。以年轻消费者为代表的消费群体的消费理念越来越倾向于消费体验和消费享受的过程，且大多数年轻人不喜欢喝有劲的白酒。现有文献表明，越来越多的白酒企业为了更好地吸引消费者，正由以企业为核心的"产品思维"转向以顾客为中心的"价值思维"，加大白酒文化推广和普及的同时，在白酒产品结构调整和品类创新方面紧密结合年轻消费者的口感偏好，不断地融合各个群体消费者的物质属性和精神属性的双重需求。

③酒文化与表誉文化相融合对消费者的影响。表誉是理解本书理论和思想的一个重要概念。所谓表誉，指消费者基于幸福感和获得感，对表征自身社会地位的荣誉、信誉、声誉、名誉等主动彰显的过程，体现了自我尊重与希望受到他人尊重的心理程序，影响其在社会活动中关注什么、如何行动，是内在心理的外在表现。表誉实际上是消费心理的一个构成因素，对白酒消费行为的影响是弥散性的。表誉心理是人的精神世界中的一个普遍存在，从人类有地位、阶级之分时就产生了，表现为与自己的过去比较和与他者的比较。从广义的、哲学的观点来看，表誉是人类社会的一种文化现象，而且表誉文化普遍存在于各国、各类文化之中，并具有鲜明的时代特征。正如亚伯拉罕·马斯洛（Abraham Maslow）的需要层次理论，关注了更高层次需

要的满足问题，表誉文化的这种更高层次的需要，主要集中表现在人们生活需求的领域拓展和层次提升上。

对表誉文化的研究可以追溯到 20 世纪中期。胡先缙（H. C. Hu，1944）[99]首次用人类学方法对中国人爱面子的问题进行了理论研究。中国人的爱面子，是个体或团体为达成社会认可的实质成就及声誉，进而拥有相应社会地位的民间写照。西方学者相对权威的观点，当属戈夫曼（Goffman，1955）[100]的研究，认为表誉是个体在特定的社会交往过程中极力主张、同时也是获得他人肯定的正向社会价值的表现。斯托弗（Stover，1974）[101]将表誉理解为他人导向的自尊。

近些年，也有学者对这一问题进行理论探讨。施卓敏和郑婉怡[102]的研究表明，表誉需要符合外在的社会要求，是个人能力和道德被社会所认可的需要。范婉琳[103]将表誉归结为儒家传统文化精华的一部分，认为其丰富内涵不仅深入中国自古以来社会生活的各个层面，还体现了中华文化中具有深层意象的社会心理。刘聪伟[104]研究了表誉在中西方文化背景和语用环境中存在的差别，在中国表誉更多地同尊严、体面、荣誉相关，西方国家则极少存在这种相关性，表现出中西方在价值理念、处世哲学、文化心理等方面的差异性。

对表誉文化的理解和运用是营销管理的重要课题。古往今来，消费者的心理和行为一直表现出显著的表誉特征。虽然有关表誉文化的研究已开展了近百年，但是将其作为一个重要的文化影响因素引入中国消费者行为研究则兴起于改革开放初期[105]。中国人重视通过自我呈现和角色扮演在人际交往中形成一个好印象，凝聚成一种求同心理，从而更倾向于"与身份相符"和"与周围人群一致"的表誉消费。伴随着中国居民可支配收入的攀升，"表誉消费"的群体和市场份额变得越来越庞大。在营销管理领域，学者们围绕着表誉文化，从价格、品牌、体验等角度切入，开展了大量的研究，证明了表誉心理对消费者品牌意识、购买行为意向和冲动性购买产生重要影响[106]。郑玉香[107]发现，表誉心理正向影响消费者的品牌意识与追求优质高价的倾向，价格意识与追求物美价廉的倾向，以及冲动性购买倾向。在表誉文化的作用下，消费者在购买过程中更喜欢选择所在社会群体认同的品牌产品，并愿意为此不惜物质代价，即表誉异化为消费者的炫耀和攀比行为，其结果是为表誉而消费。宋晓兵等[108]的研究显示，表誉心理存在明显的个体差异，在购买决策情境下，消费者往往将表誉强度感知为其购买行为能够在所属群体中带来的公众认可程度。企业应该了解消费者的表誉强度，有效契合消费者的表誉需求，基于市场细分实施差异化的促销策略。

酒文化与表誉文化是深度融合的。刘聪伟[104]认为，由于历史文化和功用主义理念的不同，中西方的酒文化存在显著差异，中国的酒文化充分体现了特有的表誉文化，将酒桌视为宴请宾客、社会交际、情感升华的主要场所，酒桌上主客之间彼此互动的礼节、热情是达成或满足对方表誉心理的重要手段和衡量标准。在西方人的酒桌上，劝酒与饮酒基于礼节与自愿，以保全主客双方的自由空间为行为底线[109]。学者研究发现，在中国人的酒文化中，酒桌上多采用主动的表誉策略，以升华双方情感和彰显个体价值为主要表现形式。萨恩、霍恩和梅里特（Sun, Horn & Merritt, 2004）[110]研究发现，公共空间的酒类消费更易受到表誉文化影响，而这种影响投射为宴会用酒的品牌、价格，并同中国集体主义文化传统相默契。西方人则不同，酒桌上一般选择被动的表誉策略，强调自由和个人感受。

上述研究结果表明，对于酒类产品包装的研究，国外文献以葡萄酒居多，国内文献虽少但以白酒为主；推动购买决策的不是酒类产品的客观知识，而是消费者有效的主观知识；体验式营销模式让消费者对酒的品质有了更深刻的认知和把握，值得白酒企业深入思考；国外的酒文化研究侧重于葡萄酒和烈酒，其社会背景、民族风俗和文化属性与国内的白酒有着显著差异；酒文化与表誉文化深度融合，对酒类消费者的心理和行为产生重要影响。研究文献同时表明，国内白酒应该有危机意识，因为国外烈性酒不断蚕食中国市场，大多数新生代不了解中国白酒文化，亟须提升新生代的白酒文化底蕴和白酒消费能力。

1.2.4　个体因素对酒类消费者行为影响研究

现有文献对于酒类销售业绩影响因素的研究，除了关注消费者体验、促销活动、酒类产品特征，也关注消费者个体因素，包括年龄、性别、教育程度、偏好、收入、职业经历等人口统计学特征。

（1）个体因素对于酒类消费者行为存在差异性影响

克尔等（Kerr et al.，2004）[111]指出，啤酒饮用者、葡萄酒饮用者和白酒饮用者之间在人口统计学特征上存在着显著性差异（significant difference）。年龄对啤酒和白酒的消费有显著的负面影响，对葡萄酒则没有影响；男性对啤酒和葡萄酒的消费以及女性对白酒的消费都有显著的周期效应；随着时间的推移，教育程度对酒类消费有显著影响——教育程度的提高与啤酒消费的减少、葡萄酒消费的增加有关。杨潇茵[16]研究发现，人口统计学变量会影响消费者购物价值取向，学历越高，享乐主义的购物价值越高。消费者的性别和年龄决定酒类消费行为的差异性，正如米切尔和霍尔（Mitchell & Hall，2004）[112]提出的观点，公开购买葡萄酒被视为一种男性行为。大多数女性要么否认购买酒，要么解释不是为自己购买酒——她们把葡萄酒和其他食品一起放进手推车时，只是例行采购任务。研究表明，在大型商超购买葡萄酒的消费者60%~70%为女性。男女顾客对商超购物的认知是不同的：女性顾客认为这是一种日常的苦差，但男性顾客则认为这是一种偶尔的休闲活动。布鲁尔和麦克卡森（Bruwer & McCutcheon，2017）[113]结合个体因素对酒类消费者行为的影响研究，指出应根据目标市场分析顾客需求，对酒类产品进行市场定位和促销手段的改进，以吸引更多的潜在顾客。

（2）偏好是影响酒类消费者行为的重要因素

高等（Goh et al.，2016）[114]研究认为，购买偏好是预测购买过程的有效工具，因为消费者的购买决策是购买偏好驱动的。有些研究者发现消费者对白酒包装（盒酒、瓶酒和桶酒）的偏好受购买用途的影响，并在不同细分市场上存在差异。随着研究的深入，有学者发现消费者对曲线造型具有偏好，因为轮廓的急剧变化可能增加白酒产品的风险指标，导致负面偏见，如茅台、五粮液、泸州、洋河等一线品牌的白酒瓶体多为圆形创意。约翰等（John et al.，2017）[115]指出，消费者对于酒类包装的标签偏好在许多调查研究中得到证实，即对酒类包装前面的标签内容与后面的标签内容有着不同的偏好，而标签偏好能够影响消费者的购买意愿。罗胜[116]的研究表明，消费者在选购产品过程中容易倾向于关注某个品牌，表现出品牌偏好。另外，研究还发现，大型商超白酒消费者具有极其突出的价格比较偏好[117]，在产品的特殊陈列和排面陈列的情境下表现更为强烈，但此类消费者的购物独立性相对薄弱，购买决策容易受导购员、同伴或其他顾客的干预。张（Zhang，2019）[118]以中国东北地区9家超市为例，从企业形象、顾客期望、服务质量、设计因素、背景因素和产品因素六个方面构建符合东北超市环境的顾客满意度评价指标体系，分析表明，东北地区超市的消费者对产品本身的价格尤为关注。李明宇[69]在构建大型连锁超市白酒销售管理理论分析框架过程中指出，消费者对白酒产品的质量、价格、包装、功能、标签、促销方式的偏好，能够影响其购买行为。研究表明，不同酒类饮用者之间的饮酒偏好是不同的，饮酒偏好往往折射了社会环境中普遍存在的饮酒习惯和文化习俗，成为影响白酒市场需求的重要因素。

综上可知，个体因素对于啤酒、葡萄酒和白酒的消费者行为的影响存在显著性差异，需在年龄、性别、教育程度、偏好、收入、职业经历等复杂背景下加以分析。中国白酒应基于个体因素和目标市场，分析不同顾客群体的偏好与需求，研究市场细分的产品定位，改进白酒的产品结构与促销手段，以强化白酒品牌的顾客忠诚度，吸引更多的潜在顾客，从而提升销售业绩。

1.2.5　研究现状评述

综上所述，针对大型商超酒类产品销售业绩影响因素问题，国内外学者从多方面进行了研究，取得了一定成果。但鉴于历史、地理、经济、社会、文化等原因，关于白酒产品在大型商超渠道销售业绩影响因素研究的文献极少，严重滞后于营销管理实践。

①现有研究揭示了大型商超酒类产品销售业绩影响因素的多样性、复杂性，但影响因素考虑不够全面或因素间结构关系有待优化。

关于大型商超消费者体验影响因素的研究，包括物理环境、展示文化、服务与关心、客流密度对于消费者体验的影响，在东西方国家之间没有显著性差异；关于大型商超酒类产品促销影响因素的研究，国外对于促销产品的空间管理、价格促销、促销执行等领域的研究比较敏感，但是对于促销与产品、时节、团队、环境等因素的层次关系及联合作用研究较少，国内则在促销影响因素的基本性质、结构关系方面缺少研究；关于酒类产品特征对消费者行为影响的研究，国外的酒文化研究侧重于葡萄酒和烈性酒，其社会背景、民族风俗和文化属性与国内的白酒有着显著性差异，国内文献较少且多以白酒为研究对象，其中，酒文化与表誉文化相融合，对于消费者心理和行为产生重要影响；关于个体因素对酒类消费者行为影响的研究，现有文献认为个体因素对于啤酒、葡萄酒和白酒的消费者行为的影响存在显著性差异，需在年龄、性别、教育程度、偏好等复杂背景下加以分析，中国白酒则应着眼于不同顾客群体的偏好与需求，提升顾客满意度和品牌忠诚度。

现有研究虽然明确了分析构面和诸多影响因素，但是没有给出影响因素间的结构层次关系，亟须识别完整的影响因素，并解决因素间结构层次关系的认知与优化问题。

②关于白酒产品在大型商超渠道销售业绩影响因素方面缺乏研究，亟须重塑理论模型，构建指标体系，识别关键影响因素。

通过检索与梳理发现，关于白酒产品在大型商超渠道销售业绩影响因素方面的研究，在理论和实践方面的文献极为少见。相关研究需要从一般的营销管理理论中汲取营养，寻求指导；也需要在相近或相关的研究文献中寻找可供借鉴的理论和方法，进而从研究目的出发，在营销关系的总体框架下进行理论、知识和方法的融合以及创新研究。对国内外研究文献的分析发现，相关研究需要消解不同文献之间由于理论体系和分析框架不同导致的结论之间的相互抵触，围绕我国商超独特情境和白酒文化属性完整地研究销售业绩影响因素，明确影响因素的层次结构和作用机理。

随着大型商超白酒销售竞争的日益激烈，产品生命周期普遍缩短，顾客需求更加个性化且更加难以把握，白酒企业自身在市场营销中的主体作用更加凸显。尤其是在我国创新要求更高的新发展格局下，只有依托理论模型的重塑和新方法的应用，才能助力大型商超白酒销售业绩提升。"现代营销学之父"科特勒在其文献中始终强调营销的管理职能以及营销的战略性、整合性和全面性，并于 2005 年指出企业应由市场驱动型转变为驱动市场型。针对大型商超白酒销售业绩影响因素的研究空缺与面临的诸多问题，本书从系统论的视角，通过理论整合与科学研究，构建大型商超白酒销售业绩影响因素的理论模型，以提供理论支撑，拓宽理论视野；在此基础上，建立影响因素指标体系，识别关键影响因素，提出白酒企业在大型商超渠道的白酒销售业绩提升策略，具有现实性的指导意义。

1.3 主要研究内容

白酒企业的大型商超白酒销售业绩提升是一项系统工程，需要管理科学、营销理论和消费者行为理论的指导。本书梳理、认知和构建影响因素理论模型，在此基础上建立影响因素指标体系并识别关键影响因素。过程中采用单因素分析和多因素耦合分析，以解决因素间结构关系的认知和优化、因素对销售业绩的影响、产品和门店对因素的响应问题，并探讨基于关键影响因素的大型商超白酒销售业绩提升策略。

（1）构建大型商超白酒销售业绩影响因素理论模型

首先，对国内外文献进行综述分析，归纳和概括营销管理理论和消费者行为理论，统摄大型商超白酒销售业绩影响因素识别与分析的先验知识。其次，对经典营销理论和消费者行为理论范式进行整合，基于商超情境和白酒属性从可控、可用、弥散三个层次对销售业绩影响因素进行系统的辨识和分析，建立大型商超白酒销售业绩影响因素层系认知框架。再次，明确销售主体性的实务与市场、功能性的策略与战略，以及影响因素的产品、时节、环境、销售手段、团队的五维联动结构关系。最后，建立大型商超白酒销售业绩影响因素理论模型，使之具有较强的领域应用价值。

（2）构建大型商超白酒销售业绩影响因素指标体系

在研究内容（1）的基础上，结合笔者十几年白酒企业经营管理工作的经验，归纳出指标体系的设计原则与适用环境。基于影响因素的五维联动结构，构建产品、时节、环境、销售手段、团队 5 个一级指标，再对 5 个一级指标进行细化分解，构建价格、包装、酿造方法、酒精度，节日、非节日，消费环境、有形展示，促销、无促销，个体素质、团队培育 12 个二级指标，最终构建 31 个三级指标的大型商超白酒销售业绩影响因素指标体系。构建影响因素指标体系的目的是建立分析和观测的因素框架，识别和解析影响因素，为量化分析服务，以利于运用系统科学思维逐层深入到指标体系所有影响因素中去分析，识别出关键的影响因素。

（3）实施单因素和多因素耦合分析精准识别关键影响因素（实证分析）

基于研究内容（2）和大润发连锁超市 23 家门店的 FX 白酒销售额数据，采用偏序集决策分析技术和统计推断技术，根据研究内容（1）中五维联动结构的作用机理，实施产品因素促销效能、环境因素与团队因素促销效能以及时节因素促销响应的单因素分析，并对各门店进行促销贡献分类评价，旨在发现新建的影响因素理论模型与指标体系之间的关联性知识，分析产品和门店的促销贡献与促销效率，研究白酒销售的节日效应和季节性特征，识别销售业绩的关键影响因素。

在研究内容（2）和研究内容（3）的基础上，创新性地把因素空间理论体系中的差转计算算法引入销售业绩影响因素研究领域。以 23 家门店的 31 个三级指标得分归一化数据作为大型商超白酒销售业绩影响因素的多因素观测数据，以门店促销贡献的 Hasse 图分类评价结果作为算法的耦合目标，采用差转计算进行多因素耦合分析。通过全解释因素和非全解释因素重要性的理论解析，并结合单因素分析结果，进一步识别销售业绩的关键影响因素和起主要决定作用的关键影响因素，揭示管理策略的着力点。

（4）提出基于关键影响因素的大型商超白酒销售业绩提升策略

基于大型商超白酒销售业绩关键影响因素，结合单因素分析和多因素耦合分析的研究结论，深入分析和挖掘影响因素理论模型中五维联动结构的响应规律，并针对大型商超白酒销售业绩影响因素可控、可用、弥散三个层次的现实问题，从产品管理、团队管理、时节管理、销售手段管理、环境管理五个维度，提出白酒企业在大型商超渠道白酒销售业绩的提升策略，"反哺"企业经营管理和战略制定。

1.4　研究方法与技术路线

1.4.1　研究方法

本书研究遵循理论与实际相结合、定性分析与定量分析相结合的思想方法，综合运用比较、归纳和系统分析的技术原理，具体采用了下列研究方法。

（1）文献研究法

通过查阅和梳理国内外大型商超酒类产品销售业绩影响因素研究方面的文献，归纳和总结现有文献的研究成果、进展和不足之处，找到突破的方向，从而提炼出本书的研究问题，并确保研究问题具有创新性。

（2）调查研究法

本书研究使用了统计调查方法，经授权获得了大型商超业务系统的销售额及关联信息的系统记录。对于无法借助历史资料的部分因素，在量化过程中采用了专家咨询和问卷调查的研究方法，包括：在涉及综合性知识的环境类指标的量化问题中，采用专家咨询方法；在团队类指标的量化研究中，由于一线销售人员的知识和经验是理论研究宝贵的资料基础，因此在团队类三级指标的量化过程中，基于四级和五级指标体系设计了调查问卷，并在研究用例大型商超范围内，实施了问卷调查。

（3）量化分析法

在大型商超白酒销售业绩影响因素指标体系设计过程中，将四级指标度量值归结到三级指标"卖点认知"的赋分过程中，利用层次分析法计算各指标权重；在数据处理过程中，使用了因素轮廓相似性分析模型。

以厘清产品、环境、团队、节日和销售手段五个方面因素对大型商超白酒销售业绩的影响、特征和作用机理为基本内容，以建立门店的促销贡献等级评价和识别关键影响因素为目的，采用偏序集决策分析技术及统计推断技术，对产品、环境、团队、时节因素同销售手段进行单因素的关联分析。

对基于促销贡献的门店分类结果和影响因素指标体系的三级指标得分归一化数据，采用因素空间理论体系中的差转计算算法开展多因素耦合分析，进而识别关键影响因素和起主要决定作用的关键影响因素。

1.4.2　技术路线

技术路线是引导研究从选题、思路一直到结论的整体性研究规划，能够确保研究过程与研究结果的有效性。以提升白酒企业自身产品在大型商超渠道销售业绩为目标，研究销售业绩影响因素问题，本书的研究工作按下列步骤和流程展开。

（1）选题研究

第一阶段的工作是问题提出。主要涉及选题的实践背景与理论背景、研究的理论意义和现实意义，针对现有的实际问题和理论研究不足，提出主要研究的科学问题，即大型商超白酒销售业绩影响因素理论模型的构建。

（2）文献分析和理论研究

第二阶段的工作是以理论模型构建为工作目标。在大量阅读国内外相关文献的基础上，结合作者十几年白酒企业经营管理工作的经验，消解不同文献之间由于理论体系和分析框架的区别造成的结论之间的相互抵触，分析、归纳和构建大型商超白酒销售业绩影响因素理论模型，进而识别销售业绩的影响因素，建立大型商超白酒销售业绩影响因素指标体系，形成分析和观测的因素框架，为量化分析服务。

（3）数据获取

第三阶段的工作是数据获取，主要完成三级指标的量化赋分。这一阶段的工作以统计调查、专家咨询、问卷调查为主。在取得量化数据之后，对不同途径获得的数据进行归一化处理，为进一步的分析提供数据资料。

（4）量化分析

第四阶段的工作主要分为以下三个部分。

基于销售额数据，以厘清产品、环境、团队、节日和销售手段五个方面因素对大型商超白酒销售业绩的影响、特征和作用机理为基本内容，采用偏序集决策分析技术，斯皮尔曼等级相关系数、克鲁斯卡尔－沃利斯检验、威尔科克森符号秩检验等统计方法，实施大型商超白酒销售业绩影响单因素分析，并识别关键影响因素。

以建立门店的促销贡献等级分类为目的，基于 Hasse 图对大型商超 23 家门店进行等级评价，为下一步的多因素耦合分析提供算法的耦合目标，旨在发现新建的影响因素理论模型与影响因素指标体系之间的关联性知识。

对三级指标量化数据的多因素耦合分析，以形成三级指标赋分值同门店促销贡献等级分类之间的相关关系的经验知识为目标。指标体系代表相对理想的、完善的销售业绩影响因素，而基于销售额得到的门店分类结果反映的是销售实践。多因素耦合分析能够辨识销售业绩影响因素能否很好地解释实践的结果，从而进一步识别大型商超白酒销售业绩的关键影响因素。如能很好地解释实践结果，说明理论上的销售业绩影响因素在实践中得以落实；如未能很好地解释实践的结果，说明理论上不可或缺的销售业绩影响因素在实践中被忽略了。

（5）策略研究

第五阶段的工作是梳理和概括量化分析的研究结论，基于销售业绩的关键影响因素和用例白酒企业的实际，从产品管理、团队管理、时节管理、销售手段管理、环境管理五个维度，提出大型商超白酒销售业绩提升策略。

（6）归纳总结

第六阶段的工作是归纳总结本书的结论和创新点，提出研究局限性及未来展望，以期深刻认知影响因素与销售业绩之间的关系、管理策略对企业业绩提升及对消费者的影响。

各阶段研究内容的技术路线，如图1.1所示。

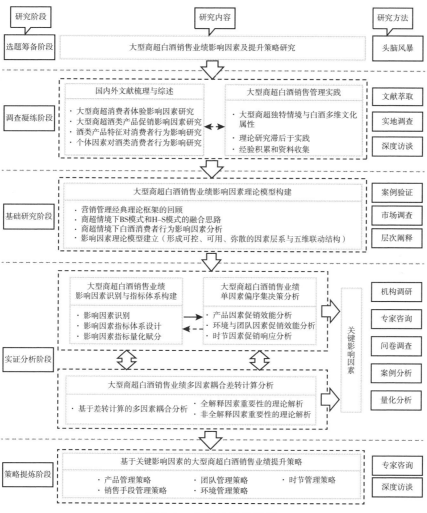

图 1.1　本书的技术路线

2 大型商超白酒销售业绩 影响因素理论模型构建

本书第 1 章对国内外研究文献进行了梳理和分析，发现大型商超白酒销售业绩影响因素理论研究滞后于实践，亟须构建理论模型，解决因素间关系的认知与优化问题。本章运用系统科学思维将经典的理论模型进行整合重塑，从一般的营销管理理论中汲取营养，消解不同文献之间由于理论体系和分析框架的区别造成的结论之间的相互抵触，在经典营销理论和消费者行为理论范式下，分析商超销售环境、白酒产品和消费行为的独特性，构建大型商超白酒销售业绩影响因素理论模型，从而揭示商超情境下白酒销售业绩影响因素的空间结构与层级关系，为第 3 章影响因素识别与指标体系构建奠定基础。

2.1 营销管理经典理论框架的回顾

理论寻求解释，范式提供了寻找解释的方法。范式本身并不解释任何事情，但是产生理论的逻辑框架。这里的范式指的是用以观察和理解的模式或框架，它不仅塑造了所看到的事物，同时影响如何去理解这些事物。在营销管理领域存在多种理论范式，针对商超白酒营销的主题，以消费者需求为中心，引入消费者行为理论范式和规律分析，本章的研究从"刺激—个体—反应"模式、科特勒行为选择模式、霍华德 – 谢思模式得到启发。

2.1.1 "刺激—机体—反应"模式

1974 年,梅拉宾和罗素[33]在心理学研究的"刺激(stimulus)—反应(response)"模式(简记为 SR 模式)基础上,重点研究了机体在环境中的生理、心理活动过程对行为的影响,提出了"刺激—机体(organismic)—反应"模式(简记为 SOR 模式),如图 2.1 所示。

图 2.1 SOR 模式

雅克比和奥尔森(Jacoby & Olson,1976)[119]研究了 SOR 模式在消费者行为分析领域的应用问题,将机体和反应两个因素重述为消费者心理活动过程(psychology)和购买行为(behavior),引进了评价反馈机制(evaluate),提出了 SOR 模式的变式模式,可记为 SPBE 模式,如图 2.2 所示。

图 2.2 SPBE 模式

其中,刺激是指外界对消费者的影响,也称为环境刺激变量;心理是指消费者在消费环境中的生理、心理活动过程;行为是指消费者对信息的获取、处理与行动;评价是指消费者对由刺激所形成的产品性价比预期与购买后产品感知之间契合度的主体认知。在理论研究中,提供了对刺激、反应过程的反馈研究机制。SPBE 模式提供了阐述消费者在消费环境刺激下产生购买动机,在动机的驱使下做出购买产品的决策，并实施购买行为的理论框架。

对消费者的刺激和消费者的行为是"显性"的，而消费者的心理活动过程则是"隐性"的，只能通过"反应"体现出来。本章研究根据 SOR 模式及其变式模式，将消费者的心理和行为分为"商超环境、白酒促销活动对消费者感知的影响""消费者商超环境感知、消费者白酒促销感知对态度的影响"和"消费者商超环境态度、消费者白酒促销态度对行为的影响"三个阶段，并对环境和促销研究领域的消费者行为理论进行梳理和归类，包括能够解释环境刺激、促销刺激与消费者购买行为关系的"行为学习理论"，以及能够解释环境刺激、促销刺激与消费者感知和态度改变相关联的"认知失调理论""归因理论"和"价格感知理论"，以利于进一步拓宽理论视野，揭示消费者如何感知商超环境和白酒促销活动，以及这些感知对消费者行为的影响。

2.1.2　科特勒行为选择模式

SOR 模式给出了购买决策的一般模式，但没有结合市场营销的具体实践做出进一步的研究[120]。科特勒早在 20 世纪 70 年代初就开始进行消费者行为选择模式的探索[10]。在随后的研究中，他将 SOR 模式和市场营销的 4P 理论以及 EKB 模型[121]结合起来，提出了关于购买过程中消费者行为选择的理论框架，简称为行为选择（behavior selection）模式，简记为 BS 模式，如图 2.3 所示。

BS 模式将消费者受到的刺激分为营销刺激和外部刺激两部分，将消费者的心理活动概括为消费者特征和消费者决策行为两部分，消费者的反应表现在产品选择、品牌选择、购买时机及购买数量等方面。BS 模式表明，消费者的行为受到消费者的特征和消费者的决策行为影响，研究消费者的行为就要重点研究消费者特征和消费者决策行为。

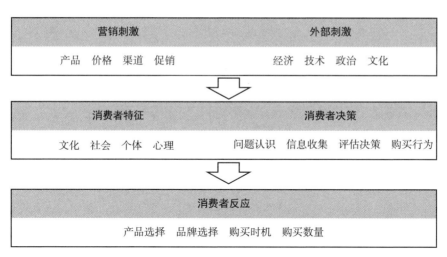

图 2.3　科特勒行为选择模式

在 BS 模式中，SOR 模式中的术语意义有所变化，反应是指消费者对刺激的情绪和行为反应。一种可能的反应是冲动性购买行为，造成了全球零售业营业额的重要增长[122]。冲动性购买行为的驱动因素是多维的，文化、社会、个体和心理的因素能够对消费者冲动性购买行为产生影响[123]。BS 模式涵盖了时间可用性、资金可用性和购买目标等情境变量。时间可用性指的是消费者购买过程中可用时间的数量，区别于瞬时感觉。资金可用性是指消费者认为有多少资金用于购买，并能积极影响冲动性购买行为。鉴于资金充足的消费者对于商超情境的反应更积极，因此资金可用性是冲动性购买行为的促进因素。

2.1.3　霍华德 – 谢思模式

霍华德（Howard，1963）将管理学的思考引入 SR 模式，1969 年与谢思（Sheth）[124]合作，完善了相关的理论论述，习惯上人们称之为霍华德 – 谢思模式（Howard – Sheth model），简记为 H – S 模式，如图 2.4 所示。

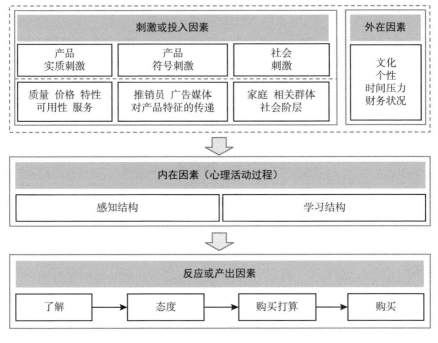

图 2.4　霍华德 – 谢思模式

H – S 模式以心理学、管理学等领域的知识来解释消费者购买行为，将消费者购买行为的影响因素区分为外因和内因两类。外因主要讨论环境刺激和商家投入变量，内因讨论的重点是心理活动过程、反应和购买行为之间的相互关系。

在 H – S 模式中，营销管理部门将产品质量、价格、特性、可用性、服务等可控信息通过销售人员、广告媒体等信息渠道传递给消费者，对其形成刺激。购买过程同时受外在因素的影响，如文化、个性、时间压力、财务状况等。消费者接受刺激后，通过感知结构和学习结构的内在因素，产生各种购买选择方案，形成评价标准、购买意向等，在此基础上进行综合评价，将备选方案排序，产生购买某种确定产品的心理倾向。

按照霍华德－谢思模式，在熟悉的产品市场中，由于购买习惯和偏好，消费者通过心理活动过程，更倾向于自己忠诚的品牌[124]。初级消费者会通过学习来保持对相关品牌的偏好，进而导致持续购买。由于品牌在品牌结构中将其名称扩展到特定产品，因此品牌忠诚度可能会扩展到相应品牌的产品体系。营销管理人员需要注意"80/20 效率法则[125]"，即 20% 的忠诚顾客购买 80% 的产品销量。简而言之，少量的忠诚消费者在销售业绩中所占的贡献比例更大，这些重点消费者对于销售团队更有沟通价值。

在 H－S 模式中，重量级消费者通常更有价格和价值意识[126]。随着更频繁地接触价格，此类消费者可能制定更准确的参考价格和促销时间表，形成更成熟的购买选择方案，最终确定购买意向。首先，重量级消费者可能在促销活动中进行产品囤积：通过对产品定价和促销计划的了解，这些顾客更有可能关注和等待更有力度的促销活动，并购买更多数量的产品。由于囤积和消费相辅相成，囤积行为会使消费者需求阶段性饱和，造成"购买暂停"现象。其次，重量级消费者的品牌忠诚度与购买量正相关。重量级消费者不仅购买和使用更多的产品，而且对品牌有更多的忠诚度和参与度[127]。

2.2 商超情境下 BS 模式和 H－S 模式的融合思路

前述营销管理经典理论框架是基于行为心理学"刺激—反应"原理的营销理论研究与管理应用的分析框架。前人在具体模式的建立过程中，由于历史的局限性，不同模式之间虽然有传承关系，但对营销管理问题的关注点有所不同，导致理论在当下复杂的营销关系背景下，存在应用的适恰性问题。因此，在研究大型商超白酒销售业绩影响因素问题的过程中，需要进行一定的模式重构，融合各个模式的优势，使之符合当下的营销关系，以指导影响因素的识别和未来影响因素指标体系的构建。

在 BS 模式和 H－S 模式中，明确了分析构面和诸多影响因素，但是没有给出影响因素间的结构层次关系，同时因素的可控性对消费者购买行为的影响不容忽视。在商超情境下，对于消费者购买行为影响因素的讨论，需要引进因素的分层准则。本章在刺激—机体—反应模式（SOR 模式）思维视角下，综合科特勒行为选择模式（BS 模式）和霍华德－谢思模式（H－S 模式）的优点，根据白酒企业和大型商超的实际情况，以可控因素、可用因素和弥散因素为分层准则，对影响因素进行辨识与分析，以期得到能够反应商超情境的白酒销售业绩影响因素理论模型。该模型可视为两类经典营销模式在商超情境下的具体实现，是两者的融合体，即 BS 模式和 H－S 模式的融合模式，这一思路可由图 2.5 概括。在图 2.5 中，营销关系是指营销过程中影响销售业绩的诸因素之间相互作用的关系。

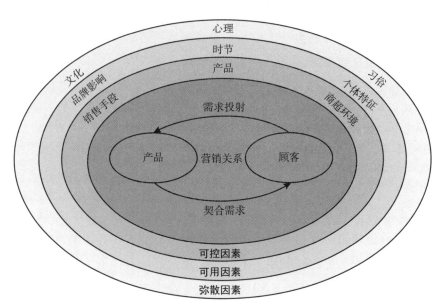

图 2.5　商超情境下 BS 模式和 H－S 模式的融合思路

2.3 商超情境下白酒消费者
行为影响因素分析

作为微观经济和管理领域科学探索的重要组成部分，市场营销研究源自对企业经营活动和顾客行为现实问题的捕捉，并在此基础上，运用科学的研究方法实现对营销实践的洞察与理论构建[128]。任何管理学问题的研究，都不能脱离当下的营销关系实际，均应建立在这种营销关系对销售业绩影响因素的分析之上。基于 STP 理论、4P 理论和 4C 理论，营销的本质是理解顾客，销售业绩提升需要关注消费者的行为。本节讨论白酒产品在大型商超销售过程中，影响消费者行为的主要因素。

BS 模式和 H – S 模式融合思路的技术核心，是融合了两者对消费者购买行为影响因素的性质认知。H – S 模式认为，消费者购买行为影响因素应基于心理学、管理学等领域的知识来诠释；而在 BS 模式中，科特勒[39]认为消费者购买行为影响因素应从文化、社会、个体属性和心理等方面进行分析，且文化因素是根本，影响最为广泛和深刻，如图 2.6 所示。

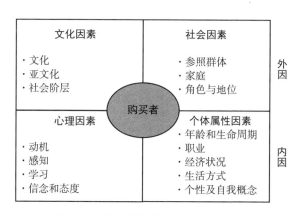

图 2.6 影响消费者购买行为的因素

2.3.1 白酒文化因素

白酒文化因素属于弥散因素。中华民族有着几千年历史文化的沉淀,白酒作为文化精髓,在这个过程中扮演了重要角色。白酒文化因素在白酒消费领域有着深刻的影响,并且贯穿在白酒营销关系的各个方面。消费者行为学的文化理论认为,文化塑造了人们的行为,决定了消费者的信念和价值观,不同文化背景下,消费者的信念、价值观不同,购买意向的影响因素也不同[129]。

文化是思维的集体规划,能将一个群体或一类人与其他群体或其他人区分开来。霍夫斯泰德(Hofstede,1980)提出了文化的四个维度,随后发现了文化维度对于组织行为学和营销管理学的应用价值[130]。研究中,文化被定义为一个社区或国家的集体心理的规划,它是个人主义与集体主义、权力距离、不确定性规避、男子气概、长期导向等维度的概念化[131]。霍夫斯泰德的研究成果被广泛应用于营销管理领域,以分析不同文化维度的消费者购买偏好与促销活动的关联性。在霍夫斯泰德文化维度中,男子气概、长期导向和不确定性规避三个维度经常被研究人员引用,来分析影响消费者促销偏好的文化因素[132]。格拉夫兰德和努尔德哈文(Graafland & Noorderhaven,2018)[133]的研究进一步印证了霍夫斯泰德的文化维度已经成为跨文化管理研究的事实标准。

价值观念、文化维度、宗教信仰的不同,导致中西方酒文化之间存在着差异性。按照霍夫斯泰德等的观点,中国人的饮酒行为习惯性地体现集体主义文化,因此酒场呼朋引伴,注重气氛和感情,饮酒行为更加趋向交际需求和表誉心理;但是西方人的饮酒行为习惯性地体现个人主义文化,因此酒用场所未必是社交聚会场所,饮酒独酌司空见惯,更注重个人感知与价值观念,或者把饮酒行为完全视为个人的审美情趣。为不同的市场定制产品促销策略时,考虑文化价值差异具有重要意义，因为文化塑造了个人的行为[134]。石青辉和张贵华[94]研究了白酒消费行为的表现，认为白酒消费的文化价值主要体现在地理亚文化、民族亚文化及宗教亚文化几个层面上。大型商超的白酒消费者不能被视为一个同质群体，往往来自不同的文化维度。尽管文化差异跟导购员的服务与关心密切关联，但学者们对影响服务感知的顾客文化因素的关注仍然有限[135]。白酒文化对于消费心理、行为和营销关系构建所发挥的作用是弥散性的。所谓弥散性，是指白酒文化因素渗透在营销关系的各个方面，但又不直接决定白酒的营销关系；虽然不能直接决定消费者的消费心理和行为，但却深刻影响着消费心理和行为。

李明宇[97]提出的酒文化内涵三层次分析框架和中国白酒文化内涵理论模型表明，中国白酒文化内涵构成的基本逻辑是文化牵线，酒用搭台，即文化弥散性地影响酒用，而酒用特征嵌入文化内涵之中。酒用构面（即酒用构成的层面）与中国白酒文化的特征要素之间交互影响，共同制约着中国白酒文化的发展。基于此，本节归纳和概括出的白酒文化因素，至少应该从酒用动因的表誉文化、交际需求、历史积淀、诗酒文化、地域习俗和民族风情六个维度来表征。

（1）表誉文化

表誉文化现已演化为人们社会交往的心理程序与行为方式，构成了白酒文化的重要特征，并对消费者行为产生不容忽视的影响。

本书第1章酒类产品特征对消费者行为影响研究的文献梳理与归纳表明，白酒文化与表誉文化是深度融合的。消费者往往把白酒产品视为宴请宾客、社会交际、情感升华的重要载体，并基于心仪的白酒产品热情互动，达成或满足对方的表誉心理，因此无论在商超渠道、餐饮渠道等线下渠道，还是在京东商城、天猫商城等线上渠道，白酒产品的购买决策都会受到表誉文化的深刻影响，并且把这种影响投射到宴会用酒或礼品用酒的品牌、包装和档次上。而且，在大型商超渠道，表誉文化的这种影响还会同白酒的促销活动相互默契。

产品与消费活动是开展关系导向型认同管理的重要工具与方

式[136]，中国文化与社会的关系导向特征决定了表誉文化是影响白酒消费者行为的重要因素。消费者往往会把白酒文化的表面层和中间层作为表誉的重要载体，并且把表誉心理投射到物质文化的酒器、酒质、酒品类（即基于不同分类标准划分的白酒类别）、酒用场所，以及制度文化的酒礼俗、酒令和酒局安排上。进一步的研究发现，时代特征、白酒消费者的个体属性和社会阶层对表誉文化具有反向影响，并赋予其更新内涵。党的十九大报告指出，"中国特色社会主义进入新时代，我国社会主要矛盾已经转化为人民日益增长的美好生活需要和不平衡不充分的发展之间的矛盾"①。在新时代，之所以强调表誉文化对于白酒消费者行为的影响，是因为它契合了满足人民日益增长的美好生活需要的研究主题，迎合了个人形象最大限度地趋同于"可信、可爱、可敬"的中国形象的社会心态。

近年来，学者们关于表誉文化对购买决策影响的深入研究，对于商超情境下白酒消费者行为影响因素分析具有重要启示。薛海波等[137]研究表明，表誉心理对消费者追求完美、重视品牌、追求新颖时尚、追求购物享乐和习惯忠诚5种购物决策风格具有显著的正向影响。随着研究的深入，宋晓兵等[108]的观点显示，价格比较对表誉心理产生显著的正向影响，并且这种正向影响在彰显身份地位更强的产品种类中、在物质主义更高和人际影响更敏感的消费群体中，以及在平行比较的社会情境中效果更加显著。对于表誉心理而言，产品普及率在独立自我的消费者中具有负向影响，而在依赖自我的消费者中具有正向影响[138]。于春玲等[139]研究使用情境和价格相对水平如何调节表誉文化对绿色产品购买意向的影响，发现公开情境下体现表誉需求的消费者更偏好绿色产品，而私密情境下的表誉心理不影响绿色产品购买意向。

---

① 习近平. 决胜全面建成小康社会　夺取新时代中国特色社会主义伟大胜利——在中国共产党第十九次全国代表大会上的报告 [M]. 北京：人民出版社，2017.

随着全面建设社会主义现代化国家新征程迈出坚实步伐，人民消费水平和表誉需求也水涨船高，而白酒更是成为人们对美好生活追求的重要媒介，为白酒消费的表誉文化注入了新内涵。毫无疑问，高颜值、高品位、高质量的名牌白酒正越来越受到消费者的青睐。基于表誉文化来分析商超情境下白酒消费者的心理和行为，对于销售业绩的提升具有重要的现实意义。

（2）交际需求

古人认为酒能通神，交际需求一直是白酒消费的主要动力，它是以应酬为基本特征的。所谓"应酬"——"应"者，顺应、参加之意；"酬"者，乃劝酒也。故应酬为以酒为媒、交际往来之过程。消费者"在何种情况下饮用白酒"的调查显示：社交场合消费和助兴占62%，即中国的白酒消费是典型的场合消费、社交消费[140]。石青辉等[94]调研上海、北京、郑州、长沙、贵阳5个城市的白酒消费行为时发现，"朋友聚会"在饮酒动机中占比为64%，足以印证白酒在交际需求中的重要地位。

无酒不成席，无酒不成欢，无酒不成礼。在长期的酒用过程中，形成了与中国白酒文化相关联的酒礼俗（即酒礼仪与酒风俗）、酒令（饮酒时特有的助兴方式，如猜拳、击鼓传花等）和酒局安排（即酒局的宾客筹划与程序安排），如斯的白酒文化潜移默化地对人们的生活产生了影响。无论婚丧嫁娶、择业升迁、亲朋聚会、送行接风、纠纷协商的私人宴席，还是商务谈判、年会联欢、客情公关、庆功答谢的公务宴会，几乎每场宴席都少不了白酒相伴。白酒能够提升宴席气氛，宾主双方以白酒为媒斟酌、沟通、寄情，迅速拉近距离、增进感情和产生共鸣，使宴席热烈、愉悦地进行，达到预期效果的同时，也彰显了不同的酒风。因此，白酒已经成为中国人亲情、友情、爱情、同学情、同事情、客户情等多重感情交流和凝聚社会理想的重要载体，甚至有人说白酒是转动社会机器的万能润滑剂。值得一提的是，为了防止交际过程中出现沉湎于酒、伤德败性甚至聚众闹事的不良现象，很多朝代都出台了相应的酒政（即酒的生产、流通、销售和使用的国家制度与政策的总和）制度，以规范饮酒行为，规避社会问题。

白酒富有饮用价值、贮存价值和象征意义，能够很好地传达赠酒者的意愿。逢年过节表达祝福和感情、走亲访友表达敬意或谢意、旅行归来赠送纪念品等，此时的白酒实用而又不落俗套，化身成了礼品的主角和社交的纽带。

（3）历史积淀

八千载文明始见红山酒祖，五千年文化传承坦荡酒品。中国的酒文化，始于查海遗址新石器时期，成形于周代，此后又得到持续的丰富，积淀了深厚的历史文化势能。

《北堂书钞》载有江统所著《酒诰》的说法："酒之所兴，乃自上皇，或云仪狄，一曰杜康。有饭不尽，委余空桑，本出于此，不由奇方。"[141]从8000年前红山文化源头查海遗址的考古发现看，造型规范、纹饰精美的鼓腹罐及陶杯是查海先民酿酒、饮酒和酒文化的载体，已经具有了"礼"的特征。不同时代的酒所蕴含的酒礼俗和酒令有所不同，并在酒用过程中创造了丰富多彩的酒诗、酒歌和酒舞等文学艺术形式。

酒是承载历史积淀的文化符号。《吕氏春秋》共160篇，与酒相关的有29篇，其中"酒"字出现了34次，酎1次，并强调了酒在政治、军事及社会理想方面的引导与激励作用。在中国历史上，夏禹是最早实行酒政的帝王。《战国策》曰："帝女令仪狄作酒而美，进之禹，禹饮而甘之，遂疏仪狄，绝旨酒，曰：'后世必有以味亡其国者'"。作为最高统治者，"绝旨酒"的目的除了自己戒绝美酒，也包含禁止民众过度饮酒的想法。鲁酒薄而邯郸围、鸿门宴、煮酒论英雄、温酒斩华雄、曲水流觞、杯酒释兵权……酒与不同时代的政治、经济、军事、文化、艺术等紧密相连[142,143]。三国时期是我国酒文化发展时期，不论是酒原料、酿贮调工艺，还是酒质、酒品类等都有大幅度进步，且酒风剽悍、嗜酒如命，劝酒之风盛行。

在我国的历史上，白酒一直属于文化底蕴较强的特殊饮品。几乎所有的白酒企业都在强调产品的文化底蕴，甚至出现了"红山酒祖"与"酒祖杜康"的商标之争[144]。因为历史积淀深厚的白酒，间接表明其酒质经得起考验，值得信任和购买。文化底蕴对于打造白酒企业的核心竞争力起着关键性作用，且历史沧桑感已经成为中国白酒的重要卖点——独特之处在于年份越长，口感越好，价值越高。"酒是陈的香"不仅诠释了物质文化的酒质，也展现了精神文化的审美情趣。

（4）诗酒文化

早在先秦时代，人们就已经进入到文字记载的诗酒文化时代，饮酒不再仅仅是为了满足口腹之欢，而是体现出一种浓厚的诗酒文化。《诗经·周南·卷耳》中的"我姑酌彼兕觥，维以不永伤"，表达了作者以酒娱乐自己，只为不再伤心的思想和情绪。在汉代，饮酒被当作人生苦短、忘忧行乐的一种境界和方式。无论是乐府诗，还是古诗十九首，都充溢着浓浓的酒香。进入魏晋，"竹林七贤"在竹林中饮酒作诗、纵歌酣畅、择隐不仕，作品隐晦地表达自己的价值观念。东汉的曹操在《对酒歌》中阐述了"政治清明，国泰民安，人与自然和谐共生"的社会理想。

唐代迎来了诗酒文化的鼎盛状态，诗酒之邀、文酒之宴成为一种潮流。从王维《送元二使安西》"劝君更尽一杯酒，西出阳关无故人"、孟浩然《过故人庄》"开轩面场圃，把酒话桑麻"、白居易《问刘十九》"晚来天欲雪，能饮一杯无"，到杜甫《闻官军收河南河北》"白日放歌须纵酒，青春作伴好还乡"、高适《送李侍御赴安西》"功名万里外，心事一杯中"、岑参《凉州馆中与诸判官夜集》"一生大笑能几回，斗酒相逢须醉倒"，唐代诗豪们伴着醇厚的酒香，记录着情义的珍贵、酒局的安排、审美的情趣、家国的情怀、人生的价值。尤值一提的是，《全唐诗》及其《补编》存李白之诗1050首，其中有饮酒诗237首，占存诗总量的近1/4[145]，篇篇脍炙人口，诗风与酒风深度融合：快乐之时"人生得意须尽欢，莫使金樽空对月"

（《将进酒》）、"两人对酌山花开，一杯一杯复一杯"（《山中与幽人对饮》）；烦恼之际"涤荡千古愁，流连百壶饮"（《友人会宿》）、"抽刀断水水更流，举杯消愁愁更愁"（《宣州谢朓楼饯别校书叔云》）；孤独之中"举杯邀明月，对影成三人"（《月下独酌四首》其一）、"醉后失天地，兀然就孤枕"（《月下独酌四首》其三）。其中，"五花马，千金裘，呼儿将出换美酒"彰显了盛唐的"酒政"（酒流通），且很多唐诗有酒令的记载，如白居易的"闲征雅令穷经史，醉听新吟胜管弦"和"醉翻彩袖抛小令，笑掷骰盘呼大采"。

许多宋词其实就是酒词。宋人或以酒言志，或以酒抒怀，或以酒传情，更在意酒的"味外之味"，更享受酒后精神世界的美妙和愉悦，文学艺术水准更是达到了新的高度。如欧阳修《醉翁亭记》"醉翁之意不在酒，在乎山水之间也"的禅境以及苏轼《水调歌头·中秋》"明月几时有，把酒问青天"的浪漫。作为世罕其比的女词人，李清照赏酒、饮酒、醉酒、吟酒，所作之词半数与酒相关，如《浣溪沙·莫许杯深琥珀浓》"莫许杯深琥珀浓，未成沉醉意先融，疏钟已应晚来风"，以及《如梦令·常记溪亭日暮》"常记溪亭日暮，沉醉不知归路。兴尽晚回舟，误入藕花深处。争渡，争渡，惊起一滩鸥鹭"，表达女主人公的细腻情感和审美情趣。她的酒词中多次提到酒器，如金樽、觞、杯、盏等；并多次提到酒品类如花酒、米酒、淡酒、烈酒、琥珀、绿蚁、扶头酒、玉酹等。

诗酒文化在历代诗咏中，传达着中国传统文化中特有的酒脱情致，已远远超出了酒本身的自然属性。中国酒文化几千年的诗酒文化特征，其实也给历代白酒消费者带来了"诗酒趁年华"的价值观念。道教宗师张三丰在《花酒吟》中写道："花开可喜落堪哀，莫放花前酒数杯。饮酒簪花神气爽，有花有酒去还来。"这是张三丰精气神的真实写照，反映了张真人爱酒的养生思想[146]。

（5）地域习俗

我国幅员辽阔，区域之间由于受地理条件、历史因素、政治环境、经济条件、文化环境的影响，白酒消费往往表现出地域性特征，形成差异性的白酒文化[147]。从物质文化来看，不同地域的气候、土壤和菌群的不同，直接导致各地的酒原料、酒具和酒器的差异。从制度文化来看，酒令虽然自古就有，但在不同地域却有着不同的表现形式；酒政也呈现地域性特征，例如元代根据各地区粮食丰歉程度，推行区域性禁酒制度；酒礼俗的地域性特征则更为明显，彼此关联而又相对独立。从精神文化来看，酒风的地域性特征突显，例如山东、河南的酒风就明显强悍于辽宁、吉林和黑龙江等地。白酒文化的地域性特征实质上是地理亚文化价值观的直接体现，我国疆土面积广阔，不同地区有着不同的文化价值观，表现在白酒消费行为上尤为明显[94]。

辽宁地区的查海文化、红山文化、矿山文化等文化的浓缩与升华，使三沟白酒成为具有东北地域文化特色的白酒品牌[144]。王颖超[148]以一种辽宁白酒"道光廿五"为例，研究传统再生产与品牌文化的打造，认为该酒的品牌文化之所以取得成功，主要源于充分挖掘和利用了地方的传统文化资源，体现了"满族传统酿酒工艺"的文化诉求。地域文化是地域性白酒品牌的无价之宝，只要深刻挖掘加以利用，即可引起消费者共鸣，促进销售业绩提升。尽管白酒独特的地域文化使其在产地能够形成较好的品牌影响力和销售势能，但是当该白酒品牌扩张至更远区域时，地域性文化标签则未必再具优势，甚至会倒逼企业对原有的酒品类进行升级改造。胥劲松[143]在研究中发现，白酒消费表现出较强的地域性特征。根据"中国市场与媒体研究"对全国主要城市白酒市场渗透率的调查结果，白酒市场渗透率内陆城市比沿海城市高，北方城市比南方城市高。白酒渗透率高的地区白酒消费量也较大。不同地区自然条件不同，各地的酿贮调工艺、包装工艺是不同的，直接或间接导致消费者在香型、酒精度、包装、价格、品牌文化等方面的酒品类偏好也存在较大差异。

对于区域性品牌白酒而言，可以用地域文化来夯实白酒的品牌底蕴，培养现有消费者对品牌的情感，形成心智模式，激发顾客的联想和共鸣，进而增强品牌忠诚度；可以通过地域文化来厘清白酒的品牌定位，增强品牌文化的人性创意和审美特性，唤起消费者的好奇心，激发潜在购买意识，进而吸引更多的消费群体。因此，正确把握地域文化、品牌诉求、经济状况、居民偏好对白酒消费的影响，应是白酒企业和零售商制定白酒营销战略的关键[143~147]。

（6）民族风情

中国是世界上统一时间最长、主体民族最稳定的国家，白酒文化在这个过程中扮演了重要的角色。白酒文化之所以博大精深，根本原因在于从中华优秀传统文化中获取了表面层、中间层和核心层的养分，主要表现为中华民族数千年传承和创新的酒道、酒德、酒风、民族性格、审美情趣、文学艺术、哲学宗教等对于白酒的投射与融合，这种民族风情既体现在酒原料、酒具、酒器、酒品类、酒用场所等物质文化上，又囊括在酒礼俗、酒局安排、酒祭祀以及酿贮调工艺、包装工艺等制度文化之中。不同民族往往拥有不同的酒品类——通过品牌分析和香型品鉴，可以洞察白酒的民族文化特征。

在我国诸民族自发的交际活动中，祝酒歌往往被视为表达美好祝福的顶级隆重仪式，也体现了独特的酒风、民族性格和审美情趣。其中，蒙古族有席必有酒，有酒必有祝酒歌，《金杯银杯》在敬酒过程中使用频率最高，且唱、敬、接、饮都有规范的礼仪动作；黎族"仪式化"民歌——酒歌，以宴饮对歌形式展示黎族人民热情好客、把酒当歌的豪迈与洒脱；"苗家无酒不唱歌"，而酒歌舞的结合更是表达了苗族人民的豪爽与开朗、好客与敬客；壮族酒歌则是壮族人民特色的音乐文化精髓，诠释了壮族人民的热情、开朗、豁达和勇敢。当然，在当代思想文化和科学技术的影响下，中国白酒文化的民族风情并非静态的，而是以融合时代气韵的动态模式存在。

中国白酒文化与西方酒文化之间存在的差异，本质是中西方民族的物质文化、制度文化和精神文化方面的不同。坚守中国白酒文化在世界酒文化中的民族性，有助于进一步保护、传承和传播好中华优秀传统文化，让世界更好地认知中国白酒和品鉴中国白酒。

综上所述，从酒用构面与中国白酒文化特征要素的交互关系中来识别中国白酒文化的表誉文化、交际需求、历史积淀、诗酒文化、地域习俗和民族风情六个维度的特征要素，进而概括如表 2.1 所示。

表 2.1　　　　　酒用构面与中国白酒文化特征要素间的交互关系

酒用构面	中国白酒文化特征要素					
	表誉文化	交际需求	历史积淀	诗酒文化	地域习俗	民族风情
表面层	酒器、酒质、酒品类、酒用场所	酒器、酒质、酒用场所	酒遗迹、甑房、窖池、酒具、酒器、酒质	酒器、酒品类、酒用场所	酒原料、酒具、酒器、酒品类	酒原料、酒具、酒器、酒品类、酒用场所
中间层	酒礼俗、酒令、酒局安排	酒政、酒礼俗、酒令、酒局安排	酒政、酒礼俗、酒令、酿贮调工艺、品鉴技艺、酒祭祀	酒政、酒礼俗、酒令、酒局安排	酒政、酒礼俗、酒令、酿贮调工艺、包装工艺	酒礼俗、酒局安排、酒祭祀、酿贮调工艺、包装工艺
核心层	价值观念	酒道、酒德、酒风、社会理想	酒道、酒德、酒风、审美情趣、文学艺术、酒神崇拜	审美情趣、文学艺术、价值观念、社会理想、酒风	酒道、酒德、酒风、价值观念、哲学宗教	酒道、酒德、酒风、民族性格、审美情趣、文学艺术、哲学宗教

在表 2.1 中，表誉文化、交际需求、历史积淀、诗酒文化、地域习俗和民族风情六个维度的特征要素侧重点是不同的，例如在酒产品选择上，"表誉文化"往往会更重视"酒品类"的层次性，而"交际需求"则更倾向于"酒质"的卓越性。其次，六个维度中的同一特征要素的表现形式往往是不同的，例如"表誉文化"的"酒用场所"需要彰显地位和档次，而"交际需求"的"酒用场所"则更契合实

际，甚至可以是私密、休闲和简朴的；又如"表誉文化"的"酒器"追求高品位，而"交际需求"的"酒器"更追求适用性。最后，六个维度中的同一特征要素也会表现出一定的趋同性，例如"民族风情"的"酒风"往往与"地域习俗"的"酒风"大同小异。凡此种种，不一而足。

2.3.2 消费行为因素

消费行为因素属于可用因素。因素是纲，特征是因素状态的集中表现，全面深入地分析与研究商超情境下的白酒消费行为特征，对于大型商超白酒销售业绩影响因素理论模型的构建有着重要的指导意义。在商超情境和白酒文化陶冶下形成的独特的消费行为因素，表现出不同的特征，其影响因素也更为广泛。作为世界上酒文化历史最长、最早发明蒸馏酒的国家，中国的白酒以传统的酿造技艺和博大精深的酒文化而闻名全球，其商超情境下的白酒消费行为因素更是呈现出复杂性、多样性、动机性、负评性、习惯性、从众性和冲动性等基本特征。

（1）复杂性

所谓复杂性，是指消费者在购买过程中对于价格较贵、购买次数较少、品牌差异较大、功能较复杂的产品，由于缺乏相关知识，需要收集信息、认真学习和对比，谨慎作出购买决策，并实行购后评价以求风险最低的消费行为特征。导致商超白酒消费行为复杂性的因素主要有产品价格、包装、酿造方法、酒精度，以及产品差异性、需求紧迫性等。

阿萨尔（Assael，1984）[149]研究了购买行为的复杂性问题，提出了复杂购买行为的概念，即顾客高度介入的产品与购买过程以及品牌之间有显著差异时的购买行为。由于消费者"忠诚"的白酒品牌，是消费者经过复杂的收集信息、学习处理、购后评估之后作出的最佳选择，其背后有牢固的信念和态度支持，因此可通过承诺以及态度忠诚来解释商超情境下的白酒消费行为的复杂性关系。

根据学习理论，对于消费行为的复杂性，营销者应制定策略帮助消费者掌握白酒产品知识，积极宣传白酒品牌优势，简化购买过程，优化营销关系。归因理论主要解释消费行为复杂性的原因，即复杂性的"归因"。归因直接导致态度的改变，而不是行为的改变。自我感知归因理论有助于解释和预测消费者重复购买行为。按照该理论，个体态度的形成是基于对自己过去行为的观察以及从这些过去行为推断出的行为意向，其关键点在于将这些行动归结于外因还是内因。针对促销，消费者如果认为促成自己购买某品牌白酒的原因为外部原因，例如商超促销刺激，则在无促销情况下消费者再次购买该品牌白酒的意愿就会相对薄弱，甚至会降低消费者对该品牌白酒的评价；相反，消费者如果认为促成自己购买某品牌白酒的原因为内部原因，例如品牌忠诚，则在促销结束后再次购买该品牌白酒的意愿就会更加强烈，对该品牌的评价也会更高。但如果促销强度太大，消费者就可能将购买该品牌白酒的原因归结于促销这一外部原因，而不是归结于对品牌忠诚的内在原因，促销过后消费者重复购买该品牌白酒的可能性会降低，品牌忠诚度也随之降低。白酒企业可以结合消费行为的复杂性制定出更具针对性的商超白酒促销策略，向顾客交付更加优异的价值和便利。

（2）多样性

所谓多样性，是指消费者在低介入度、高品牌差异的条件下，采取寻求多样性的购买行为[39]，表现出购买产品随意性较高、经常转换消费品牌的消费行为特征。

萨吉什和拉朱（Sajeesh & Raju，2010）[150]将消费者分为寻求多样性和不寻求多样性两类，研究了在消费者寻求多样性的市场中的竞争定位和定价策略。与萨吉什和拉朱的思路不同，牛等（Niu et al.，2019）[151]研究了寻求多样化购买的顾客的联合定价和质量决策，发现寻求多样化购买的顾客降低了企业提高质量水平的动机。学者们发现，产品种类越多，消费者就越会采取多样化的购买策略。例如，消费者在选购白酒时并不深入收集信息和评估比较，根据便利购买了某个品牌，饮用后对该品牌白酒进行评估。由于白酒有多种品牌，消费者在下次购买时，可能厌倦该酒或想品鉴新酒从而选择了另一个品牌，体现出购买行为的多样性。这种经常性的品牌转换并不是因为不满意，而是为了寻求多样性变化。

在商超白酒营销实践中，在市场上占据主导地位的白酒品牌和处于从属地位的白酒品牌的营销策略截然不同。白酒主导品牌会通过占据重点特殊陈列、排面陈列，同时强化广告投放力度，以鼓励老顾客的习惯性购买行为，并确保货源充足、严防断货；而白酒从属品牌也并非被动挨打，会以挑战者姿态通过降价促销、赠品促销、免费品鉴以及更强势的品牌推广，来激励消费者改变习惯性购买行为，选择从属品牌产品，寻求多样性购买行为。

（3）动机性

所谓动机性，是指消费者在消费过程中所表现出来的强烈的目标导向性的消费行为特征，这种目标导向性驱使顾客去满足特定的消费需求。

马尔克斯和圭亚（Marques & Guia，2018）[152]对葡萄牙一家大型连锁超市的 523 名购物者的酒类消费行为动机进行了研究，发现消费者源于产品知识的信心能够提升购买动机，由于男性认为自己对酒知识更加了解，因此购酒动机比女性更高。大型商超开展以白酒品鉴和知识普及为特色的促销活动，能够有效增加消费者购买动机。在消费行为方面，购买动机是预测购买过程的有效工具，因为消费者的购买决策是由其动机驱动的[114]。积极动机是对想象中消费体验的情感评估，通常受到记忆留存的影响，这些记忆留存由购物现场的服务与关心等细节进行激活。有些消费者为了追求与众不同，在购买品牌、购买方式、购买渠道及购买价格等方面强调与自我一致的感觉[153]。因此，白酒企业只有基于商超情境不断刺激和契合顾客购买过程的各种积极动机，才能实现白酒销售业绩的提升。

与生理性动机相比，心理性动机更能推动消费行为的产生。根据麦古尼（McGuire）心理学动机理论的动机分类，商超白酒消费行为的动机包括从众性动机、归因动机、个性化动机、自我表现动机、和谐人际关系动机、求新动机、表誉动机等。由此可知，白酒企业首先要辨识顾客消费动机的强与弱、显性与隐性，其次利用有效的促销手段将契合消费动机的利益点恰当地关联和传播，从而多角度满足消费者对特定白酒产品的需求。

（4）负评性

所谓负评性，是指消费者购买产品后，信息的延迟、认知的变化导致的对先前的消费决策与行为产生负面情绪的消费行为特征。

费斯廷格（Festinger，1962）[154]率先研究了由认知失调导致的负评性问题，提出了认知失调理论。认知失调是个体的行为和态度不一致时出现的令人不愉快的状态，包括决策后失调、强制服从失调、接触新信息造成的失调、社会支持体系造成的失调等。产品认知不足，购买后易受自身负面评价信息影响，并影响未来的购买决策。作为认知的三种关系（不相关、协调、不协调）中的一种，认知失调必然导致负评性，从而推动人们通过改变行为、态度，或者搜寻更多信息来改变不协调的状态，以降低失调的消费行为和负评表现。

大型商超白酒营销管理中应干预负评性的购买行为。消费者在促销活动中未广泛收集白酒信息、未精心挑选白酒品牌、购买决策迅速而简单，就可能出现购买之后的负评性问题：认为所购促销产品存在某些缺陷或其他白酒品牌更具优点，进而产生失调感，质疑先前购买决策的正确性。其可能通过改变态度（将购买原因归咎于促销活动的刺激——认为促销产品档次低，或者归咎于被促销白酒品牌本身质量欠佳）、改变行为（不再购买促销产品或者不再购买某白酒品牌）、搜集更多信息（强迫自己在促销产品中寻找心仪的白酒品牌）等方式来降低负评性情绪。消费者消除负评性情绪的方式与负评性情绪产生的原因高度关联。由此可见，为降低消费者负评性的购买行为，白酒企业应在大型商超提供完善的导购服务，通过各种途径提供品牌推广和产品介绍的信息，强化服务与关心的细节，例如在促销现场增加白酒品鉴环节，使顾客有条件了解产品特点，并验证自己的购买决策是否正确，从而产生满意的购买行为。

（5）习惯性

所谓习惯性，是指消费者在产品选择介入度低和品牌差异较小的情况下，未深入收集信息和评估品牌，未履行精细的决策逻辑和花费更多的精力，只是便利性地购买熟悉的品牌，而不是出于强烈的品牌忠诚并在整体上体现出习惯性、例行公事般的消费行为特征。

消费者购买习惯的界定在营销管理领域一直存在争议。有的学者根据社会学理论进行界定，以过去行为的重复出现作为核心维度；有的学者根据行为主义理论进行界定，以"情境反应"联结的自动化模式作为核心内涵[155]。我国学者杜立婷和李东进[156]给出了购买习惯的新界定：即消费者由于反复在某一特定的情境线索中（如时间、地点等）执行某一特定的购买行为，在记忆中逐渐形成"情境反应"的固定联结。该界定兼顾了购买习惯在冲动系统中的直觉属性和反省系统中的动机属性。

顾客对产品低度介入时的重复购买便属于习惯性购买行为。大多数日常用品的购买都具有习惯性的特征，尤其对于熟悉的品牌或产品，更容易引发习惯性的购买行为。在商超情境的白酒购买过程中，习惯性消费行为会让白酒品牌强者更强、弱者更弱，具有削弱竞品品牌影响的作用。如果顾客习惯性地重复购买同一品牌白酒，甚至有意识地购买同一品牌中的同一款白酒，则可视为品牌忠诚。白酒消费者由于经济收入、文化背景和社会阶层的差异，有着不同的购买习惯。但是当购买白酒的用途属于宴会用酒或礼品用酒时，这些消费者又会体现出相同的一面，即习惯于选择价格档次比日常消费更高的产品来展示表誉文化。

消费行为习惯性对于白酒的新产品上市有重要的决策参考价值。很多研究者将消费行为的习惯性简单地理解为购买惯性，忽略了习惯性在购买过程中的重要作用，致使产品定位过程中缺乏与消费行为习惯性的关联。顾客的购买决策并非总是有意识的主动过程，其对新产品的抵制常常是无意识的被动选择结果[157]。固有习惯的干预是导致消费者抵制新产品的重要原因，消费者的购买习惯越牢固，新产品在市场上就越会被习惯性抵制。白酒企业可以通过持续的混合促销来巩固老顾客的消费行为习惯，确保其他白酒企业推出的新产品不会干扰到老顾客的初心选择。反之，亦可通过持续的混合促销来支持自身的新产品导入市场，强化老顾客的认可，进而形成新的习惯性消费。

（6）从众性

所谓从众性，是指顾客受到其他消费者或周围情境因素的影响而改变自己的购买决策和行为，与其他消费者或周围情境保持一致的消费行为特征。

我国学者石青辉[153]研究了白酒消费行为的从众性问题，认为白酒消费者在购买白酒过程中表现出强烈的从众行为，呈群体性需求趋势。白酒消费行为的从众性源于文化因素和群体影响，并与购买情境相关联。这符合心理学家马斯洛的需要层次理论，因为在不同的心理阶段或经济状况下，人们可能寻找特定类型产品利益[39]。消费者在某一需要层次上渴望群体认可、社会认同，并使自身认知和行为尽可能与群体特征趋于一致[158]。商超情境下，白酒消费者在品牌选择、产品购买、消费模式甚至品鉴经验等方面都表现出显著的从众性特征。

白酒消费行为的从众性，形成了不同的消费态度，也促使白酒消费者潜移默化地形成了不同的消费群体。一方面，"喝出健康、喝出快乐"正成为"80 后"年轻群体的白酒消费态度。"80 后"已经成为目前白酒最主要的消费人群，尼尔森的统计结果发现，2018 年我国"80后"消费者每月白酒消费超过1000元比例的达到27%，其中有20%以上会购买每瓶700元以上的白酒[159]。如此的消费变化也催发了茅台、五粮液、泸州老窖、洋河、郎酒等白酒企业的高端白酒提价的战略意图。石青辉和张贵华[94]认为，在开展白酒营销时，重视群体价值观念比重视个体价值观念更为重要。张贵华[160]将各白酒消费群体归类为不注重价格的成功自信型（38岁以上，本科和专科学历为主，多为公务人员或制造业和服务业的白领）、性格活跃的喜欢交际型（18~38岁居多，学历相仿）、习惯性购买的安静消遣型（58岁以上，学历分布较广，以制造业为主）、善于比价的经济节约型（39~58岁为主，学历较低，收入较低）。白酒企业的产品结构调整应与目标消费者的群体分类和价值观念相契合，赋予白酒产品精准的定位，让"从众性"的顾客获得自我肯定和社会认同。

商超情境下的白酒消费行为从众性特征对购买决策产生重要影响，白酒企业应认真分析该特征与消费行为之间的关联，从而赢得更多的消费群体，引导产生更多的从众性购买行为。

（7）冲动性

所谓冲动性，是指消费者在购买过程中受到了一种突然并且难以抗拒的营销刺激，内心产生强烈购买欲望的消费行为特征，是对相关营销暗示的未经评估或反思的快速反应。消费者购买过程的冲动性倾向会使其产生非计划的购买行为。

在大型商超销售额中冲动性购买所占比例较大，某些产品甚至达到80%以上[161]。冲动性购买倾向是指在没有购买意图的情况下快速购买的可能性程度。有冲动性购买倾向的消费者可能频繁、持续地沉迷于冲动性购买行为之中。在商超情境下，引发消费者冲动性购买行为的因素主要有厂商的价格促销、消费者的冲动性特质和购买时的陈列情境。价格促销对于激发消费者的冲动性购买行为起到决定性作用。在冲动性购买过程中，消费者基本不会考虑任何经济条件或其他理性依据，往往被产品的性价比或表誉性所吸引，表现出"抓住产品"的迫切心态。德兰（Tran，2019）[162]对商超情境下越南消费者的冲动性购买行为研究后发现，促销是对消费者冲动性购买行为影响最大的因素，而产品陈列和时节影响这两个因素对消费者冲动性购买的影响约占一半。

对于白酒企业而言，首先要辨识消费者冲动性购买倾向的强与弱，并通过价格促销和赠品促销、特殊陈列与排面陈列、导购员服务与关心等组合营销策略进行合理干预，刺激消费者在购物过程中发生更多的冲动性购买行为，从而提升大型商超白酒销售业绩。

2.3.3 消费者个体因素

消费者个体因素属于可用因素，包括个体属性因素和心理因素两个方面。

（1）个体属性因素

所谓个体属性因素，是指消费者偏客观的个体属性因素（年龄、性别、民族、收入水平、生命周期、职业等）和偏主观的个体属性因素（个性、生活方式等）。个体属性因素对于白酒企业而言是不可控的，能够反映到消费者的酒用需求、酒用场所、酒局安排、酒礼俗、酒风，以及对白酒产品的价格、包装、酿造方法、酒精度、销售手段的偏好等方面，进而影响白酒消费者行为。

①偏客观的个体属性因素影响。谷一波和田志宏[163]研究发现，收入水平是影响白酒消费量的决定因素，中等收入水平的居民白酒消费量最高，最低收入水平和最高收入水平的居民白酒消费量最少。同时，收入水平影响消费者的产品选择，收入高的消费者会认为白酒质量比价格更重要。个体属性因素中，男性消费者比女性消费者更懂酒，且比女性更关心白酒的酿造方法和口感；年老消费者则追求保健，比年轻消费者更注重白酒的养生功能；个人职业也会影响购买行为，蓝领阶层倾向于购买低端桶酒或瓶酒，高级白领则倾向于购买高

档盒酒或定制酒；消费者所处的不同生命周期阶段（结婚、生子、乔迁、升学、升职等），也有着不同的购买习惯，导致白酒产品偏好的变化。

受个体属性因素影响，中国居民白酒消费量和饮酒率存在较大的差异。男性人均白酒消费量大约为女性的 2 倍；农民、工人、公务员和企业高管以及服务人员的白酒消费量高于无职业者，农村居民人均白酒消费量为城镇居民的 1.16 倍[163]。但"她力量"在白酒市场中的消费能力日益凸显。2021 年，酒类新零售平台 1919 发布报告显示，2017~2021 年，女性消费者占比从 4.79% 增长至 19.02%，同时男性消费者占比优势正在逐渐弱化，且酒类消费主力正在向"80后""90后"转移，女性用户年龄中"80后""90后"占比最大，分别为 32.83%、32.63%，这两类人群对酒类消费表现出极大热情，成为不可忽视的实力金主[164]。

②偏主观的个体属性因素影响。消费者的生活方式不仅反映了社会阶层或个性的差异，而且体现了个人不断变化的价值观和白酒购买行为的特征。喜欢朋友小聚的消费者更喜欢本地品牌而不是一线品牌，这可能与源于地域文化的个性表达，以及生活习惯、品牌忠诚、促销响应等因素有关。由于消费者的消费理念有所改变，尤其是年轻消费者更倾向于为了愉悦而喝酒，而不是像前辈那样把酒作为用餐的一部分而喝酒。享乐主义价值观已经成为白酒消费的一个重要动因[165]，因为白酒是在特殊场合消费的。

偏主观的个体属性不同的消费者对于商超白酒销售手段的偏好有所不同。对价格敏感并寻求购买多样化的消费者会对白酒促销活动评价良好，但对价格不敏感且对品牌忠诚的消费者可能认为白酒促销活动会导致服务与关心的水平降低。

（2）心理因素

所谓心理因素，是指影响消费者购买决策的四种主要的心理因素，分别是动机、感知、学习、信念和态度[39]。心理因素是运动和变化的心理过程，是影响消费者购买行为的重要"内因"。对于同一款白酒而言，有的消费者爱不释手，有的消费者却不屑一顾，这就是心理因素影响的缘故。

①动机。动机（motive）是指一种强烈到一定程度的需要，即消费者购买产品或服务是为了满足需要，当这种需要达到足够强度时就会转变为动机。

心理学家提出了多种人类动机理论，其中最著名的是西格蒙德·弗洛伊德（Sigmund Freud）的潜意识理论和马斯洛的需要层次理论，二者对消费者分析和市场营销产生了完全不同的影响[39]。其中，马斯洛认为，人类的需要是分层次排列的，按最迫切的到最不迫切的从低到高依次排列，分别是生理需要、安全需要、社会需要、尊重需要和自我实现需要。个体总是先满足最重要的需要，当该需要得到满足就不再成为激励因素，此时个体将会转向更高层次的需要。随着每个最重要的需要被满足，下一层次的需要便能发挥作用。消费者在大型商超购买白酒的从众性特征，以及白酒节日消费的仪式性和表誉文化表现，均可运用马斯洛需要层次理论进行解释。

研究商超情境下的白酒购买动机，有利于挖掘消费者的深层次心理，从而结合营销战略选择目标市场，做好产品定位，影响消费者行为，实现销量提升。

②感知。感知（perception）是指通过收集、整理并解释感官信息，形成有意义的世界观的过程。受动机驱使的消费者随时准备行动，其行为受购买情境感知的影响。

在感知研究领域，学者们形成了系列消费者感知理论，主要关注消费者内在的认知过程，特别是消费者如何感知商超氛围因素以及销售手段因素，这对于大型商超环境、促销以及团队的改善具有重要意义。黄丽娟[166]验证了消费者感知价值对消费者行为的影响，认为消费者感知到的情感性价值是一个非常重要的因素，在特定购买情境下，情感性价值甚至比货币性价值更为关键，这也印证了商超情境下基于导购员的服务与关心的重要性。

在商超情境下，消费者在琳琅满目的白酒陈列前除关注白酒促销信息外，还通过视觉、听觉、嗅觉、触觉和味觉来关注白酒的包装、酿造方法、酒精度、质量、香型、口感等产品信息，但是每个消费者接收、组织和解释感官信息的能力不尽相同。由于选择性关注（selective attention）、选择性曲解（selective distortion）和选择性记忆（selective retention）这三种认知过程的存在，消费者对于刺激因素能够根据自己的经验、知识和逻辑思维进行理解并形成差异化感知，且消费者的记忆信息是经过选择和保留的，能够支持其对于特定白酒品牌的信念和态度。

③学习。学习（learning）是指一种使个体可以得到持续变化和长进的行为方式，即个体通过观察、理解、探索、实践等方法获得知识、技能和素质的过程。消费者的学习则是指消费者在购买和使用产品的活动中不断积累经验、获取知识，不断完善购买行为的过程。白酒消费者能够在消费过程中，通过长期的学习和理解形成基于自我判断的白酒心理质量标准和消费标准。

学习是通过"驱动""刺激""诱因""反应"和"强化"之间的相互作用发生的[39]。驱动（drive）是指激发行动的强烈的内部刺激，当驱动直接指向某种具体的刺激目标时，它就变成了一种动机。诱因（cues）是指决定人们何时何地以及如何反应的微弱刺激。商超情境下，消费者注意到排面陈列或特殊陈列里的白酒品牌，看到某一白酒的主题促销，或者和朋友讨论某一白酒等，都可能成为影响其购买该白酒的诱因。如果此次购买物有所值，消费者可能根据经验更多地选择该品牌白酒，并强化该反应。白酒企业可以把白酒产品与强烈的驱动关联起来，以促销活动为诱因，提供积极的强化刺激，使顾客产生持续的需求投射和购买动机。

针对促销活动，行为学习理论认为，要让特定的促销刺激引起特定的消费者行为反应，需要经过条件作用或者强化类型的学习过程。

行为学习理论包括经典条件反射理论和操作性条件反射理论。

在大型商超白酒价格促销活动中，导购员会通过额外的附加赠品来提升销量，这种混合促销主要通过操作性条件反射来促进消费者持续购买该品牌白酒。当消费者在降价促销活动中购买了该品牌白酒（行为）时，会意外收到赠品（强化物），购买行为受到强化，从而产生重复购买该品牌白酒的行为。与经典条件反射理论中存在"非条件刺激"与"条件刺激"相似，强化分为原始强化（primary rein-forcement）与附属强化（secondary reinforcement）。原始强化能够提供内在效用，附属强化则必须经过转化才具备价值。商超情境下白酒价格促销活动中，赠品等促销策略是原始强化，对该品牌白酒的消费是附属强化，通过"购买该品牌白酒—获得赠品—消费该品牌白酒"这一过程实现持续购买该品牌白酒的结果。理想的状态是经过一段时期的混合促销强化，"消费该品牌白酒"的附属强化能够取代"获得赠品"的原始强化，这样就可以取消赠品促销而继续维持消费者购买该品牌白酒的行为，实现促销目标。

④信念和态度。信念（belief）是指个体对事物持有的思想或具体看法，态度（attitude）是指个体对事物或观念相对稳定的评价、感觉和偏好[39]。消费者在实践和学习中形成信念和态度，信念和态度反过来亦影响他们的购买行为。

信念可能建立在现实的知识、观念或信仰之上，亦可能夹带着情感因素。营销人员须关注消费者形成的关于特定产品和服务的信念，因为这些信念构成了产品和品牌的形象，进而影响顾客的购买行为。如发现消费者有某些阻碍购买行为的错误信念，营销人员则需要开展宣传活动来予以纠正。白酒企业应注重树立品牌形象和产品形象，强化其在消费者心中的信念，提高其品牌忠诚度。

态度由感情、行为和认知三种元素构成，这三种构成元素可以表达为 ABC 态度模型（ABC model of attitudes）[167]。该模型强调了认知、感情和行为之间的相互关系。人们的态度涉及政治、经济、宗教、白酒、音乐和其他任何事物。态度导致人们喜欢或不喜欢某种事物，并对它们亲近或疏远[39]。当诱因足够强大时，会产生态度改变。态度行为关系理论关注如何把消费者对促销活动的感知和态度转化为实际的购买行为。消费者是否做出响应大型商超白酒促销活动的购物行为，取决于其对促销活动的态度。

态度能使人们对相似的事物采取一致的行动，一旦消费者结合自身的消费需求和消费标准，对某白酒产品、白酒品牌或白酒企业形成喜欢或者厌恶的态度，便会"先入为主"，很难在短时间内发生改变。消费者购买与其态度相契合的白酒品牌，日积月累就会形成消费偏好，而消费偏好又会因为长期的积累转化为更加强烈的态度，直接决定消费者的购买决策。从白酒企业在大型商超渠道的营销管理来看，合理改变消费者的态度需要考虑诸多影响因素。

2.3.4 时节对心理与行为的影响

所谓时节，是指年度消费周期内的节日和非节日的时期因素。

时节属于可用因素。商超情境下，白酒消费者的购买行为深受时节影响。传统节日充溢着国泰民安、团圆欢聚、喜庆祥和的美好气氛，随着人们生活水平的不断提升，白酒消费者的节日消费愈发呈现复杂性和多样化特征。在今天，消费者比以往任何时候都愿意花更多的钱享受符合个性化需求的产品和服务，这种心理和行为在节日中更为突出。

（1）传统节日消费心理与行为的基本特征

中国节日的起源与中国历史同步，大多数的传统节日早在先秦时期就已出现。随后，节日的风俗习惯被不断地融入时代的人文因素，节日的内涵、名称亦被不断地丰富和充实。20世纪80年代后出现的"春运""春晚"等均是传统春节仪式当代化的建构行动，由此诞生了与之相适应的春节仪式基础上的春节文化[168]。数千年来，中国传统节日的消费文化一直彰显着"各美其美，美美与共"的特殊魅力。尽管各地区、各民族的节日消费心理和行为有所不同，但共同之处是人们都习惯于在传统节日里互送礼品、购置新物，进而形成一种以庆祝传统节日为主要目的的消费方式[169]。节日作为特殊含义的时间节点，潜移默化地影响着白酒消费者的心理和行为，体现出如下特征。

①密集性。节日与消费一向是一对"孪生姐妹"，节日期间对某品牌白酒的需求可能会形成集中态势，甚至导致爆发式增长。与其他传统节日相比，春节的节日文化与消费文化已经形成了最大程度的融合。陈飞和怀雅男[170]以我国社会消费品零售总额月度序列为例，给出春节模型最优效应期为节前20天、节中7天、节后14天。这一结论符合我国居民在春节集中消费的习惯，也与大型商超白酒产品传统节日促销的档期基本吻合。

②特殊性。自古以来，节日就是国人难得欢聚和休闲的好机会，在精神层面要追求幸福感、快乐感和满足感。而物质决定精神，体现出节日消费的必需性和重要性。因此，节日能改变饮酒习惯和饮酒档次，消费者会破例购买价格更高、口感更佳的白酒产品。且在"尊老敬贤""礼尚往来""知恩图报"等价值观念的作用下，白酒的"宴请消费""礼品消费"也在传统节日找到了交际需求的制高点，加之表誉文化的影响，直接导致大型商超白酒销售业绩在传统节日期间达到全年的峰值。

③普遍性。节日期间饮酒和非饮酒顾客都受传统节日文化的影响，构成了白酒消费的主体。因此，春节也一直都是众多白酒企业必争的"黄金档期"，这个时段从元旦的准备预热，到整个春节假期的持续火爆，是广大消费者时间最充裕、心情最放松、消费最慷慨的时段，也是白酒企业在大型商超渠道最大力度促销、最大程度刺激消费者购买的最关键时段。

④仪式性。节日文化作为中华优秀传统文化博大精深、源远流

长，其仪式性特征是在历史长河中逐渐形成的，更是民族认同感和自豪感的重要载体。节日与消费如影随行，节日需求是节日心理与物质化、符号化、形式化的聚合体，这使得节日顺理成章地成为大型商超白酒促销的最好时间。消费者购买商品已经不再是为了获得产品的使用价值，而是为了满足被刺激起来的欲望所形成的所谓需求，甚至消费也已经不再指向具体而实体性的物的消耗，而是演变成甚至抽象成一种符号[171]。在自媒体流行的当下，人们纷纷在微信、抖音、快手、推特等社交媒体上"晒"节日活动，增强节日仪式的幸福感和获得感。从马斯洛需要层次理论来看，消费者在满足了生理需要、安全需要和社交需要的低层次需要之后，开始渴望得到尊重及自我实现。

在越来越好的新时代，传统节日不但是社会理想、价值观念和群体消费文化的彰显，也是联系产品与顾客的纽带。于是，不仅传统节日自身的仪式感越来越得到渲染，白酒企业和大型商超更是通过产品和服务把新的、加工过的符号意义融合在商超环境之中，给消费者营造出更具吸引力的节日仪式和消费暗示，以利于顾客乐此不疲地徜徉在白酒产品的大观园之中。节日消费已经成为白酒企业销售业绩提升的重要引擎，不断释放出购买潜力，并迅速转变为商超渠道新的业绩增长点。正如鲍德里亚（Jean Baudrillard）在《消费社会》中的观点：消费逻辑不仅支配着生产的物质产品，而且支配着整个文化、人际关系，以及个体的幻象与冲动[171]。

（2）不同时节消费心理与行为的营销干预

由于传统文化和情境氛围的影响，消费者在节日的心理与行为表现和非节日时有所不同。大型商超白酒销售数据显示，销售旺季主要集中在冬季和秋季，其中的节日销量往往占到总销量的40%左右。胥劲松[143]认为，白酒企业应根据白酒消费的季节性规律组织营销活动。根据中国社会调查事务所得出的统计数据，53.6%的人在喜庆时饮酒，47.3%的人在客人来访时饮酒，31.7%的人在节假日时饮酒，21.5%的人在烦恼时借酒浇愁，另外还有10.1%的人把饮酒当作一种生活习惯[94]，如图 2.7 所示。

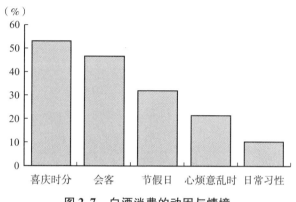

（%）

图 2.7 白酒消费的动因与情境

由图 2.7 可知，白酒不同于其他快消品，其他快消品的消费在时间上基本上是均衡的，而白酒消费总是在一定的时间进行，白酒消费的时间性决定了白酒购买的时间性特征[94]。消费者对大型商超白酒购买需求在节日期间大大高于非节日期间，这与亲戚朋友节日之中宴会用酒或者礼品用酒直接关联。白酒企业一方面要准确捕捉不同时节消费者的心理和行为动向，对目标市场的产品针对性、消费行为异同性、促销方式敏感性以及竞品白酒冲击性进行深入分析，通过价格促销、氛围营造、服务与关心升级等方式影响消费者的认知、感情和行为；另一方面要充分挖掘传统节日的文化内涵，将节日魅力和文化价值渗透到白酒的包装设计和品牌推广之中，增加白酒产品的附加值和核心竞争力，从而让大型商超白酒产品的节日促销引发消费者共鸣，助力销售业绩提升。

2.3.5 产品对心理与行为的影响

所谓产品（product），是指任何一种能向市场提供并满足欲望或需要的东西[172]，包括有形产品、服务、体验、信息和想法等。

产品属于可控因素。产品是企业与顾客之间建立可盈利关系的基础，往往被顾客视为满足其需要的多种价值的复杂组合。消费者使用的产品总在以积极或消极的方式影响消费者[167]，让其心理和行为在产品的购买过程和整体层次中发生相应的变化。

（1）产品对消费者心理与行为影响的五个阶段

1968年，恩格尔、科拉特和布莱克韦尔（Engel，Kollat & Black-well）[121]提出了EKB模型，认为消费者购买过程由信息收集、信息处理、决策过程、影响决策的变量和社会环境的影响五部分组成。EKB模型表明，消费者受到内部和外部刺激可催生消费需求，当需求强烈时就会发生购买行为。

1995年，恩格尔、布莱克韦尔和密尼亚德（Engel，Blackwell & Miniard）[173]对EKB模型进行第三次修订，形成了新的消费者决策行为理论，称之为EBM模型。EBM模型中，消费者购买过程由确认需要（need recognition）、搜索信息（information search）、评估备选方案（alternative evaluation）、购买决策（purchase decision）以及购后行为（post purchase behavior）五个阶段组成，如图2.8所示。

图2.8 消费者购买过程的五阶段模型

在图2.8中，购后行为包括消费者对于购买结果与预期结果的比较和评价，有助于制定后续的购买决策。产品对于消费者心理与行为的影响，以及消费者对于这种影响的反馈信息贯穿于购买过程的五个阶段，已引起营销管理学者的广泛关注。

产品对于消费者心理和行为的影响，在购买行为之前就已发生，并在购买行为结束后仍然延续。消费者首先对产品产生内在需要并确认需要，借助相关路径搜索产品信息，形成购买产品备选方案再进行评估，基于评估结果做出购买决策并发生购买行为，最后消费者综合产品性能和产品期待分析产品地位，建立更加完善的信息库，为下次购买决策积累信息。图 2.8 表明，消费者每次购买都要依次经过五个阶段。为掌握白酒产品对消费者心理和行为的影响信息，白酒企业需要关注和分析每一阶段的消费者的心理和行为，而不是只重视购买决策阶段。但在习惯性购买中，消费者常常会越过或交叉某些阶段，这与消费者个体因素、产品属性和购买情境密切相关。例如，商超情境下，购买常用白酒品牌的顾客在确认白酒需要时，会在产品陈列前越过搜索信息和评估备选方案，直接进入购买决策阶段。

在确认需要阶段，白酒企业应该强化对消费者的心理与行为调研，找出消费者的需求信息及相关问题，以利于引导消费者关注某种特定的白酒产品；在搜索信息阶段，白酒企业应该甄别消费者的信息来源，分析评价重要程度，掌握其消费偏好；在评估备选方案阶段，白酒企业应该聚焦消费者产品方案的具体评估过程——掌握了消费者评估产品的标准与方式，就有机会及时采取措施干预消费者的选择；在购买决策阶段，白酒企业应该尽量防止意外因素影响消费者的实际购买行为；在购后行为阶段，白酒企业应该关注消费者的购后心理和行为，同时研究消费者预期与产品感知绩效之间的关系：若产品符合预期，则消费者会感到满意；若产品超过预期，则消费者会感到高兴；若产品未达到预期，则消费者会感到失望。可见，白酒企业进行导购服务时，应实事求是地介绍白酒产品的特色与优势，以使产品符合预期或超过预期，让顾客满意和高兴。此外，消费者的产品感知绩效随着产品质量水平的增加而提高，白酒企业可以通过提高产品质量来增加消费者满意度。

（2）产品性能结构对消费者心理与行为的影响

产品并非局限于市场提供物本身的概念。20 世纪 60 年代末，营销管理学者提出了产品性能的层次模型概念，即从整体视角审视产品，将产品分为若干层级，揭示其层次结构。1976 年，科特勒最早提出产品性能的三层次模型，如图 2.9 所示。

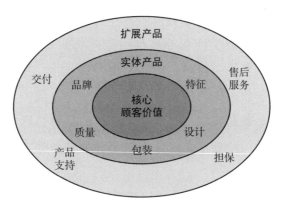

图 2.9　产品性能的三层次模型

三层次模型包含核心顾客价值、实体产品和扩展产品三个层次[39]，每个层次都会增加顾客价值，并对消费者心理和行为产生重要影响。

所谓核心顾客价值（core customer value），是指针对不同的市场主体，通过产品的设计和开发，将这类市场中顾客对产品的需求投射到产品之上，所形成的顾客视角的核心利益或服务。核心顾客价值定义了顾客的购买需求。具体而言，满足口腹之欲、自饮类型的白酒产品，不能等同于具有交际属性、满足表誉心理的白酒产品。

然而，核心顾客价值的实现载体是实体产品（actual product）。也就是说，产品研发必须围绕核心顾客价值，全面构造产品的品牌名称、设计理念、特色属性、质量水平、包装风格。每一款白酒都是一个实体产品，其品牌、包装、酿造方法、酒精度、香型以及其他属性被精心组合，在此过程中，应考虑品牌价值能否满足顾客的表誉心理，产品质量能否契合顾客对性价比的需求投射，从而能够以实体产品维系核心顾客价值。一般而言，随着商超白酒产品陈列时间的增长，顾客的购买习惯会达到自然的上限，在此过程中竞品白酒诞生，由于竞品白酒的模仿行为，产品的差异化和独特性消减，产品生命趋于老化。

在产品的设计和开发中，由于消费市场的复杂性和竞争的激烈性，导致多样性的消费选择，消费者在满足核心顾客价值的同时，越来越关注产品的附加服务和衍生利益，这构成了产品性能结构的第三层次，通常称为扩展产品（augmented product），形成了产品销售特别是促销活动中吸引消费者的重要手段。

伴随着社会的进步、消费者需求的多样化，以及营销理论的发展，特别是市场细分研究的不断深入，人们对产品定位的认识越来越深刻。这种认知的变化，反映到产品性能结构方面，使得三层次模型渐次演化为四层次和五层次模型。以莱维特（Levitt, 1980）[174]提出的产品性能结构的五层次模型为例，核心即第一层次，仍然是核心顾客价值，或称为核心利益。在五层次模型中，实体产品被细化为基本产品和期望产品。所谓基本产品，是指产品设计与开发中定义的满足细分市场的产品性能；而期望产品是在基本产品之上定义的一组特性或条件。扩展产品被细分为附加产品和潜在产品。附加产品是顾客购买有形产品时所获得的超过顾客期望的附加服务和利益；潜在产品是产品或提供物在未来可能产生的延伸与改进。产品性能结构五层次模型，如图2.10所示，每个层次都增加了更多的顾客价值，构成了顾客价值层级。

产品性能的五层次模型指引了产品视角的营销管理。商超情境下，白酒企业必须基于细分市场的特点把握消费者的心理与行为，并根据产品性能层次模型的指引，制定销售策略。在销售过程中，特别是在促销活动中，需要准确把握消费者购买行为的核心利益，即消费者购买白酒时，为了满足什么样的需求。在推介产品的过程中，应准确判断基本产品与期望产品同核心利益的契合度，并通过宣扬产品的

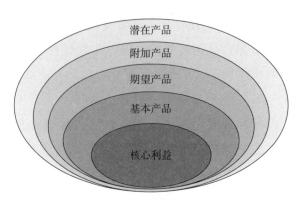

图 2.10　产品性能的五层次模型

差异化特性来提升竞争优势,吸引消费者关注。基本产品和竞品比较,与核心利益的契合度越高,越容易形成竞争优势;其中,白酒产品自身的品质是决定性的,而产品包装发挥了重要的诱导作用。利克等[79]认为,在商超渠道实现产品销售的三个关键目标——吸引消费者、提供信息和说服购买,必须通过包装诱导来实现。顾客与产品之间的接受性互动在购买意愿中起着重要的作用,产品包装已经不再是一个纯粹的功能工具,而是一种与消费者建立密切关系的沟通渠道。例如,葡萄酒的包装,尤其是酒瓶标签,不仅传递了产品本身的信息,也与消费者的情感和期望密切关联[175]。此外,要注意发现消费者在附加产品和潜在产品方面的需求,这是在激烈的竞争环境下营销管理的重要内容之一。

2.3.6　环境对心理与行为的影响

所谓环境,是指消费者购物的特定场所以及周边的物理环境。

环境属于可控因素。环境对消费者心理与行为的影响研究,一般采用 SOR 模型。机体在外界环境的刺激下会产生一系列认知、情绪,从而作用于个体的行为。作为商超氛围的重要组成部分,物理环境往往与展示文化、服务与关心和客流密度相关联，对消费者心理和行为产生重要影响，使其在特定的环境影响下发生特定的购买行为。

（1）良好的商超环境契合消费者表誉需求

从周边环境来看，大型商超位于城市的核心商圈，是零售企业吸引顾客的核心商业区域，即客单价最高的核心顾客圈。交易活动的空间扩张与竞争是地理学、经济学等学科关注的重要课题，零售企业的合理布局对满足居民消费需求起着重要作用[176]。

从店内环境来看，大型商超和便利店的购物体验截然不同。环境高档、设施完善、富有人情味的购物环境能契合消费者表誉需求，产生荣耀和愉悦的心理，直致诱发冲动性购买行为，因此学者们常常把商超环境作为变量，对消费者购买决策的影响因素进行分析。商超环境带来的冲动性购买是多方面的，形成了全球零售业营业额的重要组成部分[122]。作为世界上最大的连锁零售企业，沃尔玛超市环境优雅，每周吸引的顾客达 2 亿人次，而这些具有"从众性"特征的消费者 70% 以上的购买决策是在门店里做出的[39]。

（2）合理的陈列布局让消费者舒适便利

大型商超的有形展示区别于传统流通渠道，其特殊陈列和排面陈列的位置，对销售业绩的提升起到关键作用。商超情境下，产品陈列（product assortment）是最基本的促销方式，是影响消费者评估产品价值的重要因素之一，能够进一步影响消费者的购买行为[21]。白酒销售是从陈列开始的，合理的陈列布局赋予白酒产品更大的魅力，且给顾客采购带来便利。作为一种展示文化，无论排面陈列还是特殊陈列，黄金位置的产品往往能够首先吸引消费者眼球。科恩和巴贝（Cohen & Babey，2012）[177] 认为，商超总销售额的 30% 来自过道末端的产品陈列。中村秀二等（Nakamura et al.，2014）[178] 评估了一家大型连锁超市通道末端陈列对酒精产品销售业绩的影响，结果显示白酒增加了 46.1%，葡萄酒增加了 33.6%，啤酒增加了 23.2% 。

由此可见，白酒企业应该重视商超情境下产品陈列的营销沟通，既要做好普通的排面陈列，又要重视竞争性和高价值的特殊陈列，以向消费者传递更生动的产品文化和品牌文化，形成整体的视觉冲击力，伴随着导购员的服务与关心，对消费者的心理和行为产生深刻影响。

（3）恰当的感官营销可增加消费者停留时间

所谓感官营销，是指在购物环境中紧密结合消费者的感官反应并且有效调动消费者购买欲望的体验式营销模式。恰当的感官营销能够增加消费者在商超的停留时间，导致更多的浏览行为，并可能促成更多的冲动性购买行为。商超情境下顾客的购买决策往往不是计划性的，而是随机的，购买过程不仅受产品的影响，还受多感官提示的氛围影响。门店努力通过商超氛围来创造卓越的客户体验[179]，营销领域和技术领域的创新，为大型商超通过感官营销的多感官提示来改善消费者体验带来了新的路径。

当购物环境中两个或多个感官提示结合时即形成多感官提示，能唤起顾客的整体感知，激发情绪并影响其购买行为[180]。消费者对于购物环境多感官提示所停留的时间比单感官提示所停留的时间更长，更有时间进行购物[181]。商超情境下，视觉、触觉和嗅觉均会影响消费者对白酒产品的评价或选择的积极性。导购员可以借势知觉体验使用多感官提示来引导顾客欣赏白酒精美的包装，品鉴白酒特色的口感，通过触觉、视觉、听觉、嗅觉、味觉的融合氛围来影响消费者的购买决策。白酒产品的多维文化属性和商超情境的特殊性，决定了中高端白酒是白酒企业商超营销管理的头部战略，通过感官营销，这些中高端白酒能够以"色"悦人、以"香"诱人、以"味"动人，零距离与顾客进行多感官"互动"，进而促进销售业绩提升，并潜移默化地树立品牌形象和巩固市场地位。

2.3.7 团队对心理和行为的影响

科恩和贝利（Cohen & Bailey，1997）[182]指出，所谓团队（team），指在任务中相互依赖、共同承担结果与责任、将自己和他人视为嵌入一个或多个更大社会系统的完整社会实体的个人集合。

团队要发挥效能，其文化、成员、结构、培育、互动、目标须协调一致。其中，团队文化是弥散因素，团队成员素质是可用因素，团队结构和团队培育是可控因素，四者均为团队效能的主要影响因素，对消费者的心理和行为产生直接或间接的影响。

（1）顾客导向的团队文化能够优化营销关系

好白酒未必能旺销，营销关系中需要以顾客为核心建立团队文化，使顾客的需求投射与产品的契合需求完美呼应。顾客导向的团队文化已经成为销售团队长期成功的一个重要影响因素，能改善消费者体验，为顾客创造价值，进而为产品和品牌增加竞争优势。打造以顾客为导向的团队文化，与消费者建立长期关系，并根据反馈信息及时调整团队管理策略，对于销售业绩的提升至关重要。当团队成员在大型商超白酒销售一线变得更加积极，且通过服务与关心，让消费者体验得到更多改善、顾客需求得到更高满足时，营销关系得到优化，销售业绩也随之提升。

营销管理学者认为，除了提高产品质量外，还应强化服务质量，在顾客周围建立高质量的服务环境，如此才能改善消费者体验并真正契合其需求。服务质量的升级，有助于提高顾客满意度，进而推动团队创造更多的销售业绩。吉多蒂等（Guidotti et al.，2018）[183]研究发现，大型商超面临的一大挑战是如何为顾客提供个性化服务，从而及时发现其购买习惯，以制定有效的营销管理策略。可见，运用4P的传统外部营销已无法达到大型商超白酒产品的服务营销要求。如图2.11所示，大型商超白酒的服务营销还应包括内部营销和互动营销。

其中，内部营销（internal marketing），是指白酒企业以顾客为中心，引导与消费者直接接触的一线销售员工和提供研发、生产、仓储、物流支持服务的后方员工开展密切合作，让消费者满意。

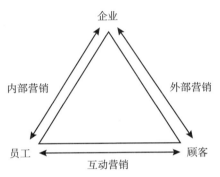

图 2.11　服务营销的三种类型

（2）团队效能对消费者购买决策的影响

所谓团队效能，指基于团队成员素质、团队结构和培育，通过团队互动过程完成任务并最终实现销售业绩和满意度的综合效能。团队效能阐明了团队成员对团队成功执行任务的能力以及实现目标的共同信念。

团队效能是广义的团队业绩评价思路。哈克曼和劳勒（Hackman & Lawler，1971）[184]指出，团队效能可以从三个方面来评价：产出结果——指团队生产的产品必须符合或者超出组织所规定的数量、质量和速度等目标；团队成员的满意度——以团队满意度、工作满意度和服务顾客满意度三个尺度来衡量；继续合作的能力——指团队在完成任务之后，成员间的人际关系得到进一步加强，有利于团队成员继续协作，冲刺更高的业绩目标。

麦格拉斯（McGrath，1964）[185]率先提出了"输入—过程—输出"的系统化架构，如图 2.12 所示，成为后来学者们构建团队效能模型的重要基础。

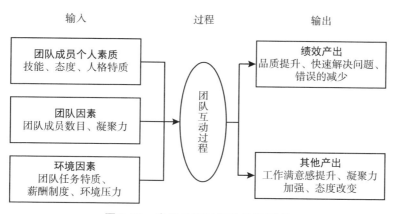

图 2.12 麦格拉斯的团队效能模型

在图 2.12 中，麦格拉斯的团队效能模型在"输入"方面，提出了经典的影响团队效能的变量，并深入研究了这些变量通过"团队互动过程"与团队效能之间的系统关联。基于麦格拉斯团队效能模型，很多学者先后从不同视角来研究团队效能，并构建了相应的模型，虽然模型结构各有不同，但几乎全部采用了"输入—过程—输出"理论框架。在"输入"方面，常以团队成员素质、团队结构、团队优势、组织特性、团队环境、团队资源等因素作为变量。在"过程"方面，常以沟通、合作、协调、冲突、凝聚力、领导力等因素作为变量。同时，研究者均认为团队互动过程在"输入"和"输出"之间起着重要的居间联系作用。随着销售团队在大型商超白酒销售过程中重要性的凸显，了解团队销售业绩和满意度的影响因素变得日益重要。通过构建商超白酒销售情境下的团队效能模型，能够识别哪些因素影响团队效能，从而科学应对销售情境的不确定性以及任务的复杂性和互依性，为进一步建立大型商超白酒销售业绩影响因素理论模型奠定基础。

本书在融合麦格拉斯团队效能模型和其他学者团队效能模型构建思路的基础上，"输入方面"以团队成员素质、团队结构、团队培育类因素作为变量，"过程方面"以团队互动过程、团队任务、商超白酒销售情境类因素作为变量，构建团队效能模型，可视为经典团队效能模型在商超白酒销售情境下的具体实现，成为大型商超白酒销售业绩影响因素理论模型中团队的结构关系细化，如图 2.13 所示。

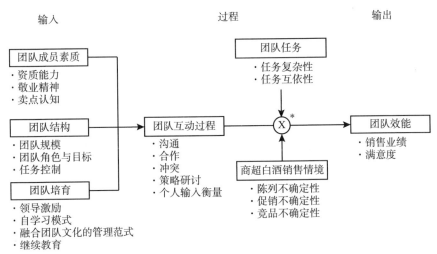

图 2.13　商超白酒销售情境下的团队效能模型

注：ⓧ* 表示缓和关系。

在图 2.13 中，衡量团队成员素质包括资质能力、敬业精神、卖点认知 3 个变量。由于团队成员素质影响顾客满意度和品牌忠诚度，因此该类变量成为团队效能长期成功的重要影响因素。

衡量团队结构有团队规模、团队角色与目标、任务控制 3 个变量。团队结构通过影响团队互动过程，直接或间接地影响团队效能。

衡量团队培育有领导激励、自学习模式、融合团队文化的管理范式、继续教育 4 个变量。融合团队文化的管理范式对于团队效能提升有重要影响，因为团队文化能够最大限度地统一成员意志，规范成员行为，为团队目标服务，而与团队文化相融合的管理范式会让团队管理更具优势，更加适应市场竞争需要。

衡量团队互动过程有沟通、合作、冲突、策略研讨、个人输入衡量 5 个变量。拥有良好沟通能力、良好合作姿态、良好决策机制、良好维持职能、良好个人投入的销售团队才更有效能。金等[56]研究表明,员工之间关于葡萄酒销售的沟通对于提升销售业绩和顾客满意度至关重要。沟通可以影响团队效能,通过思想与感情的传递和反馈,以及彼此的知识扩展或兴趣吸引,能够刺激员工积极工作,保持成员间协调一致,顺利实现组织目标。

团队任务由任务复杂性和任务互依性 2 个变量组成。团队互动过程和团队效能之间的关系不是恒定的,会随着任务性质的变化而发生变化。在任务复杂和销售情境不确定时,灵活的团队互动方式是团队效能提升的关键。

商超白酒销售情境由陈列不确定性、促销不确定性和竞品不确定性 3 个变量组成。陈列不确定性——不同位置的特殊陈列和排面陈列的白酒产品销售效果是不同的,由于门店内黄金陈列位置有限,能否拿到理想的陈列位置,最终要看哪家白酒企业给大型商超的价位更高,这无疑增加了白酒陈列位置的变数;促销不确定性——促销不确定性并非指大型商超的促销方式不能确知,而是指白酒企业的产品参与大型商超各个促销档期的机会存在一定程度的不确定性,即由于竞争品牌白酒的存在,销售团队有时无法预先确定自己的白酒产品能否如愿抢到心仪的促销档期;竞品不确定性——在商超白酒销售中与竞品白酒棋逢对手甚至遭遇竞品白酒的无情打压,是很多销售团队不得不面对的现实问题:有的竞品能够抓住影响顾客的卖点,抢占顾客的心智空间,市场竞争中甚至出现"顾客很需要、自己没做到、对方很擅长"的那个"竞品",严重挤压团队的销售业绩。因此,团队互动过程受到商超白酒销售情境不确定性的影响,这种不确定性与任务的复杂性、互依性共同影响了团队效能。

团体效能由销售业绩和满意度 2 个变量组成。销售业绩根据大型商超白酒销售团队各门店全年销售额进行衡量;满意度以团队满意度、工作满意度和服务顾客满意度进行衡量。

2.4 影响因素理论模型建立

2.4.1 影响因素理论模型

基于系统论的视角，从企业销售管理实践出发，归纳、概括商超情境下 BS 模式和 H - S 模式融合思路中的各类影响因素，其中有些属于可控型，有些属于不完全可控但可用型，而其余则属于弥散型，对销售业绩产生影响但这种影响却是动态的。基于此，由商超情境、白酒产品和消费行为的独特性，以及白酒文化、时节影响和商超环境等因素构建了大型商超白酒销售业绩影响因素分析的"刺激"环境，并由白酒消费者购买行为、个体属性和心理特征因素构建了主体分析的"反应"框架；嵌入了团队分析因素；考虑产品整体属性在营销组合中的重要作用，对产品性能进行以核心顾客价值为目标、以实体产品为载体、以扩展产品为附加的三层次划分，最终形成了一种全新的、适用于商超白酒销售情境的 BS 模式和 H - S 模式融合思路的拓展模式——大型商超白酒销售业绩影响因素理论模型，为下文表述简便称为"影响因素理论模型"，如图 2.14 所示。

传统营销理论框架明确了分析构面和诸多影响因素，但是没有给出影响因素间的结构层次关系。大型商超白酒销售业绩影响因素理论模型根据白酒企业和大型商超的实际情况，引进了因素的分层准则，并考虑了因素的可控性对消费者购买行为的影响。与传统理论模型相比，影响因素理论模型由可控因素层、可用因素层和弥散因素层构成，有效刻划了适用于大型商超的白酒销售业绩影响因素层级结构与传导效应。

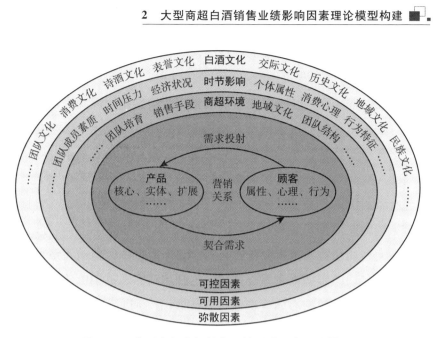

图 2.14　大型商超白酒销售业绩影响因素理论模型

在图 2.14 中，弥散因素层（白酒文化、表誉文化、交际文化、历史文化、诗酒文化、地域文化、民族文化、消费文化、团队文化等）和可用因素层（时节影响、个体属性、消费心理、行为特征、经济状况、时间压力、团队成员素质等）分别体现了 BS 模式的外部刺激因素和 H－S 模式的外在因素，这两个层系集中了影响大型商超白酒销售业绩的弥散因素和可用因素，凸显了营销关系中外部因素的不可控性，此类因素只能进行适应性调整。

可控因素层（商超环境、产品因素、销售手段、团队培育、团队结构等）展示了商超白酒销售情境所独有的特征，集中反映了销售业绩的可控因素，也体现了 BS 模式的营销刺激因素和 H－S 模式的刺激或投入因素。其中，商超环境因素：从消费环境来看，各门店的客流量和客单价对销售业绩有重要影响；从物理环境来看，各门店的建筑布局、设施、装饰、温度、气味等，以及有形展示的排面陈列、特殊陈列等，构成了改善消费者体验、诱发冲动性购买的重要刺激因素，成为影响销售业绩的可控因素。鉴于商超白酒销售情境的复杂性和特殊性，BS 模式的营销刺激因素和 H－S 模式的刺激或投入因素还无法准确地反映大型商超白酒销售业绩影响因素理论模型中全部的可控因素，需要嵌入团队效能模型的团队培育和团队结构因素。团队培育对于销售业绩的影响至关重要，如果团队培育欠缺，则销售业绩无法获得持续成功；团队结构对于商超白酒销售情境中团队互动过程有重要影响，与团队成员的沟通、合作、履职行为相关，直接或间接影响团队的销售业绩。

在大型商超白酒销售业绩影响因素理论模型中，营销关系中的核心因素由各层的影响因素综合描述。结合实践，本书中营销关系的核心因素包括产品的核心顾客价值、实体产品（质量、品牌、包装等）和扩展产品等可控因素，以及顾客属性、顾客心理和顾客行为等可用因素。由核心因素层系关系细化可知，作为产品（核心、实体和扩展等）应契合顾客需求（属性、心理、行为等），同时顾客需求（属性、心理和行为等）要在诸层因素的相互作用下，投射到产品（核心、实体和扩展等）上。这表明，可控因素和可用因素的变化不能忽略弥散因素的影响。

2.4.2　影响因素理论模型内在机理

2009 年，科特勒[186]将市场营销管理描述为基于消费者购买行为影响因素分析的市场细分与开拓的战略管理（STP）。本书正是基于这一基本的理论认知，借鉴科特勒[186]关于 BS 模式中 4P 理论与 STP 理论相互关联且彼此促进的理论观点，与 4C 理论的基本观点进行融合，在图 2.14 描述的影响因素理论模型基础上，进一步地诠释大型商超白酒销售业绩影响因素理论模型的内在机理，明确销售业绩影响因素五维联动结构，要点如图 2.15 所示。

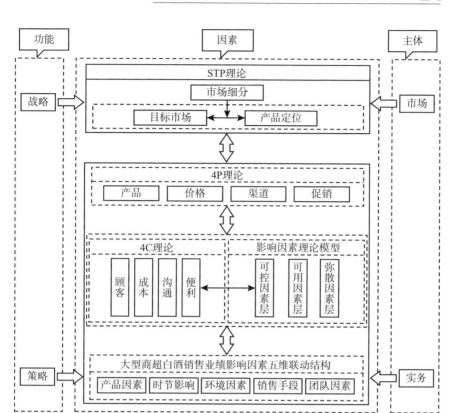

图 2. 15　影响因素理论模型的内在机理

（1）影响因素理论模型在继承经典营销管理理论的基础上形成自有范式

首先，影响因素理论模型中的大型商超渠道白酒销售业绩影响因素识别与分析在 STP 理论指导下实施。1956 年，美国营销学家温德尔·史密斯（Wendell R. Smith）最早提出了市场细分的概念，随后，美国另一位营销学家科特勒在市场细分概念的基础之上，进一步丰富了史密斯的观点，形成了著名的 STP 理论。S、T、P 是该理论三个核心要素的英文单词首写字母，分别是市场细分（segmenting）、目标市场（targeting）和产品定位（positioning）[187]。白酒企业通过对大型商超白酒消费群体进行调研，分析消费需求和购买行为的规律，将市场合理地划分为若干不同类别的差异群体；选取其中若干子市场作为目标市场，重点研究目标市场中白酒消费群体的需求和购买行为特征，作为下一步营销的主要发展对象；针对目标市场，定位它的供应物，使得目标市场认知到公司独特的产品和形象[172]，结合产品特点扬长避短制定营销策略，力争提升产品在目标市场的印象并改善消费者体验。产品定位是与时俱进的过程，白酒企业需要契合大型商超白酒消费者需求，响应销售业绩影响因素的变化，持续进行产品定位并改进营销策略，从而提升销售业绩。

其次，影响因素理论模型中的大型商超渠道白酒销售业绩影响因素识别与分析充分体现以企业为导向的 4P 理论。商超情境下白酒消费者的需求受多种因素或变量的影响，白酒企业应寻求有效的营销组合，以刺激大型商超渠道白酒消费者需求投射并契合其需求。1960年，美国营销学大师杰罗姆·麦卡锡（Jerome McCarthy）[188]第一次提出了对营销界产生巨大影响的 4P 理论。他将企业市场营销过程中可控的、能有效利用的诸多因素归纳起来，包括产品（production）、价格（price）、渠道（place）和促销（promotion）四个基本要素，并将这四个要素融入营销过程组合运用，形成了著名的 4P 营销组合经典模型。1967 年，科特勒等[189]也确认了 4P 作为营销组合中核心要素的重要性，认为企业如何生产适当价格的产品，以及在适当的渠道进行适当的促销，成为至关重要的营销问题。大型商超白酒营销管理的实质就是以提升销售业绩为目标，通过对产品因素、商超环境、销售手段、团队培育等可控因素的组合运用，以及对时节影响、白酒文化等可用因素和弥散因素做出积极的联动反应，实施决策、组织、领导和控制并不断创新的过程。

最后，影响因素理论模型中的大型商超白酒销售业绩影响因素识别与分析充分体现以顾客关系为导向的 4C 理论。1990 年，美国营销理论专家罗伯特·劳特朋（Robert Lauterborn）[190]提出了与 4P 相对应的 4C 理论。强调企业应以契合消费者需求为导向，重新设定了市场营销组合的四个基本要素：顾客（customer）、成本（cost）、便利（convenience）和沟通（communication）。认为企业首先要将目光调整在消费者满意度上，尽最大可能减少顾客的购买成本，并关注消费者购物过程的便利程度，围绕顾客建立起行之有效的沟通机制。大型商超是众多白酒品牌的汇集地，但在门店中没有具体企业的影子，只有大量的白酒产品和导购员，凸显了以顾客为中心的关系定位。在便利的商超情境之中，导购员基于排面陈列和特殊陈列，通过可控的销售手段和双向的沟通方式，为白酒产品和顾客需求投射找到最优的契合点，并建立基于共同利益的新型企业—顾客关系。

（2）影响因素理论模型明确销售业绩影响因素的五维联动结构

首先，影响因素理论模型识别出销售业绩影响因素的五个主要因素。在图 2.3 所示的科特勒行为选择模式中，营销刺激包括产品、价格、渠道和促销四个要素，即 4P 营销组合的构成要素。基于传承与创新，影响因素理论模型融合和发展了科特勒行为选择模式。在商超白酒销售情境下，营销刺激的"4P"要素中的每个 P 都与时节影响相关联，且每个 P 的实施都由团队来执行。鉴于时节影响和团队因素在大型商超白酒营销管理实践中的重要性，特将两者作为大型商超白酒销售业绩影响因素五维联动结构中的两个维度。在图 2.15 中，4P营销组合的"价格"隐含在"产品因素"之中，"渠道"隐含在"环境因素"之中，"促销"隐含在"销售手段"之中。基于此，大型商超白酒销售业绩影响因素五维联动结构由产品因素、时节影响、环境因素、销售手段和团队因素构成。与"4P"要素一样，产品因素、时节影响、环境因素、销售手段和团队因素是大型商超白酒营销组合的五组主要变量和主要因素，并形成了五维联动营销组合策略，直接影响消费者的购买过程以及销售业绩的提升。

其次，销售业绩影响因素五维联动结构的各维度都必须与其他维度联动分析。即模型中的产品因素、时节影响、环境因素、销售手段和团队因素不是单独割裂的，不存在先后逻辑关系，而是作为融合的五维联动结构从满足目标市场消费者需求的角度统一运行并发生作用。在影响因素理论模型中，STP市场战略提出的目标要通过销售业绩影响因素五维联动结构形成的管理策略来实施，让目标市场顾客转化为忠诚消费者，最终增加忠诚消费者的数量，增强白酒产品市场占有率和品牌竞争力。这与陈良凯[191]在销售影响因素实证研究中得出的结论是一致的，即现实工作中不是孤立地使用某一种营销方式，而是要把这些因素有机地整合在一起，进行综合的、全面的营销，提高营销质量和营销的成功率。

（3）影响因素理论模型形成因素层系认知与关联效应体系

首先，影响因素理论模型建立了大型商超白酒销售业绩影响因素间的层系认知。影响因素理论模型继承了经典营销理论和消费者行为理论范式，着眼于商超白酒销售情境的营销关系，从弥散、可用、可控三个层次对销售业绩影响因素进行识别，构建了大型商超白酒销售业绩影响因素层系认知的理论模型。进而，明确了销售主体性的实务与市场、功能性的策略与战略，以及产品因素、时节影响、环境因素、销售手段和团队因素五大类影响因素之间的结构关系。影响因素理论模型集一般理论、特域知识、实践经验于一体，有利于系统地认知大型商超白酒销售业绩影响因素问题，以期深刻地指导营销管理实践并提升销售业绩。在图2.14可控因素层中，销售手段的促销因素对大型商超白酒销售业绩产生重要影响，但需要结合产品因素、团队因素、商超环境、时节影响、白酒文化来发挥作用，共同影响着销售业绩的提升。这表明影响因素理论模型的可控因素、可用因素与弥散因素之间既是分层作用的，又是彼此联动的，呈现出不可分割的整体性，并推动影响因素以整体形式发挥功能。核心因素层系关系细化显示，可控因素和可用因素的变化，应结合弥散因素的动态影响，在此基础上再通过五维联动结构的营销组合策略对营销战略具体执行和实现。

其次，影响因素理论模型建立了理论模型与影响因素五维联动结构的关联效应体系，战略与策略相辅相成。进而，明确了销售主体性的实务与市场、功能性的策略与战略，使影响因素理论模型具有较强的领域应用价值。白酒企业开展大型商超白酒营销须确定营销战略，综合考虑渠道、消费者、竞争对手和企业自身条件等内外部环境因素，通过细分市场、选择目标市场进行产品定位。在战略指导的市场实务操作中，营销管理策略须在白酒企业的研发、生产、物流（涉及供应链节点企业）、市场营销等部门和大型商超的强力支持下发挥功能与作用，最终使白酒产品最大限度地契合顾客的需求投射，实现销售业绩的提升。

2.5 本 章 小 结

在第 1 章文献研究和商超情境下白酒营销实践的基础上，本章针对大型商超白酒销售业绩影响因素问题研究，构建了全新的、具有独特适用性的影响因素理论模型。

（1）建立了大型商超白酒销售业绩影响因素理论模型

融合刺激—机体—反应模式、科特勒行为选择模式和霍华德－谢思模式的思想和分析原理，由商超情境、白酒产品和消费行为的独特性，以及白酒文化、时节影响和商超环境等因素构建了大型商超白酒销售业绩影响因素分析的"刺激"环境，并由白酒消费者购买行为、个体属性和心理特征因素构建了主体分析的"反应"框架；在此基础上，嵌入了团队分析因素，并对产品进行以核心顾客价值为目标、实体产品为载体、扩展产品为附加的三层次划分，最终构建了大型商超白酒销售业绩影响因素理论模型。与传统理论模型相比，影响因素理论模型由可控因素层、可用因素层和弥散因素层构成，有效刻划了销售业绩影响因素的层级结构与传导效应。在大型商超白酒销售业绩影响因素理论模型中，营销关系中的核心因素由各层的影响因素综合描述。可控因素和可用因素的变化，不能忽略弥散因素的影响。

（2）初步探讨了大型商超白酒销售业绩影响因素理论模型的内在机理

影响因素理论模型在继承经典营销管理理论的基础上形成了自有范式，识别出大型商超白酒销售业绩影响因素的五维联动结构（产品因素、时节影响、环境因素、销售手段和团队因素），建立了影响因素间的层系认知，以及理论模型与影响因素五维联动结构的关联效应体系，并且明确了销售主体性的实务与市场、功能性的策略与战略，为下一步识别影响因素和构建影响因素指标体系，开展大型商超白酒销售业绩影响单因素分析和多因素耦合分析奠定了坚实的理论基础。

3 大型商超白酒销售业绩
影响因素识别与指标体系构建

本书第 2 章构建了大型商超白酒销售业绩影响因素理论模型，本章基于第 2 章的研究，结合白酒产品特征与商超销售情境，从产品、时节、环境、销售手段和团队五个方面，识别重要的影响因素，细化为大型商超白酒销售业绩影响因素的三级指标体系[192]，为第 4 章单因素分析和第 5 章多因素耦合分析建立因素框架和观测数据。本章属于实践范式研究，首次把因素轮廓相似度算法引入影响因素指标体系研究领域。

3.1 影响因素识别

所谓管理，结合弗雷德里克·温斯洛·泰勒（Frederick Winslow Taylor）、亨利·法约尔（Henri Fayol）和哈伯特·西蒙（Herbert A. Simon）的观点，简单地讲就是决策、组织、领导和控制。然而，世界上的所有事物，都会受到其他事物的影响。在管理问题中，要义是厘清决定事物发展的原因、条件以及构成事物的要素和成分，这些统称为影响因素。根据大型商超白酒销售业绩影响因素理论模型及其内在机理，结合文献研究和专家团队的实践经验，从决策、组织、领导和控制的视角，基于影响因素五维联动结构，进一步地识别大型商超白酒销售业绩的影响因素，为构建指标体系提供认知基础。

（1）产品因素

由影响因素理论模型可知，营销关系的核心因素包括围绕核心顾客价值的实体产品的产品质量、产品品牌和产品包装等可控因素。在市场提供物中，产品是最关键的因素，营销组合策略就是从为目标市场设计有价值的产品开始的。市场领导者通常出售能够提供卓越顾客价值的高品质产品和服务[172]。大型商超白酒营销需要深入细致的市场调研和顾客分析，以使白酒的产品性能与顾客的需求投射高度契合，从而导入差异化产品，占据优势的市场地位。这一过程包括市场细分、目标市场选择、差异化与定位（STP）。细分市场由对既定市场营销努力具有类似反应的消费者构成；完成市场细分以后，白酒企业应该瞄准能够通过创造核心顾客价值而盈利并长期保持竞争优势的白酒产品；在产品差异化与定位方面，白酒企业应为自己的实体产品确定区别于竞品白酒的独特卖点，使产品的质量、品牌、包装等在顾客心中占领特殊位置，以扩大在目标市场的竞争优势。

研究发现，与实体产品密切相关的诸多因素对顾客冲动性购买有显著正向影响。其中，产品价格、包装和质量，是消费者冲动性购买的主要驱动因素，这些因素能让产品呈现出显著的多样化特征，满足不同消费者需要。综上，从产品因素的构成来看，白酒的品牌、价格、包装、关联质量的酿造方法和酒精度对于大型商超白酒销售业绩有着重要影响。

①品牌。品牌即产品的牌子，不仅体现了白酒产品的知名度，也体现了白酒企业的形象和信誉。大型商超白酒品牌包括全国性品牌和区域性品牌，其中，茅台、五粮液属于全国性品牌，而老龙口、FX白酒则属于省级区域性品牌。品牌影响力有利于引领消费和创造新需求，决定了其占领市场和辐射市场的广度与深度，与白酒销售业绩息息相关。

②价格。产品的价格对于消费者冲动性购买的影响显著[193]，这种影响在大型商超白酒产品实行价格促销时表现更为突出。大型商超

白酒产品从价格上可以划分为三个层次，即低档、中档和高档。

一方面，大型商超绝大多数白酒产品均为商超渠道的专属产品。商超专属白酒常常靠虚高的价格定位来预留更大的折扣空间，体现更大的促销力度，让消费者产生更为强烈的冲动性购买倾向。当然，白酒产品的价格定位也有条件限制，不可虚高无度。同时产品进店时间越长其价格就越透明，一旦消费者关注到价格定位规律，其购买决策必然会对无促销期间销售额产生阻滞影响，而这也是大型商超白酒产品频繁升级换代的重要原因。

另一方面，大型商超少数的高档白酒产品属于全渠道产品，且为体现价格标杆和品牌形象的"标志性产品"。例如，FX 天酿窖龄系列白酒作为大润发连锁超市的标志性产品和全渠道产品，能对餐饮渠道、流通渠道和电商渠道的白酒产品起到价格标杆和品牌形象的作用。而且，由于大型商超产品品质高、信誉好，高档白酒即使价格高也有动销机会。很多消费者宁愿在大型商超购买贵的放心产品，也不愿在其他渠道购买贱的不放心产品。由于人民生活水平的提高，低价低质的白酒产品越来越缺少市场，消费者不仅关注产品的价格，还会在价格、质量和数量之间寻求更大的平衡[194]。

③包装。在商超白酒销售情境中，产品包装是影响销售业绩的重要因素，因为更具吸引力的产品外观常常被认为拥有更高的质量和更契合表誉需求。基于包装特征，大型商超白酒产品一般划分为盒酒、桶酒和瓶酒。

包装是区分自身白酒与竞品白酒的有力手段，能够烘托白酒的饮用价值和艺术价值，对消费者的购买决策具有重要影响。很多白酒在包装上体现了中国白酒文化特色，如酒鬼酒的麻袋包装、三沟红山酒祖的龙形包装、五粮液的水晶盒包装等。源于包装的魅力，有实力的消费者和收藏爱好者甚至不把白酒产品视为普通的消费品，而是当成有意义的收藏品来购买[94]。包装更是表誉文化和交际文化的载体，消费者对于大型商超白酒产品馈赠和宴请的需求投射决定了包装因素的重要性。此外，由于白酒促销活动频繁，如果产品包装不及时更新，白酒价格就会变得透明，受表誉文化的影响，消费者将会对该酒渐行渐远。相反，及时升级包装能够增加白酒产品的新鲜度与神秘感，有效保障该款产品的价格稳定和市场地位，使消费者年年花同样的钱、年年能买到契合表誉需求的酒，不会因为审美疲劳或价格透明而"移情别恋"。

④酿造方法。白酒的酿造方法直接决定着白酒的品质（内在质量）。大型商超白酒产品的酿造方法，一般划分为固态法、液态法和固液法。

固态法是生产白酒的传统方法，其微生物培养基在固态基质上生长，可为白酒提供独特风味和口感，产品稳定性好；液态法所有工艺均在液态下进行，生产效率高，但风味物质较差；固液法则是固态法白酒和液态法白酒相融合而形成的酿造方法。其中，固态法即大众所理解的纯粮酿造工艺，虽然固态法白酒价格高于固液法白酒，但消费者在心理上更接受固态法，因其口感更好，品质更优，馈赠或宴请更契合表誉需求。

⑤酒精度。酒精度在消费者心中与白酒品质密切关联，往往认为高度数的白酒才是好酒。基于酒精度，大型商超白酒产品划分为高度酒、中度酒和低度酒。

消费者购买白酒的需求不同，对酒精度的偏好也不同。大型商超白酒产品"馈赠或宴请"的用途决定了其陈列销售的白酒产品更侧重于高度酒。大多数消费者会认为高度酒更醇正，与"纯粮"和"品质"更关联，馈赠或宴请更能体现表誉文化；少数消费者认为高度酒更利于收藏，不会水化，能够长期存放并产生陈香，更能够满足送礼者的表誉心理。当然，也有消费者会认为高度酒更实惠，因为低度酒含水多。

（2）时节影响

在影响因素理论模型中，时节影响属于可用因素。从时节影响的构成来看，节日和非节日对于大型商超白酒销售业绩有着重要影响。

①节日。顾客对于大型商超白酒产品"馈赠或宴请"的需求投射决定了白酒促销活动和销售业绩更依赖于节日的影响。一般而言，对大型商超白酒销售业绩有重要影响的节日主要包括春节、元旦、中秋节、国庆节、清明节、劳动节和端午节。

节日里的购物气氛以"象征性的礼品交换"为特征，因此大型商超会导入包括白酒在内的诸多具有节日背景的产品来促进销售，凸显享乐、寄情、表誉与交际的氛围。节日里的价格促销作为一种诱人的机制，大大减少了消费者的自我控制资源[195]，而自我控制资源的减少导致了冲动性购买行为发生。在中国，每逢传统节日来临都是大型商超白酒销售业绩提升的绝佳时机：一方面，由于节日期间礼品或宴请需求，消费者会被大型商超白酒的强势促销所吸引，惬意地完成购买决策；另一方面，由于节日期间价格促销折扣力度大，部分顾客会大量囤货优惠白酒，甚至二批商也会来大型商超抢购极限让利促销的白酒产品。

②非节日。非节日对于白酒销售业绩的影响较小。调查数据显示，大润发连锁超市 2016 年节日档期为 101 天，非节日为 264 天；2017 年节日档期为 90 天，非节日为 275 天。以在该渠道销售的 FX 白酒产品为例，在 2016～2017 年销售数据中，春节、中秋节和国庆节期间的白酒销售额占全年总销售额的 60% 以上，远远高于非节日的白酒销售额。

（3）环境因素

作为影响因素理论模型中可控因素的环境因素，对于大型商超白酒销售业绩有着不可或缺的影响。从环境因素构成来看，消费环境、物理环境对大型商超白酒销售业绩有着重要影响。在消费环境方面，各门店的客流量和客单价对销售业绩有重要影响；在物理环境方面，各门店的建筑布局、设施、装饰、温度、气味等，以及有形展示的排面陈列、特殊陈列等，构成了改善消费者体验、诱发冲动性购买的重要刺激因素，成为影响销售业绩的重要的可控因素。

①消费环境。基于消费环境视角，大型商超的客流量和客单价对白酒销售业绩有着重要影响。大润发连锁超市辽宁区的 23 家门店均占据了所在城市的第一核心商圈，客流量和客单价更具优势。

②物理环境。基于物理环境视角，除建筑设施因素外，大型商超的有形展示对于顾客购买过程有着重要刺激作用，大多数购物行为源于有形展示的视觉营销，即产品特殊陈列和排面陈列的影响。

海英兹·姆·戈得曼（Heinz M Goldmann）提出的艾达模式主要分为"引起顾客注意（attention）、唤起顾客兴趣（interest）、激起顾客购买欲望（desire），促成顾客购买行为（action）"四个步骤，其中"引起顾客注意"即建立在有形展示的视觉冲击力上，大型商超产品从有形展示的文化上吸引顾客眼球，唤起顾客兴趣，促进其产生冲动性购买倾向，直至完成购买行为。黄静等[196]综合对产品陈列密度与数量的研究发现，产品陈列空间大往往可以获得更好的评价与销量。大型商超白酒产品种类繁多，某一品牌白酒在促销期间若想在众多白酒品牌中引人注目，除了重视陈列的摆放空间外，还必须重视陈列的突出位置：好的位置和大堆产品易见易取，降低了搜索信息的成本，让消费者购物效率更高；而且，好的位置和大堆产品基本都是促销产品，更能吸引顾客关注——消费者往往存在特殊陈列产品即为促销产品的经验认识。

（4）销售手段

根据影响因素理论模型，销售手段作为可控因素，对于大型商超白酒销售业绩产生至关重要的影响。在战略营销规划和战术营销计划的作用下，销售手段能够有效提升销售业绩。从销售手段的构成来看，促销和无促销对于大型商超白酒销售业绩有着重要影响。

①促销。促销作为大型商超最常用、最有效的销售手段，对于激发消费者的购买欲望作用巨大，能够影响顾客的动机、感知、态度和行为，快速提升白酒销售业绩。大润发连锁超市的白酒促销类型包括

极限让利促销、特别促销、传统节日促销和一般促销。

　　大型商超白酒销售日益白热化的市场竞争，导致白酒企业必须针对竞品白酒的让利幅度开展更为有效的促销活动。冲动性购买倾向的产生通常包括消费者已制定好购买计划或者没有购买计划两种情形，受到促销因素刺激后，其情感均可能产生波动并萌生计划外的购买意愿[197]。商超情境中，很多顾客在促销活动中发生了冲动性购买行为，要么购买了计划外的白酒，要么多购买了计划内的白酒。在影响因素理论模型中，五维联动结构的销售手段维度与其他维度是联动的，为提升销售业绩，白酒企业会让每个节日都成为重要的促销契机，在各门店主体促销类型不变的前提下，通过升级产品、加大让利幅度、搭配赠品等花样来提升促销活动的联动效果，最大限度提升核心顾客价值。消费者则乐此不疲，货比三家，选择性价比更高的白酒产品纳入囊中。统计汇总得到大润发连锁超市的 FX 白酒 2016～2017 年销售情况，4 种促销类型的销售额占总销售额的 75.5%，表明销售业绩与促销因素高度相关。

　　此外，促销活动能够满足消费者"表誉文化"的需求。大型商超白酒销售团队必须迎合消费者表誉心理，开展有效的促销活动，多维度契合消费者需求——花更少的钱，买更好的酒，表更多的誉。消费者与白酒企业之间永远是博弈关系，白酒企业把虚高的无促销价格调整为大幅让利的促销价格后，降低了顾客的购买成本；同时，白酒企业也通过销量激增产生了代偿效应，收获了更多的销售业绩。

　　②无促销。促销档期以外的无促销，对白酒销售业绩的影响不容忽视。在大润发连锁超市的 FX 白酒 2016～2017 年销售数据中，无促销的销售额占总销售额的 24.5%。无促销期间，以自饮为主的消费群体是市场主力，反映出该白酒品牌的忠诚消费者群体规模。

　　（5）团队因素

　　团队因素是影响因素五维联动结构的关键因素。白酒产品的销售过程离不开团队的作用，营销理念的贯彻和销售指标的完成，需要卓越的销售团队来执行。由影响因素理论模型中团队的结构关系细化可知，团队成员素质（以下简称"个体素质"）、团队培育、团队结构对于大型商超白酒销售业绩有着重要影响。

①个体素质。个体素质对于实现团队的销售业绩起着关键作用。根据商超白酒销售情境下的团队效能模型，个体素质包括资质能力、敬业精神和卖点认知3个因素。

②团队培育。根据图2.13所示的商超白酒销售情境下的团队效能模型，团队培育包括领导激励、自学习模式、管理范式、继续教育4个因素。打造卓越的销售团队与融合团队文化的管理范式息息相关，但研究发现，基于物质和精神的领导激励同样是影响团队效能的重要因素。根据赫茨伯格（Herzberg）的"双因素"理论，消除员工的消极、负面、不满情绪是激励制度的首要任务[198]，获得领导激励的团队成员会更有工作动力，并在敬业精神和资质能力方面产生积极变化。员工在团队中的积极态度和情绪则会提升他们的业绩水平[199]。根据期望理论，领导激励能够促进团队培育，使员工与团队的情感更密切，有利于降低管理成本，提高顾客满意度[200]。随着领导激励的强化，团队成员更有可能完成更具挑战性的销售目标。

在团队培育的过程中，白酒企业通过继续教育和自学习模式，有效改善团队成员的资质能力、敬业精神和卖点认知，使团队结构和团队行为能够有效满足顾客需求，进而提升大型商超白酒销售业绩。

③团队结构。在团队效能模型中，团队结构包括团队规模、团队角色与目标、任务控制3个因素，直接影响团队互动过程和任务执行效果，对大型商超白酒销售业绩产生直接或间接的影响。

3.2　影响因素指标体系设计

3.2.1　设计原则与适用环境

（1）设计原则

①导向性原则。导向性是指大型商超白酒销售业绩影响因素指标体系设计应该突出系统整体的方向与核心，与白酒企业希望的发展方向保持一致。指标体系合理设置的前提是蕴含着正确的导向，由框架性的宏观指标来引导并统合各项微观指标[201]。指标体系设计的导向性原则，不仅有利于大型商超白酒销售业绩的提升，还能促进白酒企业发现经营管理中存在的问题。

设计影响因素指标体系的目的，旨在建立分析和观测的因素框架，描述形成三级指标的系统性思考过程。因此，要将导向性原则融于影响因素指标体系，科学地对其组成要素进行构建，权衡各个指标的适用范围，既要规避不合理的指标，也要规避不同指标之间的冲突，并最终将导向性原则落实到具体的指标上，为后续的单因素分析和多因素耦合分析服务。影响因素指标体系的导向性原则会推进白酒企业加强指标内涵建设，基于影响因素理论模型，整合白酒研发、生产、仓储、物流与大型商超白酒销售协同创新、联动运行，进而提升各门店的白酒销售业绩。

②平衡性原则。平衡性是指大型商超白酒销售业绩影响因素指标体系设计应基于影响因素理论模型，反映影响因素的各个方面，不可避重就轻或扬长避短；各个指标要和谐兼顾，做到全面性与代表性相结合[202]。平衡性原则能有效避免兼顾性偏颇，确保指标体系的平衡与稳定。

影响因素指标体系设计必须坚持平衡性原则，所选择的指标要考虑不同类型指标之间的平衡与互补，既侧重指标覆盖的"面"，也强调指标构建的整体意识，基于大型商超白酒销售业绩影响因素的五维联动结构，使产品、时节、环境、销售手段和团队的各方面指标相互呼应，且时节、环境的指标设计应体现柔性，以提升适时调整能力。

③可执行性原则。可执行性是指影响因素指标体系的设计应侧重于实际运用过程的可理解、可观察、可测量和可操作。换句话说，应基于大型商超白酒营销管理的视角，结合白酒产品和商超情境的二维特点，选取比较容易把握和可操作性强的指标[203]。

可执行性原则对于影响因素指标体系设计至关重要。根据影响因素识别结果，影响大型商超白酒销售业绩的因素主要包括产品、时节、环境、销售手段和团队五个方面，在各维度因素中，应尽可能选择定义明确、测量简便的指标，且选择指标应少些主观，多些客观。鉴于影响因素有些能够量化，有些无法量化，指标体系还应做到定性指标与定量指标相结合。

（2）适用环境

影响因素指标体系的构建需与适用环境高度关联。本书设计的影响因素指标体系适用于我国境内的大型商超，主要包括大润发、华润、乐购、家乐福、永辉等大型连锁超市，其中大润发连锁超市作为零售行业19年不关1家门店的传奇大型商超，经营效益较好，具有一定的代表性。大型商超白酒销售业绩影响因素指标体系是动态的，其适用环境具有白酒品牌繁多、购物环境效应强、时节效应突出、促销手段复杂多样等独特的商超销售情境特征，可结合产品的市场占有率和品牌竞争力，适时对指标体系进行维护和优化，增加或者删减指标以达到动态管理的效果，使影响因素指标体系适应不断变化的市场环境，实现大型商超白酒销售业绩提升的目标。

在辽宁地区，大型商超渠道所售白酒产品有茅台、五粮液等全国性品牌，但更多的则是 FX、道光廿五、凌塔、北大仓、老村长、榆树钱等省级区域性品牌，多达百余个。作为辽宁白酒的知名品牌，FX 白酒于 10 年前进入大型商超渠道，从辽宁地区白酒销售数据来看，大润发连锁超市的 FX 白酒（共 41 个品种）销售业绩较高。相比其他的省级区域性品牌白酒，FX 白酒具有一定的代表性。本书借鉴李飞[17]、刘勤[37]、王颖超[148]、黄丽娟[166]、陈良凯[191]等学者关于单一产品样本实证分析或单案例实证分析的成果，进行以区域性代表品牌 FX 白酒为例的实证分析，所构建的大型商超白酒销售业绩影响因素指标体系，不仅适用于用例品牌的白酒产品，对于其他区域性品牌白酒产品的大型商超销售业绩影响因素问题研究，同样具有一定的普适性和稳健性。

基于影响因素五维联动结构和因素识别结果，按照指标体系设计的导向性、平衡性和可执行性原则，将影响因素指标分为五个方面、三个层级，使影响因素指标体系具有更强的可评判性以及对管理实践的指导性。鉴于销售额是度量销售业绩最重要的指标，因此对于影响因素指标体系的产品因素、时节影响、销售手段三个一级指标的三级指标赋分，均以销售额为量化赋分的标准，并根据2016 年 1 月 1 日至 2017 年 12 月 31 日的大润发连锁超市辽宁区 23家门店的 FX 白酒销售数据计算得出。两年的销售日志数据包括原始销售数据和促销活动销售数据，含 23 家门店 41 款 FX 白酒"产品因素"的三级指标分类的供货金额统计、零售金额统计、销售毛利统计，23 家门店 41 款 FX 白酒"时节影响"的三级指标分类的供货金额统计、零售金额统计、销售毛利统计，以及 23 家门店 41款 FX 白酒"销售手段"的三级指标分类的供货金额统计、零售金额统计、销售毛利统计等。对于无法借助历史资料的环境因素和团队因素的三级指标赋分，则采取基于专家知识的量化方法和基于问卷调查的量化方法。

3.2.2　指标体系建立

基于影响因素理论模型、指标体系的设计原则与适用环境，根据识别出的产品、时节、环境、销售手段和团队五大方面影响因素的特点、结构层次关系，结合相关学者的研究成果以及专家团队的经验，构建影响因素指标体系。

（1）一级指标的设计

大型商超白酒销售业绩影响因素指标体系共设计 5 个一级指标，分别为产品因素、时节影响、环境因素、销售手段和团队因素，并以 5 个一级指标为纲，形成影响因素指标体系的框架。

（2）二级指标的设计

以一级指标产品因素、时节影响、环境因素、销售手段、团队因素为基础，分解构建价格、包装、酿造方法、酒精度，节日、非节日，消费环境、有形展示，促销、无促销，个体素质、团队培育 12 个二级指标。5 个一级指标的具体细分如下：

①产品因素指标细化分解构建价格、包装、酿造方法、酒精度 4 个二级指标。在产品因素中，包装体现了白酒产品的外观，包装精美的产品往往在销售过程中对消费者的购买决策起到导向作用；酿造方法体现了白酒产品的品质，拥有良好主观知识的消费者经常通过酿造方法的信息描述来选择感知到的"粮食酒"；价格决定白酒的顾客价值，不同价格档次的白酒有着不同的产品职能，能够契合顾客不同场合的购买需求；酒精度体现了白酒的"消费偏好"，绝大多数顾客认为高度酒才是粮食酒，馈赠或宴请更能够契合表誉需求，且更适合囤积和贮存。虽然品牌影响力对于白酒销售业绩有重要影响，但由于难以量化，未构建二级指标，但在卖点认知的指标结构中有所体现。根据影响因素理论模型，白酒企业须基于商超销售情境，以核心顾客价值为目标、实体产品为载体、扩展产品为附加，从包

装、价格、酿造方法、酒精度入手，研发契合顾客需求的白酒产品。

②时节影响指标细化分解构建节日和非节日 2 个二级指标。在影响因素理论模型中，节日和非节日属于可用因素。大型商超白酒产品"馈赠或宴请"的酒用动因决定了节日指标比非节日指标对于销售业绩影响更大。

③环境因素指标细化分解构建消费环境和有形展示 2 个二级指标。消费环境指大型商超与客流量和客单价相关联的商圈因素，有形展示指物理环境中与展示文化相关联的产品陈列，二者集中体现了大型商超所独有的情境特征。因物理环境中的建筑设施因素各门店具有一致性，为简化指标体系，未将其构建为环境因素的二级指标。

④销售手段指标细化分解构建促销和无促销 2 个二级指标。促销是全球性的营销现象，对于大型商超白酒销售业绩的影响远远大于无促销，甚至可以形成消费者囤积的购买习惯。大型商超白酒销售强烈依赖于促销，但是我国商超情境的复杂性和白酒文化的特殊性决定了实施促销活动是一项复杂性和不确定性的系统工程。

⑤团队因素细化分解构建个体素质和团队培育 2 个二级指标。团队因素是 5 个一级指标中的关键指标。团队结构虽然直接或间接地影响销售业绩，但商超白酒销售情境下的团队结构较为标准化和规范化，且以导购员为控制主体，因此为简化指标体系，将团队结构、团队培育整合成团队培育 1 个二级指标。由图 2.13 影响因素理论模型中团队的结构关系细化可知，个体素质与团队培育两个因素是联动的。在团队培育中，应基于融合团队文化的管理范式，持续强化领导激励、继续教育和自学习模式，从而提升导购员和业务员以资质能力、敬业精神和卖点认知为要素的个体素质。个体素质与团队培育的联动作用，有利于大型商超白酒销售业绩的提升。

（3）三级指标的设计

由于每个二级指标能够细化分解构建的三级指标需基于指标体系

的设计原则和适用环境，因此本书结合实地调研、销售运用和专家咨询等思路，在识别出的因素中遴选了可理解、可测量、可控制、可执行的因素作为三级指标。

将价格、包装、酿造方法等 12 个二级指标进行细化分解，构建定义准确、内涵清晰的低档、中档、高档，盒酒、桶酒、瓶酒等 31 个三级指标。其中，低档、中档、高档等 21 个三级指标属于紧密联系白酒企业销售业绩的定量指标，能够直接从销售日志中获得有关数据；客单价、特殊陈列、排面陈列 3 个三级指标属于定性指标，能够通过专家打分获得有关数据；资质能力、敬业精神、卖点认知等 7 个三级指标属于个体素质和团队培育的定量指标，能够通过问卷调查方式获得有关数据。

对于价格指标，细化分解构建低档、中档、高档 3 个三级指标。大润发连锁超市 41 个品种的 FX 白酒，分为低档（0～60 元）21 个产品、中档（60～150 元）12 个产品和高档（150 元以上）8 个产品。

对于包装指标，细化分解构建盒酒、桶酒、瓶酒 3 个三级指标。41 个品种的 FX 白酒，分为盒酒 26 个产品、桶酒 8 个产品和瓶酒 7 个产品。

对于酿造方法指标，细化分解构建固态法和固液法 2 个三级指标。41 个品种的 FX 白酒，分为固态法 34 个产品，固液法 7 个产品（FX 白酒无液态法酿造产品）。

对于酒精度指标，细化分解构建高度酒和中度酒 2 个三级指标。41 个品种的 FX 白酒，分为高度酒（50 度以上）35 个产品，中度酒（41～50 度）6 个产品（大型商超 FX 白酒无低度酒）。

对于节日指标，细化分解构建春节、中秋国庆、元旦、清明节和劳动节 5 个三级指标。鉴于大润发连锁超市一直开展中秋节和国庆节的集中促销或连档促销（即两个促销档期不间断，每个档期为 14 天，例如，2017 年 10 月 4 日的中秋节与 10 月 1 日的国庆节完全处于 1 个促销档期，2016 年中秋节为 9 月 15 日，中秋节与国庆节连档促销），为简化指标体系，将中秋节、国庆节整合成中秋国庆节 1 个三级指标。清明节由于祭祖需求瓶酒销量较大，属于重要的节日。而端午节对于大型商超白酒销售业绩影响较小，为简化指标体系，将端午节、非节日整合为非节日 1 个三级指标。

对于非节日指标，构建非节日 1 个三级指标。非节日即年度内除去节日的剩余日期。

对于消费环境指标，构建客单价 1 个三级指标。客单价的计算公式是：客单价 = 销售额/成交顾客数。由该公式可知，客单价指标本身体现了客流量中的成交顾客数。且根据德韦克拉（De Wijk R A）等[36]的研究结论，大型商超的消费者行为是特定类别的特征，销售额未必受购物者数量（客流量）的影响，而是受购物者行为（客单价）的影响。因此，为简化指标体系，未将客流量构建为消费环境的三级指标。

对于有形展示指标，细化分解构建特殊陈列和排面陈列 2 个三级指标。

对于促销指标，细化分解构建极限让利促销、传统节日促销、特别促销、一般促销 4 个三级指标。根据大润发连锁超市的白酒销售数据，3/4 以上的 FX 白酒销售额来源于上述四种类型的促销活动。

对于无促销指标，构建无促销 1 个三级指标。

对于个体素质指标，细化分解构建资质能力、敬业精神、卖点认知 3 个三级指标。所谓销售团队，是指为了实现销售目标而由多名个体组成的、相互协作的群体。影响因素理论模型中团队的结构关系细化表明，团队成员通过个体素质的资质能力、敬业精神和卖点认知，联合其他输入变量通过团队互动过程和团队任务完成来实现销售业绩的提升。销售团队能否代表白酒企业对顾客践行服务与关心，提升顾客满意度，资质能力和敬业精神起着关键的基础作用，而卖点认知则发挥画龙点睛的效果。基于影响因素理论模型，卖点属于白酒产品性能的优势所在，体现了核心顾客价值，即产品哪些内在优势或外在优势能够契合顾客需求，并使顾客产生了需求投射。

对于团队培育指标，细化分解构建领导激励、自学习模式、管理范式、继续教育 4 个三级指标。

领导激励有助于鼓舞士气、提高工作积极性，主要包括物质激励和精神激励：物质激励由货币性与权益性薪酬组成，精神激励则更注重提升员工的地位、荣誉和自豪感，使其劳动得到尊重，以及自我实现等高层次的精神需要得到满足。自学习模式是销售人员提升业务水平的重要途径，由自学习方式和自学习内容构成。打造卓越的销售团队与融合团队文化的管理范式密不可分，在构建销售团队的内外部沟通机制与管理机制时，要以支持型文化作为前提，即强化工作中的合作精神及和谐氛围，以团队的绩效而不是个人的绩效为目标[204]。团队帮助员工进步的主要方式是继续教育[205]，而继续教育与自学习模式联动运用，可以增强业务员和导购员营销技巧、心理素质、企业文化、品鉴知识的专业水平，以及在服务与关心过程中完成不确定性任务和复杂性任务的实战能力。

综上所述，本书在识别出的五大方面影响因素的基础上，根据指标体系的设计原则和适用环境，构建大型商超白酒销售业绩影响因素指标体系，如图 3.1 所示。

在图 3.1 中，处于最高层的是大型商超白酒销售业绩，它是影响因素指标体系的核心，决定了指标选择和框架设计的原则，反映了 FX 白酒在大润发连锁超市各门店的销售业绩的实现情况；第二层是 5 个一级指标，分别是产品因素、时节影响、环境因素、销售手段和团队因素，体现了销售业绩影响因素的五维联动结构；第三层是将 5 个一级指标细化分解，构建价格、包装、酿造方法、酒精度等 12 个二级指标；第四层是将 12 个二级指标细化分解，构建低档、中档、高档，盒酒、桶酒、瓶酒等 31 个三级指标。

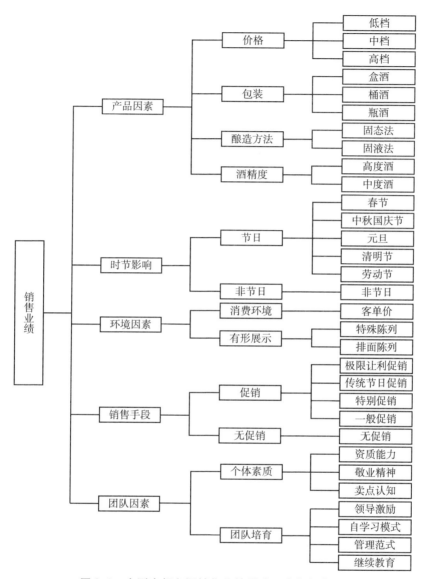

图 3.1　大型商超白酒销售业绩影响因素指标体系

由图 3.1 可知，一级、二级指标反映的是影响因素理论模型的理论结构，三级指标反映的则是销售管理实践中的可控和可用因素，是第 4 ~ 第 5 章量化分析的变量和数据维度。由于指标度量的需要，团队因素在后文中需要细化分解为四级和五级指标。

3.3　影响因素指标量化赋分

2020 年，包研科[206]提出了泛因素空间的思想方法，并基于格标架的原始数据分析和处理技术，建立了概念的内涵和外延一致性表达的技术框架，对于数据转化为概念发挥了重要作用。其中，格标架及数据的格化处理规范了不同尺度数据分析问题的数学基础，并通过因素轮廓相似性理论建立了多指标样本比较分析新的技术方法，为"多因素决策和优势分析"问题的解决带来了极大的方便。

根据指标性质和统计资料的完备性，本书将三级指标赋分方法分为三种，即基于销售记录的量化方法、基于专家知识的量化方法和基于问卷调查的量化方法。为清晰概念，将指标的原始赋分称为指标度量值。由于三级指标的原始赋分方法不同，在量化赋分前采用因素轮廓相似度算法，确定每类数据的优势轮廓，对数据进行可比性、归一化处理，为便于区别称其为指标赋分值。

对于产品、时节和销售手段类三级指标的度量值，由 2016 年 1 月 1 日至 2017 年 12 月 31 日的销售额数据直接赋分（见附录 1 附表 1），再转换为指标赋分值。对于环境类三级指标的度量值，由于缺少历史的数据资料，本书采用专家评分的方式确定（见附录 2 附表 2），再转换为指标赋分值。团队类因素的量化问题比较复杂，因此对三级指标进行细化，设计调查问卷，构建了四级指标，且局部细化了五级指标；根据回收问卷的统计结果确定四级、五级指标的度量值（见附录 3 附表 3、附录 4），再逐级转换为三级指标赋分值。

3.3.1　基于销售记录的量化赋分

（1）销售数据的处理与信息汇总

大型商超白酒销售有着翔实的销售记录。在影响因素指标体系中，有销售记录的三级指标包括产品因素的低档、中档、高档，盒酒、桶酒、瓶酒，固态法、固液法，高度酒、中度酒10个指标；时节影响的春节、中秋国庆节、元旦、清明节、劳动节，非节日6个指标；销售手段的极限让利促销、传统节日促销、特别促销、一般促销，无促销5个指标。这21个三级指标可直接采用销售记录赋分得出"硬数据"。

鉴于本书研究的是大型商超白酒销售业绩影响因素问题，因此首先结合销售数据，对各二级指标的三级指标分别进行销售量、供货额、销售额、销售毛利的数据分类处理和汇总，以利于统计分析。限于篇幅，相关数据表略。

（2）因素轮廓相似性分析

每一类数据具体处理方法各异，但均涉及多维或者多标度数据，需要压缩或投影为三级指标赋分。有多种数学方法能够实现此类压缩或投影赋分，但结合指标体系的设计原则和适用环境，本书选用了因素轮廓相似性分析方法。

为了得到大润发连锁超市各门店的31个三级指标的度量值，采用投影算法，具体步骤如下：

①利用各特征值 $x_i (i = 1, 2, \cdots, n)$ 的最大值建立极点向量 x_0；

②投影计算得出指标度量值 $y_i = \rho(x_0, x_i)$，$i = 1, 2, \cdots, n$，其中 ρ 为轮廓相似度算法。

样本的因素轮廓相似性度量是一种基于广义能量观点的不同度量尺度的多因素样本相似性的度量方法[207]，克服了综合评价中"以球心为参考点"用距离概念无法分辨"等半径球面上的点"的问题。

为便于理解，下面重述样本的因素轮廓相似度的定义和度量算法。

设随机向量 $X = (X_1, X_2, \cdots, X_p)$ 是 p 因素指标体系，指标 X_j 的取值集合为 I_j，$j = 1, 2, \cdots, p$。记第 i 个样本数据

$$x^{(i)} = (x_1^{(i)}, x_2^{(i)}, \cdots, x_p^{(i)}) \in I_1 \times I_2 \cdots \times I_p$$

记 $X^{(\mathrm{sam})} = (x^{(1)}, x^{(2)}, \cdots, x^{(n)})$ 为所有样本集合，称点集 $Q^{(i)} = \{(j, x_j^{(i)})\}_{j=1}^p$ 为样本 $x^{(i)}$ 的因素轮廓。

包研科和赵凤华[207]的文献给出了样本因素轮廓相似性度量公理。两个因素轮廓之间的相似度值称为因素轮廓相似度。

限于篇幅，这里仅给出因素轮廓相似度的计算过程。

（a）址联系数

$$D_j^{(ks)} = 1 - \frac{d_j^{(ks)}}{R_j} \tag{3.1}$$

刻画第 k、s 两个样本在因素（指标）j 上的位势关系，其中：

$$d_j^{(ks)} = |x_j^{(k)} - x_j^{(s)}|, \quad R_j = \sup\{I_j\} - \inf\{I_j\} \tag{3.2}$$

（b）标联系数

$$\alpha_j^{(ks)} = 1 - \frac{d_{\Delta j}^{(ks)}}{R_{\Delta j}} \tag{3.3}$$

刻画第 k、s 两个样本在因素（指标）j 上的相关关系，其中：

$$d_{\Delta j}^{(ks)} = |d_{\Delta j}^{(kk)} - d_{\Delta j}^{(ss)}| \tag{3.4}$$

$$d_{\Delta j}^{(cc)} = \begin{cases} x_{j+1}^{(c)} - x_j^{(c)}, & 1 \leqslant j \leqslant p-1 \\ x_p^{(c)} - x_1^{(c)}, & j = p \end{cases} \tag{3.5}$$

$$R_{\Delta j} = |(\sup\{I_{j+1}\} - \inf\{I_{j+1}\}) - (\inf\{I_j\} - \sup\{I_j\})| \tag{3.6}$$

（c）轮廓相似系数

$$\rho_j^{(ks)} = \sqrt{\alpha_j^{(ks)} \cdot D_j^{(ks)}} \tag{3.7}$$

刻画第 k、s 两个样本在因素（指标）j 上的轮廓相似性。

（d）轮廓相似度

$$\rho^{(ks)} = \left(\prod_{j=1}^{p} \rho_j^{(ks)} \right)^{\frac{1}{p}} \tag{3.8}$$

刻划第 k、s 两个样本的几何轮廓的整体相似性。

因素轮廓相似性分析应用于综合评价，关键技术是确定评价的参考点。

假定

$$x^{(0)} = (x_1^{(0)}, \ x_2^{(0)}, \ \cdots, \ x_p^{(0)}) \in I_1 \times I_2 \cdots \times I_p$$

是根据管理学原理和评价目的所确定的参考点。

逐一计算 $X^{(sam)}$ 中各个样本点 $x^{(i)}$，$i = 1, 2, \cdots, n$ 同 $x^{(0)}$ 的因素轮廓相似度，得序列

$$\rho^{(1)}, \ \rho^{(2)}, \ \cdots, \ \rho^{(n)}$$

在此基础上做进一步的评价分析。

如果评价问题是一个分类问题，则针对每一个类别需要建立一个参考点，通常取类中位点（每一个类别各个因素的最大值和最小值的中点构成的向量），然后计算各个样本点与参考点的相似度值，按"最大相似度"准则判定样本点的类属。

（3）销售额数据转换为三级指标赋分值的方法

①对 2016～2017 年销售记录按三级指标分类统计出大润发 23 家门店的销售额数据 x。

②求出每家门店销售额 x 的最小值 x_{min}、0.25 分位数 $x_{0.25}$、中位数 $x_{0.50}$、0.75 分位数 $x_{0.75}$ 及最大值 x_{max}，构成 5 数特征值向量

$$x^{(i)} = (x_{min}, \ x_{0.25}, \ x_{0.50}, \ x_{0.75}, \ x_{max}), \ i = 1, 2, \cdots, 23$$

然后，以 23 家门店 5 数特征值的最大值向量

$$x^{(0)} = (\max\{x_{min}\}, \ \max\{x_{0.25}\}, \ \max\{x_{0.50}\},$$
$$\max\{x_{0.75}\}, \ \max\{x_{max}\})$$

为参考，采用因素轮廓相似度算法计算出各门店三级指标赋分值。

3.3.2　基于专家知识的量化赋分

环境因素的三级指标运行机理复杂，对于大型商超白酒销售有着重要影响。但在过去管理中未予以重视，未有统计数据积累，须借助专家经验和知识得出"软数据"，即对环境类的客单价、特殊陈列、排面陈列3个三级指标采用专家评分法进行赋分。

专家团队由大润发连锁超市东北区采购部经理、客服部经理、运营部经理，FX酒业副总经理、商超营销中心经理、商超业务部主任，大润发连锁超市业务员和导购员代表8人构成。首先利用托尼·霍尔（Tony Hoare）1960年提出的快速排序法（quick sort），对大润发23家门店的客单价、特殊陈列和排面陈列3个三级指标进行排序，使之成为有序序列，由8位专家对每一组排序的三级指标进行初始赋分（评分采用百分赋分方法），之后再由因素轮廓相似度算法变换为因素轮廓得分。

3.3.3　基于问卷调查的量化赋分

（1）团队因素的问卷及指标结构设计

团队管理与大型商超白酒销售业绩提升具有紧密联系，涉及个体素质和团队培育等，运行机理比较复杂，但过去FX酒业在营销管理中未予以重视，无统计数据可供参考。鉴于团队成员对于团队管理有着深刻的切身感受，因此对于团队因素的三级指标采用了问卷调查法进行赋分。问卷调查设计的重要内容是采集被评价者和参与者对相关指标的主观感受。在问卷结构上，每一个四级指标或五级指标均对应一个团队管理的问题。

在图3.1的基础上，根据指标体系的设计原则和适用环境，大型商超白酒销售业绩影响因素指标体系局部的团队因素指标结构，是将团队因素的 7 个三级指标进一步细化分解，构建 28 个四级指标。其中，对于资质能力指标，细化分解构建沟通能力、促销机智、仪容表现、学历水平 4 个四级指标；对于敬业精神指标，细化分解构建责任心、进取心、执行力 3 个四级指标；对于卖点认知指标，细化分解构建品质因素、价格因素、促销方式、文化因素 4 个四级指标；对于领导激励指标，细化分解构建物质激励、荣誉激励、关怀激励 3 个四级指标；对于自学习模式指标，细化分解构建横向学习、向上学习、向下学习、消费者心理、产品创新、文化传承 6 个四级指标；对于管理范式指标，细化分解构建外部沟通机制、内部沟通机制、去中介管理、规范化管理 4 个四级指标；对于继续教育指标，细化分解构建营销技巧、心理素质、企业文化、白酒品评 4 个四级指标。团队因素的指标结构，如图 3.2 所示。

①资质能力类四级指标中，沟通能力是指导购员在识别消费者购买意向、推介产品卖点，并促进消费者需求投射与产品特征相契合的过程中所展示的综合素质；促销机智是指销售人员把握消费者心理，在服务与关心中机敏而灵活地运用折扣、赠品、混合促销等促销方式的技能；仪容表现是指销售人员的面容、身材、衣着、言谈和举止的整体表现，也是内在品质的外部反映；学历水平是指销售人员能够满足工作岗位要求的学历状况。

②敬业精神类四级指标中，责任心是指销售人员对岗位、团队、顾客和销售业绩负责任的情感和信念，以及与之对应的承担责任和履行义务的自觉态度；进取心是指销售人员勇于迎接挑战，自我发展，坚持不懈向业绩目标挺进的心理状态；执行力是指销售人员把上级的命令和计划落实到行动中，再把行动变成结果的能力，即完成预定目标的操作能力。

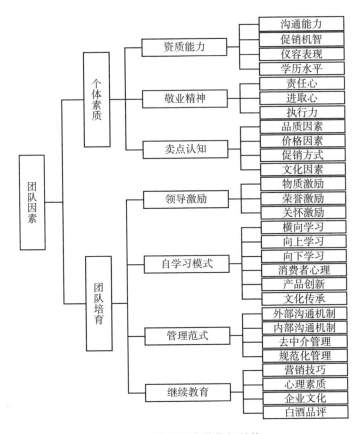

图 3.2　团队因素的指标结构

③卖点认知类四级指标中，品质因素是指能够展示白酒质量技术的能力与水平的因素，以及白酒内在属性的特色和优势的因素；价格因素是指白酒产品能够吸引顾客的基于价格的价值、性能和档次因素；促销方式是指大型商超促进销售的最基本的方式，除降价促销外，还包括导购员随机执行的赠品促销和其他辅助的促销方式；文化因素是指白酒产品在品牌内涵、包装创意、历史底蕴等方面的文化构成因素。

④领导激励类四级指标中，物质激励是指领导根据员工贡献的大小进行相应的物质奖励，有助于员工保持高昂的斗志，为实现销售业

绩而不懈努力；荣誉激励是指领导把员工销售业绩与选模范、评先进联系起来，引导员工行动的方向，激发团队比、学、赶、帮、超的氛围；关怀激励是指领导关心员工的工作和生活，找员工谈心并为他们的工作和生活创造有利的条件，使员工感受到尊重，从而更有勇气和信心迎接挑战，更加积极地完成团队任务。

领导激励的核心目标是提高团队成员的满意度和销售业绩。领导应努力设计足够高且富有竞争性的物质激励，包括薪资系统和具有弹性激励的福利项目甚至提供股权激励，并注重荣誉激励和关怀激励的辅助作用，不断刺激员工的积极性，以实现更高的销售目标。由影响因素理论模型中团队结构关系细化可知，领导激励越高，团队效能越高；而更高的团队效能又能赢得更高的领导激励，形成团队管理的良性循环。

⑤自学习模式类四级指标中，在自学习方式维度，横向学习是指与自己同级别的销售人员互相学习；向上学习是指与比自己级别高的销售人员请示交流；向下学习是指与比自己级别低的销售人员沟通探讨；在自学习内容维度，消费者心理是指大型商超白酒消费者所特有的消费心理和购买心理；产品创新是指研发大型商超白酒新产品或对某款白酒进行包装和酒质的升级；文化传承是指白酒企业的企业文化、品牌文化和产品文化的继承和传播。

⑥管理范式类四级指标中，外部沟通机制是指白酒企业为促进消费者对企业的深刻认知与支持、提高品牌忠诚度而建立的对外沟通网络的结构关系和运行方式；内部沟通机制是指团队内部管理沟通网络的结构关系和运行方式；去中介管理是指白酒企业直接经营管理的形态，使团队管理模式与白酒企业一脉相承，具有资源和效率优势，可举全企业之力支持白酒销售团队工作；规范化管理主要是指业务流程化、行为标准化、决策程序化、考核定量化。

在管理范式的外部沟通机制中，随着顾客满意度的攀升，消费者可能与白酒企业建立一种组织上的认同关系，在心理上将自己定义为该企业的一员，对该企业的品牌产生忠诚度；当消费者对 FX 白酒呈现出忠诚度时，会更倾向于帮助 FX 白酒在市场上取得成功，并对 FX 白酒的各类促销活动表现出更积极的态度。在内部沟通机制中，当团队成员把团队文化理念融入到个体价值观中，就会发生组织认同[208]，激发出更专注的敬业精神，因此，内部沟通机制越健全，团队的合作度和信任度越高，销售业绩也越好。

⑦继续教育类四级指标中，营销技巧是指对顾客心理、产品卖点、沟通能力、服务与关心等掌控运用的技能；心理素质是指基于心理适应能力的自我意识、调适情绪、承受挫折、控制行为的素质；企业文化是指白酒企业的价值观、理念、符号、行为方式等组成的特有文化组合；白酒品评是指运用感官来评定白酒的优劣或等级，包括标准和规则、方法和技能等。

其中，企业文化指标不可小视。团队成员信奉的企业文化会影响其在工作场所的态度和行为。不同企业文化的团队对离职、话语权、忠诚度的反应是不同的，这些反应会对员工的敬业精神和资质能力产生直接或间接的影响，并最终影响销售业绩。企业文化给员工带来的转变可以帮助员工找到工作的意义[209]，并将这些感受表现为亲近团队的改变，以更佳的姿态服务与关心顾客，促进工作压力降低和销售业绩增加。

（2）卖点认知的问卷及指标结构设计

问卷调查采集被评价者和参与者对五级指标的主观感受，且每一个指标对应一个问题。大型商超白酒销售业绩影响因素指标体系局部的卖点认知指标结构，是将卖点认知的 4 个四级指标细化分解，构建 12 个五级指标。其中，对于品质因素指标，细分构建酿造工艺、勾调技术、内在质量、口感 4 个五级指标；对于价格因素指标，细分构建价格优势、性价比 2 个五级指标；对于促销方式指标，细分构建混合促销、降价促销、赠品促销 3 个五级指标；对于文化因素指标，细分构建包装感染力、品牌影响力、文化底蕴 3 个五级指标。卖点认知的指标结构，如图 3.3 所示。

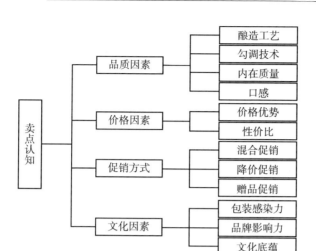

图 3.3 卖点认知的指标结构

①品质因素类五级指标中，酿造工艺是消费者重点关注的卖点，传统工艺酿造的纯粮酒，堪称广大消费者的最爱；勾调技术是懂酒顾客关注的卖点，因为勾调技术水平决定白酒的色、香、味、格的协调与平衡；内在质量指白酒的内在属性，有些顾客把白酒的内在质量理解为"上不上头"；口感指品尝白酒的味觉感受，是消费者对白酒的一种高级体验。

②价格因素类五级指标中，价格优势是指同一档次白酒产品在价格上的优势，属于大型商超白酒销售的主要卖点，"给出的价格够不够吸引"对销量有重要影响；性价比指白酒产品的包装、口感、品质等综合性能与价格之间的比例关系，性价比越高顾客满意度越高，消费者越能以更少的价钱买到更好的白酒。

③促销方式类五级指标中，混合促销是指赠品促销与降价促销混合使用的促销方式；降价促销是指降低产品销售价格的促销方式；赠品促销是指购买产品附加赠品的促销方式。

④文化因素类五级指标中，包装感染力是指白酒的包装设计所体现的视觉愉悦力量和正向心理反应，能够影响顾客购买决策；品牌影

响力是指白酒的品牌辐射市场、占领市场并获得销售业绩的能力，对消费者购买过程有重要影响；文化底蕴是指源于中国白酒文化的品牌文化和产品文化所展示的广度和深度。

（3）团队因素的问卷调查法赋分

笔者亲历了现场调查工作，可以确认被调查者对问题具有充分的理解，同时能够保障问卷的真实性和可靠性。问卷调查范围仅限于大润发23家门店的导购员等一线销售人员（问卷见附录4）。

①问卷中每个问题设置了3个不同层次的判断选项，数据处理按照选项的层次等级标记为：较好等级——1，一般情况——2，较差等级——3。

②按照问题和门店，对问卷调查数据进行处理与信息汇总（见附录3附表3）。每一个三级指标按其包含的四级指标个数 s 形成一个门店特征值向量，记为

$$x^{(i)} = (x_1, x_2, \cdots, x_s), \quad i = 1, 2, \cdots, 23$$

其中，s 为某个三级指标下四级指标的个数。设 s 为全1向量

$$x^{(0)} = (1, 1, \cdots, 1)$$

采用因素轮廓相似度方法计算出各门店在相应的三级指标的赋分值。

在图3.3中，卖点认知的指标结构为五级。因此，相应的四级指标度量值由五级指标度量值用因素轮廓相似度算法直接转换而来。将四级指标度量值归结到三级指标"卖点认知"的赋分值，采用了加权汇总的方法。

③利用层次分析法计算各指标的权重。层次分析法基本步骤如下。

（a）建立层次结构模型，见前述的影响因素指标体系结构。

（b）构造成对比较判断矩阵，本项研究邀请8名专家，给出成对比较判断矩阵。限于篇幅，相关数据表略。

由专家团队研讨给出一份对每个指标向上一级指标归结时的重要性判断矩阵 A。再根据矩阵 A 计算得到最大的特征值 $\lambda_{\max}$。

（c）计算检验矩阵的一致性：

计算一致性指标 CI

$$CI = \frac{\lambda_{max} - n}{n - 1} \tag{3.9}$$

其中，n 为一致性判断矩阵阶数，λ_{max} 为最大特征值。

需要根据矩阵阶数来对 CI 值进行修正。按表 3.1 查其所对应的随机一致性指标 RI，即

表 3.1　　　　　　　　　　随机性指标 RI 值

n	1	2	3	4	5	6	7	8	9	10	11
RI	0	0	0.58	0.90	1.12	1.24	1.32	1.41	1.45	1.49	1.51

根据公式计算一致性比例，即

$$CR = \frac{CI}{RI} \tag{3.10}$$

基于 CR 的检验决策准则为：

当 $CR \leqslant 0.1$ 时，认为判断矩阵基本符合随机一致性指标；

当 $CR > 0.1$ 时，认为判断矩阵不符合随机一致性指标，必须进行调整和修正。

（d）计算结果。

"卖点认知"的四级指标向三级指标归结、专家判断矩阵的一致性检验结果，见表 3.2。

表 3.2　　　　"卖点认知"成对比较矩阵一致性检验结果

检验对象	n	λ_{max}	CR	结论
卖点认知	4	4.0314	0.0116	通过

根据层次分析法计算处理，最终得到"卖点认知"的 4 个四级指标权重系数，见表 3.3。

表 3.3   "卖点认知" 的四级指标权重

三级指标	四级指标	权重
卖点认知	品质因素	0.47
	价格因素	0.28
	促销方式	0.16
	文化因素	0.10

由表 3.3 可知，卖点认知细化分解为 4 个四级指标，其中，品质因素是最重要的，导购员对于产品质量技术优势的认知可以提升销售信心，确保在服务与关心的过程中与顾客沟通顺畅，使白酒产品更容易契合顾客需求投射，因此权重最大；价格因素次之，掌握白酒产品的性价比，以及相对于竞品的价格优势，是导购员的重要销售技能，对于产品旺销和业绩提升大有裨益，权重排在第二位与销售实践相符；促销方式属于大型商超渠道的既定规则，在卖点认知中所占权重较小，但有些促销方式如搭赠礼品等，需要导购员熟练掌握并灵活运用，以利于促进销量，因此权重排在第三位；相比其他因素，文化因素在卖点认知中所占权重最小，但导购员若掌握了文化因素的卖点，则会使服务与关心的过程更有质量和档次，从而促进销售业绩的提升。

综上所述，经过销售额数据、专家评价数据和问卷调查数据的处理与信息汇总，大润发连锁超市 23 家门店的 31 个三级指标的赋分结果，见表 3.4。

表 3.4   门店三级指标赋分

指标编号	三级指标	门店编号											
		1	2	3	4	5	6	7	8	9	10	11	12
1.1.1	低档	0.25	0.24	0.15	0.13	0.61	0.07	0.01	0.18	0	0.16	0.02	0.11
1.1.2	中档	0.11	0.02	0.02	0.01	0.10	0.01	0	0.11	0	0.01	0	0.07

续表

指标编号	三级指标	门店编号											
		1	2	3	4	5	6	7	8	9	10	11	12
1.1.3	高档	0.26	0.23	0.22	0.24	0.26	0.20	0.20	0.24	0.21	0.23	0.20	0.25
1.2.1	盒酒	0.27	0.05	0.04	0.03	0.34	0.02	0	0.24	0	0.03	0	0.13
1.2.2	桶酒	0.30	0.39	0.25	0.29	1	0.10	0	0.22	0	0.32	0.04	0.12
1.2.3	瓶酒	0.09	0.05	0.04	0.06	0.34	0.02	0	0.24	0	0.03	0	0.13
1.3.1	固态法	0.40	0.23	0.20	0.17	0.60	0.11	0.01	0.32	0	0.16	0.04	0.21
1.3.2	固液法	0.39	0.42	0.44	0.44	1	0.20	0.01	0.35	0.01	0.35	0.05	0.22
1.4.1	高度酒	0.24	0.20	0.14	0.11	0.61	0.07	0.01	0.19	0	0.15	0.02	0.12
1.4.2	中度酒	0.35	0.53	0.27	0.11	0.70	0.08	0.25	0.45	0.14	0.11	0.03	0.30
2.1.1	春节	0.09	0.15	0.06	0.05	0.12	0.03	0.01	0.05		0.10	0.01	0.03
2.1.2	中秋国庆节	0.44	0.38	0.15	0.18	0.54	0.09	0.02	0.28	0	0.21	0.06	0.21
2.1.3	元旦	0.21	0.26	0.20	0.12	0.38	0.10	0.09	0.17	0	0.16	0.06	0.20
2.1.4	清明节	0.45	0.31	0.21	0.13	0.76	0.10	0.02	0.26	0.01	0.25	0.03	0.30
2.1.5	劳动节	0.43	0.28	0.42	0.24	0.67	0.21	0.01	0.48	0.05	0.68	0.02	0.67
2.2.1	非节日	0.38	0.29	0.25	0.19	0.68	0.12	0.03	0.31	0.01	0.25	0.04	0.19
3.1.1	客单价	0.95	0.55	0.53	0.40	0.52	0.10	0.18	0.76	0.15	0.58	0.38	0.78
3.2.1	特殊陈列	0.30	0.60	0.55	0.30	0.70	0.30	0.50	0.35	0.30	0.80	0.30	0.80
3.2.2	排面陈列	0.75	0.45	0.70	0.75	0.75	0.78	0.50	0.75	0.45	0.65	0.68	0.75
4.1.1	极限让利促销	0.23	0.14	0.08	0.05	0.61	0.01	0	0.20	0	0.14	0.02	0.10
4.1.2	传统节日促销	0.39	0.57	0.28	0.24	0.97	0.13	0.01	0.39	0.01	0.60	0.02	0.14
4.1.3	特别促销	0.23	0.13	0.05	0.07	0.14	0.05	0.01	0.10	0	0.10	0.02	0.08
4.1.4	一般促销	0.28	0.21	0.08	0.07	0.64	0.04	0.01	0.22	0	0.05	0	0.15
4.2.1	无促销	0.42	0.17	0.27	0.17	0.60	0.15		0.32	0.01	0.13	0.05	0.26
5.1.1	资质能力	0.33	0.33	0.54	1	0.54	1	0.33	0.33	0.75	0.75	0.75	0.33
5.1.2	敬业精神	1	0.17	1	1	1	1	1	1	1	1	1	1

指标编号	三级指标	门店编号											
		1	2	3	4	5	6	7	8	9	10	11	12
5.1.3	卖点认知	0.84	0.51	0.53	0.97	0.76	0.82	0.45	0.73	0.55	0.90	0.78	0.57
5.2.1	领导激励	0.56	0.22	1	1	1	1	0.28	1	0.39	1	1	1
5.2.2	自学习模式	0.56	0.22	1	1	1	1	0.28	1	1	0.67	0.85	0.28
5.2.3	管理范式	0.15	0.44	0.39	1	1	1	0.58	0.26	1	0.53	0.78	0.50
5.2.4	继续教育	0.64	0.38	0.44	1	0.41	1	0.22	0.77	1	0.67	1	0.38

指标编号	三级指标	门店编号										
		13	14	15	16	17	18	19	20	21	22	23
1.1.1	低档	0.34	0.03	0.15	0.15	0.18	0.05	0.34	0.03	0.02	0	0.03
1.1.2	中档	1	0	0.08	0.11	0.10	0	0.03	0	0	0	0
1.1.3	高档	1	0.22	0.21	0.24	0.24	0.21	0.36	0.21	0.21	0.20	0.20
1.2.1	盒酒	1	0.02	0.15	0.40	0.26	0.01	0.08	0.03	0.01	0	0.01
1.2.2	桶酒	0.09	0.04	0.21	0.16	0.17	0.07	0.08	0.02	0.05	0	0.03
1.2.3	瓶酒	1	0.02	0.15	0.40	0.27	0.01	0.08	0.03	0.01	0	0.01
1.3.1	固态法	0.83	0.06	0.24	0.39	0.33	0.07	0.12	0.06	0.04	0.01	0.03
1.3.2	固液法	0.17	0.02	0.37	0.30	0.34	0.09	0.02	0.02	0.02	0	0.02
1.4.1	高度酒	0.54	0.03	0.16	0.19	0.17	0.05	0.07	0.04	0.03	0	0.03
1.4.2	中度酒	0.30	0.07	0.09	0.17	0.43	0.03	0.04	0.12	0.02	0	0.01
2.1.1	春节	0.82	0.04	0.04	0.09	0.05	0.04	0.35	0.08	0.04	0.02	0.01
2.1.2	中秋国庆节	0.72	0.10	0.18	0.34	0.34	0.06	0.34	0.06	0.07	0.08	0.07
2.1.3	元旦	0.86	0.08	0.13	0.16	0.20	0.07	0.13	0.09	0.09	0.01	0.03
2.1.4	清明节	0.37	0.05	0.19	0.25	0.34	0.08	0.08	0.06	0.07	0.02	0.02
2.1.5	劳动节	0.70	0.08	0.55	0.57	0.72	0.09	0.05	0.02	0.09	0.05	0.23
2.2.1	非节日	0.53	0.05	0.26	0.29	0.28	0.08	0.32	0.05	0.05	0	0.05
3.1.1	客单价	1	0.20	0.35	0.60	0.80	0.18	0.75	0.15	0.15	0.58	0.08
3.2.1	特殊陈列	0.98	0.30	0.30	0.94	0.70	0.55	0.95	1	0.85	0.90	0.40
3.2.2	排面陈列	0.98	0.75	0.75	0.80	0.75	0.75	0.75	1	0.76	1	0.45

续表

指标编号	三级指标	门店编号										
		13	14	15	16	17	18	19	20	21	22	23
4.1.1	极限让利促销	0.30	0.03	0.10	0.05	0.11	0.01	0.12	0.08	0.02	0.04	0
4.1.2	传统节日促销	0.15	0.06	0.28	0.18	0.28	0.09	0.03	0.06	0.05	0	0.05
4.1.3	特别促销	0.99	0.06	0.08	0.18	0.11	0.04	0.26	0.04	0.01	0.06	0.01
4.1.4	一般促销	0.48	0.01	0.07	0.36	0.25	0.02	0.03	0.02	0.03	0	0.02
4.2.1	无促销	0.41	0.03	0.28	0.32	0.37	0.09	0.35	0.04	0.03	0.01	0.04
5.1.1	资质能力	0.75	0.75	1	0.33	0.33	0.75	0.54	0.08	0.54	0.75	0.13
5.1.2	敬业精神	1	1	1	1	1	1	1	1	1	1	0
5.1.3	卖点认知	0.90	1	0.14	0.65	0.63	0.79	1	0.60	0.87	1	0.24
5.2.1	领导激励	1	1	1	1	1	1	1	0.67	0.67	1	0
5.2.2	自学习模式	0.67	1	0.67	0.15	0.71	0.81	0.21	0.29	0.56	0.51	
5.2.3	管理范式	0.46	1	0.38	0.43	0.51	0.51	0.77	1	1	0.39	0.39
5.2.4	继续教育	0.34	1	0.67	0.63	0.38	0.67	1	0.51	0.63	1	0.25

3.4 本 章 小 结

本章是对第 2 章的深化。基于大型商超白酒销售业绩影响因素理论模型及其内在机理，识别了影响销售业绩的诸多因素中适宜作为管理工具的因素，构建了大型商超白酒销售业绩影响因素指标体系。本章属于实践范式研究，是对大型商超白酒销售业绩影响因素的一次重新的梳理和认知。

（1）构建了大型商超白酒销售业绩影响因素指标体系

基于影响因素理论模型及其内在机理，结合笔者十几年白酒企业经营管理工作的经验，归纳出指标体系的设计原则与适用环境。在此基础上，根据识别出的产品、时节、环境、销售手段和团队五大方面因素，构建 5 个一级指标；再将一级指标细化分解构建价格、包装、酿造方法、酒精度，节日、非节日，消费环境、有形展示，促销、无促销，个体素质、团队培育 12 个二级指标；最终细化分解构建能够反映影响因素理论模型的 31 个三级指标，完成大型商超白酒销售业绩影响因素指标体系构建。其中，一级、二级指标反映的是影响因素理论模型的理论结构，三级指标反映的则是管理实践中的可控和可用因素，是量化分析的变量，属于第 4 ~ 第 5 章量化分析的数据维度。构建影响因素指标体系的目的是提供分析的因素框架和多因素观测数据，以利于运用系统而科学的思维逐层深入到指标体系所有影响因素中去分析，识别出关键的影响因素。

（2）首次把因素轮廓相似度算法引入影响因素指标的量化赋分领域

因素轮廓相似度算法作为多指标样本比较分析的技术方法，为"多因素决策和优势分析"问题的解决带来极大的方便，因此能够分别采用基于销售记录的量化方法、基于专家知识的量化方法和基于问卷调查的量化方法为指标体系的三级指标赋分。由于三级指标的原始赋分方法不同，在量化赋分前采用因素轮廓相似度算法，确定每类数据的优势轮廓，对数据进行可比性、归一化处理。由于团队类因素的量化问题比较复杂，对三级指标进行了细化分解，设计调查问卷，构建了四级指标，其中局部构建了五级指标。影响因素指标量化赋分的目的是从管理学的角度识别出有效的量化分析变量，为第 4 章单因素分析提供框架和指引，为第 5 章多因素耦合分析提供 23 家门店的 31 个三级指标得分归一化数据，作为算法的多因素观测数据，以期发现影响因素重要性的理论解析，从而对大型商超白酒销售业绩的关键影响因素识别以及业绩提升策略进行更加深入的研究。

4 大型商超白酒销售业绩 单因素偏序集决策分析

本章基于第 3 章的大型商超白酒销售业绩影响因素指标体系，采用偏序集决策分析技术和统计推断技术，对产品、环境、团队、时节因素同销售手段进行单因素的关联分析，重构各影响因素的效能量化指标，即促销贡献和促销效率。依据影响因素理论模型内在机理，以产品因素、时节影响、环境因素、销售手段和团队因素作为主要因素，以彼此间的联动为全面提升大型商超白酒销售业绩创造条件。4.1 节和 4.2 节分别讨论产品因素、环境因素和团队因素的促销效能，4.3 节专注时节因素的促销响应分析。本章的单因素分析，也是为第 5 章的多因素耦合分析提供背景知识和算法的耦合目标，旨在发现影响因素理论模型与指标体系之间的关联性知识，识别大型商超白酒销售业绩的关键影响因素。

4.1 产品因素的促销效能分析

4.1.1 销售手段及描述性分析

根据图 3.1 影响因素指标体系，销售手段指标细化分解为促销和无促销 2 个二级指标。文献梳理发现，营销学者们特别关注促销活动对消费者购买行为的影响。早期的斯科特（Scott，1976）[210]以及后期的格登克和内斯林（Gedenk & Neslin，1999）[211]的研究表明，与非促销性购买后的重复购买概率相比，消费者在促销性购买后的重复购买概率更低；埃伦伯格等（Ehrenberg et al.，1994）[212]则对促销期间购买与促销结束后购买的负相关提出了异议。梅拉等（Mela et al.，1997）[213]使用具有时变参数的离散选择模型，证明了价格促销与忠诚顾客和非忠诚顾客更高的价格敏感性相关；杰迪迪等[52]在梅拉等[213]的研究基础上发现，促销与品牌负资产相关；布拉特伯格等（Blattberg et al.，1995）[214]则认为，增加促销会降低折扣峰值。国内学者研究表明，促销是提升酒类产品销售业绩的最有效手段，但促销产生的效果却呈现多样性和复杂性，且与促销目标、促销产品、促销方式、促销时机、促销地点息息相关[215]。

关于促销问题的研究，学者们大多使用观测数据，主要聚焦消费者的反应维度，从研究结果上看，产品促销动态效应的方向并不明确。一方面，可以想象在正向促销动态效应中，消费者对交易上瘾的情景，一段时间有吸引力的促销刺激可能降低消费者对后续促销的敏感度，公司可能会被要求提高促销强度以增加顾客购买行为，刺激其消费上瘾，这与"理性上瘾"研究文献的结论一致[216]；另一方面，可以想象在负向促销动态效应中，消费者表现出更高的促销敏感度和习惯性购买行为，这种情形下的促销刺激会增加消费者未来的促销敏感度，公司可能被要求提供较低的促销刺激来维持顾客的购买行为，"习惯形成"研究文献证明了该类型的促销动态效应[217]。正向促销动态效应有一种解释：今天提供有吸引力的促销活动，可以在更大程度上成为明天搜索交易的契机。且促销深度与持续时间正相关，一旦竞争对手发现提供深度促销有效，渠道中的小品牌产品会遭遇到更加残酷的价格打压。当消费者表现出更高的促销敏感度时，由于各竞争企业促销强度的增加，所有品牌产品的促销效能都会变得更糟。鉴于消费者对促销方式的偏好有所不同，价格折扣成为吸引价格敏感顾客的最有效策略。促销活动能够影响顾客对服务与关心过程的质量感知，并在不同的消费群体中产生不同的影响，其中对价格敏感并寻求多样化购买的顾客心理和行为能够产生显著的刺激和引导作用。

以上研究的另一个共同主题是，总有一个隐性的或显性的假设，即消费者将沿着一个连续的过程改变并强化对促销的参与，而不是根据所涉及的产品因素改变他们的购买行为。基于大型商超白酒销售业绩影响因素理论模型，从顾客的需求投射到产品的契合需求，是一个心理和行为连续变化的过程，即顾客基于实际需求，围绕产品和销售手段找到最优的契合点，通过尝试性消费形成初步感知，若购后产品符合或超过预期，则转变为契合需求的评价甚至形成品牌忠诚，这个心理和行为的过程是流动性和差异性的。由影响因素理论模型可知，弥散因素层（白酒文化、表誉文化、交际文化、历史文化、诗酒文化、地域文化、民族文化等）和可用因素层（时节影响、个体属性、消费心理、行为特征、经济状况等）集中了影响大型商超白酒销售业绩的弥散因素和可用因素，凸显了营销关系中外部因素的不可控性，此类因素只能适应性调整，这也导致消费者行为是流动性和反应性的。也就是说，不同促销类型的效果可能不同，同样的促销类型由于区域环境、文化习俗和个体属性等因素的变动，也可能存在效果的差异。

（1）大型商超白酒产品的销售手段

由影响因素指标体系可知，FX 白酒在大润发连锁超市的销售手段包括五种类型，见表 4.1。

A 类促销（极限让利促销）：属于厂家对顾客让利幅度最大、商超进货库存最大、宣传力度最大的促销活动，借助超低价位、地堆、端架等特殊陈列吸引消费者，提升促销效果。

B 类促销（特别促销）：属于突出某一品种的主题促销活动，在宣传力度方面与 A 类相似，但价格优惠幅度比 A 类要小，兼有对老顾客和特殊消费群体的专项优惠意向。

C 类促销（传统节日促销）：属于春节、中秋国庆节等传统节日期间的大规模促销活动，通常由厂家自行购买地堆、端架等特殊陈列以扩大促销规模。

D 类促销（一般促销）：属于常规促销活动，让利幅度小，进货库存少，没有特殊陈列。

E 类无促销（无促销）：属于无任何促销活动、无特殊陈列的日常销售类型。

表 4.1　　　　　　　　　　　销售手段的编码与类型

编码	类型	销售活动内容
A	极限让利促销	印花、低价风暴、开门红
B	特别促销	有广告及专属地堆、展台，包括 DM、非 DM、特卖及均一价活动
C	传统节日促销	春节、中秋国庆节等传统节日的大规模促销活动
D	一般促销	店内一般促销
E	无促销	无任何促销活动

五种销售手段中，A 类优惠力度最大，但时间最短；D 类优惠力度最小，但持续时间最长。在 41 款 FX 白酒产品销售过程中，A 类和 B 类两种促销类型主要针对价格中低档的白酒品种开展，带动排面陈列和特殊陈列的人气，以激发销售额并拉动其他白酒品种动销。FX 酒业根据节日效应和季节性特征不断轮换促销产品，提升白酒销售业绩。

（2）描述性分析不同销售手段对销售额的影响

促销活动是激发销售额增长的最重要手段，其能否对每款白酒销售额的影响均具有统计显著性，哪种促销类型对于大型商超白酒销售业绩提升更有价值，以及产品类指标对于促销贡献和效率有何影响等，是白酒企业需要及时准确掌握的信息，对于提升 FX 白酒大型商超销售业绩以及进一步实现商超渠道销售带动场外渠道销售的营销战略至关重要。

调查资料显示，FX 酒业 2016～2017 年在大润发连锁超市辽宁区销售的 41 款白酒产品，涉及桶酒、瓶酒、盒酒，价格 10～1000 元不等。其中，4 款白酒参与了所有的促销活动，分别为 T01（52 度 FX 金浆 5L）、H02（52 度 FX 天酿）、T03（50 度 FX 金浆 4L）、P04（52 度 FX 琼浆御品），另有 5 款白酒（高端标志性产品或非主流过渡性产品）从未参与任何促销活动（见附录 5 附表 4）。在年度销售周期内，不同促销方式、不同时段的促销活动中，参加活动的产品种类存在交叉。年度销售周期内同一销售手段的销售额是各次活动的汇总。不同销售手段所使用的白酒产品销售信息，见表 4.2 和图 4.1。

表 4.2　　　　　　　　　不同销售手段的白酒产品销售信息

销售手段	销售额（元）	销售占比（%）	白酒品种（个）	品种占比（%）
A 类促销	2400506.4	15.57	8	6.50
B 类促销	1910833.9	12.40	13	10.57
C 类促销	5994464.3	38.89	28	22.76
D 类促销	1331476.7	8.64	33	26.83
E 类无促销	3777865.5	24.51	41	33.33

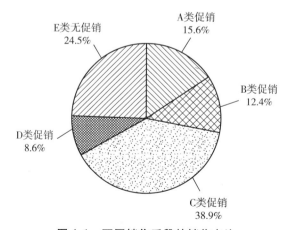

图 4.1　不同销售手段的销售占比

在 5 种销售手段中，C 类促销的销售额最大为 599 万元，占总销售额 38.9%，D 类促销的销售额最小为 133 万元，占总销售额 8.6%。除了 E 类无促销外，A、B、C、D 四种促销类型的销售额之和占总销售额的 75.5%，表明 FX 白酒的大型商超销售业绩严重依赖于促销活动。

在各销售手段中，促销产品的包装、价格等产品类指标和促销时间均有所不同，特别是在时间上，A 类促销时间最短，而 D 类促销时间最长。比较促销效果需将不同销售手段换算成统一的时间单位。由于原始观测数据冗繁，且涉及企业商业秘密，文中不宜直接展示。因此，本书仅计算出 41 款白酒不同销售手段的日均销售额，如图 4.2～图 4.6 所示。

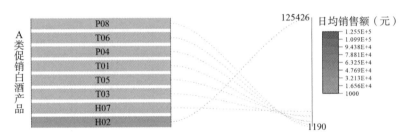

图 4.2　A 类促销的日均销售额

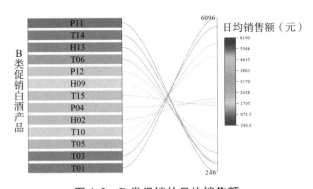

图 4.3　B 类促销的日均销售额

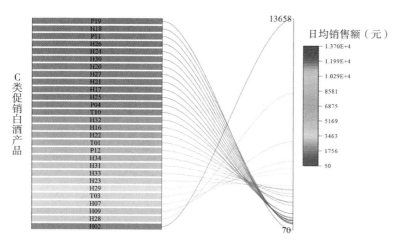

图 4.4 C 类促销的日均销售额

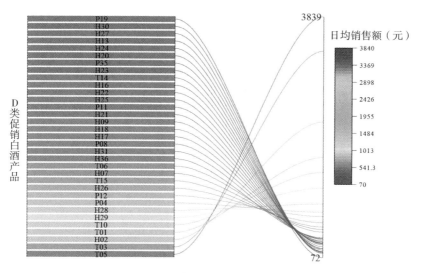

图 4.5 D 类促销的日均销售额

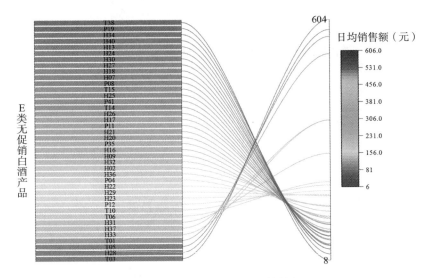

图 4.6　E 类无促销的日均销售额

由图 4.2 可知，A 类促销中，日均销售额表现最好的 3 款产品依次为 A-H02（52 度 FX 天酿）、A-H07（52 度 FX 仙醇藏品）和 A-T03（50 度 FX 金浆 4L）。这三款产品均为低档酒，价格最高为 A-T03 产品，售价不超过 50 元。A-P08（45 度 FX 仙醇）市场表现最差，日均销售额仅为 1190 元。

在图 4.3 中，B 类促销日均销售额表现最好的 3 款产品依次为 B-T01（52 度 FX 金浆 5L）、B-T03（50 度 FX 金浆 4L）和 B-T05（56 度 FX 金浆 4L），这三款产品均为低档酒和桶酒。表现最差的 3 款产品依次为 B-P11（42 度 FX 王酒）、B-T14（50 度 FX 仙醇 2L）和 B-H13（42 度 FX 仙醇八年陈），这三款产品也均为低档酒。

图 4.4 表明，C 类促销中，盒酒销售业绩较为突出。C 类促销和 A 类促销类似，也出现了 H02（52 度 FX 天酿）的日均销售额远高于其他品种的特点。日均销售额表现最好的 3 款产品依次为 C-H02（52 度 FX 天酿）、C-H28（52 度 FX 天酿窖龄 20 年）和 C-H09（52 度 FX 仙醇珍品），均为盒酒。表现最差的 3 款产品依次为 C-P19（42

度 FX 天酿一杯香）、C-H18（56 度 FX 天酿六年陈）和 C-P11（42 度 FX 王酒），包括两款瓶酒。

由图 4.5 可知，D 类促销中，桶酒销售业绩较为突出。日均销售额表现最好的 3 款产品依次为 D-T05（56 度 FX 金浆 4L）、D-T03（50 度 FX 金浆 4L）和 D-H02（52 度 FX 天酿）。表现最差的 3 款产品依次为 D-P19（42 度 FX 天酿一杯香）、D-H30（52 度 FX 琼浆匠心传奇）和 D-H27（52 度 FX 天酿梦圆）。

根据图 4.6，E 类无促销中，桶酒销售业绩较为突出。日均销售额表现最好的 3 款产品依次为 E-T03（50 度 FX 金浆 4L）、E-H28（52 度 FX 天酿窖龄 20 年）和 E-T05（56 度 FX 金浆 4L），日均销售额最高的 E-T03 达到 604 元。表现最差的 3 款产品依次为 E-T38（52 度 FX 琼浆 5L）、E-P19（42 度 FX 天酿一杯香）和 E-H34（52 度 FX 天酿荣耀礼盒）。

从不同销售手段的整体来看，促销产品和无促销产品的日均销售额分布有着明显的差异：A 类高于 B 类，B 类和 C 类均高于 D 类，D 类优于 E 类。

4.1.2　Hasse 图与促销效能

（1）偏序集评价思想与方法

Hasse 图是偏序集决策分析理论中重要的直观分析技术。李明宇等[218]提出了解决 OWA 赋权困境的偏序 – OWA 算子。应用传统 OWA 算子需要先验权重，但获取权重不仅耗费成本还面临争议，制约着算子的应用。为了解决赋权难题，应用权重空间"代替"传统的权重向量，进而将算子比较扩展为权重空间上的偏序比较。只要明确权重顺序即无须精确取值，便可运行偏序 – OWA 算子，且用 Hasse 图表示评价结果。偏序 – OWA 算子保留了传统算子的性质，且运行成本低。偏序 – OWA 算子解决了时间权重难题，基于 Hasse 图不仅能比较、排序、优选，还能够实施分层聚类，比较结果具有很强的鲁棒性。

通过生活中的一个例子，简要地阐释偏序集决策分析的思想和方法。

假设有 A 和 B 两个篮子，均装有金子和铜两种金属。若知：①A 篮子中金子比 B 中的多；②A 篮子中的金属总量比 B 中的金属总量重。问哪个篮子的市场价值更大（或者更值钱）？

尽管没有明确交代两种金属的市场价格，生活常识告诉我们，单位重量的金子价格明显比铜贵，凭直觉会选择 A。选择的逻辑推理如下：

假设金属可以任意切割，由②可知，可先扔掉 A 中的铜金属，若扔掉部分铜后，两个篮子金属重量相同，由于 A 中金子多，金子价格高，自然 A 篮子价值大；若先扔掉 A 中的铜金属，还得再扔些金子，两个篮子金属重量才能相同，此时 A 中全是金子，自然 A 篮子价值大。

在如上比较基础上，再装回扔掉的金属，显然，还会选择 A。

每个篮子的金属总价值，可用函数来表达。令 x_i，y_i 分别表示金子和铜的重量（$i=1$ 表示 A 篮子，$i=2$ 表示 B 篮子），ω_1，ω_2 分别表示金子和铜的价格。A、B 两个篮子的市场价值为

$$f(A) = \omega_1 x_1 + \omega_2 y_1$$
$$f(B) = \omega_1 x_2 + \omega_2 y_2$$

在已知 $\omega_1 \geqslant \omega_2$ 的条件下，若 $x_1 \geqslant x_2$，$x_1 + y_1 \geqslant x_2 + y_2$，则有 $f(A) \geqslant f(B)$。

上述比较没有明确的数量表征，仅是定性的比较。只要金子价格高于铜，无论价格怎样变动，当 $x_1 \geqslant x_2$，$x_1 + y_1 \geqslant x_2 + y_2$ 时，A 篮子的市场价值一定大于等于 B 篮子。

当两个篮子分别装有多种金属时，该如何比较呢？假设有 n 种金属，金属价格按降序排列，不妨设 $\omega_1 \geqslant \omega_2 \geqslant \cdots \geqslant \omega_n$，采用递归方式便可以比较。岳立柱和李良琼[219]给出了严格的证明，对于 $f(A) = \omega_1 x_1 + \cdots + \omega_n x_n$，$f(B) = \omega_1 y_1 + \cdots + \omega_n y_n$，若满足

$$\begin{cases} x_1 \geqslant y_1; \\ x_1 + x_2 \geqslant y_1 + y_2; \\ \qquad\vdots \\ x_1 + x_2 + \cdots + x_n \geqslant y_1 + y_2 + \cdots + y_n. \end{cases} \tag{4.1}$$

则有，$f(A) \geqslant f(B)$。

对有 m 个方案 n 个指标的评价问题，评价矩阵用 $X = (x_{ij})_{m \times n}$ 表示，参考文献［219］给出一种更为简捷的表达方式

$$D = X \cdot I \tag{4.2}$$

其中，I 为上三角矩阵

$$I = \begin{bmatrix} 1 & 1 & \cdots & 1 \\ 0 & 1 & \cdots & 1 \\ \vdots & \vdots & \ddots & \vdots \\ 0 & 0 & \cdots & 1 \end{bmatrix}$$

在矩阵 D 中，记 $d_i = (d_{i1}, d_{i2}, \cdots, d_{in})$ 表示第 i 行向量，$d_j = (d_{j1}, d_{j2}, \cdots, d_{jn})$ 表示第 j 行向量。对于 $\forall k = 1, 2, \cdots, n$，若 $d_{ik} \geqslant d_{jk}$，则 $d_i \geqslant d_j$。容易证明关系 $\geqslant$ 是矩阵 D 行向量之间的偏序关系。

进而，定义 D 行向量之间的比较关系矩阵

$$R = (r_{ij})_{m \times m}(i, j = 1, 2, \cdots, m)$$

其中，若 $d_i \geqslant d_j$，则 $r_{ij} = 1$；若 $d_i < d_j$ 或者 d_i 与 d_j 不可比，记 $r_{ij} = 0$。显然，矩阵 R 是一个有向可达矩阵。

建立 Hasse 矩阵，范懿[220]给出了比较关系矩阵和 Hasse 矩阵之间的转换公式：

$$H_R = (R - I) - (R - I) * (R - I) \tag{4.3}$$

其中，R 为比较关系矩阵，H_R 为 Hasse 矩阵，I 为单位矩阵，$*$ 为布尔运算。

进而绘制 Hasse 图，直观地表达各方案之间偏序关系的分层结构。在此基础上，按秩均值 $hav(x)$ 的计算方法对方案进行近似的线

性拓展排名。应用中，按下列步骤完成计算和评价[215]：

①获取权重排序，依权重从大到小顺序从左到右排列评价数据；

②建立"方案×指标"的 $m \times n$ 型原始评价矩阵 X；

③对 X 逐行求累积和，转化为行偏序结构的矩阵 D，并转化为比较关系矩阵 R；

④求 R 的 Hasse 矩阵，绘制 Hasse 图；

⑤基于 Hasse 矩阵计算方案 x 的秩均值 hav(x)，对方案进行线性排序；

⑥根据 Hasse 图、秩均值 hav(x) 和线性排序，进行结构性解读。

（2）不同销售手段白酒产品 Hasse 图分层

基于上述基础知识，为更深层次地分析白酒产品各销售手段的业绩差异，以产品种类和销售手段的 123 种组合为研究对象（采用 x - y 的编码形式，如 B - T01，其中 B 表示 B 类促销类型，T01 表示白酒产品代码），以各门店 2016 ~ 2017 年销售额排序作为权重排序，对各销售手段的白酒产品在 23 家门店的销售额进行两两比较，建立比较关系矩阵，再通过公式（4.3）得到 Hasse 矩阵，由 Hasse 矩阵绘制不同销售手段的白酒产品销售额 Hasse 图，如图 4.7 所示。

图 4.7

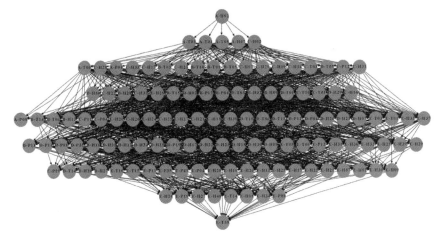

图 4.7　不同销售手段的白酒产品销售额 Hasse 图

由图 4.7 可知，123 个评价方案（包括 82 个 "A、B、C、D 类促销 + 产品" 组合和 41 个 "E 类无促销 + 产品" 组合）按销售额高低分为 9 个层级，表明 FX 白酒产品的销售业绩因销售手段不同而有所变化：

第一层集：A-H02。

第二层集：A-T03，A-T01，A-T05，A-H07，C-H02。

第三层集：A-T06，C-H28，A-P04，C-H33，C-H17，B-T03，C-H23，B-T10，B-T01，B-T05，C-H07，C-H29，C-H09，C-H34，C-T03，D-T05，C-P12，C-H31。

第四层集：D-H36，C-H22，D-H28，C-H32，E-H28，B-T15，D-H02，B-P12，B-P04，D-T03，B-H02，B-H09，D-T01，C-T10，C-T01，D-H29，C-H16。

第五层集：A-P08，B-T14，B-T06，B-H13，C-P11，C-P04，C-H20，C-H26，C-H24，C-H25，C-H27，C-H21，C-H18，C-H30，D-T10，D-T06，D-T15，D-P12，D-P04，D-H26，D-H21，D-H07，E-T03，E-T01，E-H33，E-H37。

第六层集：B-P11，D-P11，D-P08，D-P35，D-H16，D-H31，D-H13，D-H24，D-H25，D-P19，D-H17，D-H22，D-H23，D-H18，D-H30，D-H09，E-T05，E-T06，E-P12，E-H31，E-H36，E-H32，E-H23，E-H39，E-H29。

第七层集：C-P19，D-T14，D-H20，D-H27，E-T10，E-T15，E-P11，E-P35，E-P41，E-P04，E-H20，E-H16，E-H26，E-H13，E-H25，E-H17，E-H22，E-H21，E-H07，E-H02，E-H30，E-H09。

第八层集：E-H24，E-P19，E-H27，E-H40，E-T14，E-H18，E-H34，E-P08。

第九层集：E-T38。

在图 4.7 中，第一层集为 A 类促销的 H02（52 度 FX 天酿），其销售额最高，处于 Hasse 图最高层集，促销效果最好；第二层集为

A－T03、A－T01、A－T05、A－H07 和 C－H02，其促销效果仅次于第一层集；依此类推，第九层集为 E－T38（52 度 FX 琼浆 5L），其销售额最低，该层集促销效果最差。结合销售记录可知，H02 在 FX01 店、JZ01 店、LY01 店、HLD01 店等 13 家门店均保持着数千件的销售量。由于 FX 白酒产在阜新，大本营市场成熟度较高，老客户众多，H02 在 FX01 店的销售额位列 23 家门店之首，堪称第一爆款产品。由 H02 白酒产品在各门店销售额的变化可以看出当地的市场成熟度和销售特征，即 H02 促销效果越好，该店所在地市场开发越早，市场成熟度越高；反之亦然。该现象与促销依赖理论预期完全一致。另外，由 H02 在各门店的促销效果，可以推理出 FX 酒业在传统渠道的市场扩张路径，即 FX 白酒市场开发从阜新开始，然后向锦州、盘锦、朝阳、葫芦岛等辽西市场挺进，再转向沈阳和大连市场扩张。

（3）促销效能的内涵

在图 4.7 不同销售手段的白酒产品销售额 Hasse 图基础上计算各方案的秩均值（高度），以销售手段为分类坐标，依秩均值绘制产品的类分布图，如图 4.8 所示。

图 4.8

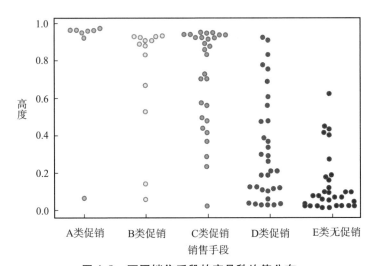

图 4.8 不同销售手段的产品秩均值分布

图 4.8 直观展示了促销状态的销售效果明显高于无促销状态，且 A 类促销的效果明显优于其他三类促销，B 类促销次之但与 C 类促销比较类似，均优于 D 类促销。A 类促销状态下，参与促销的产品种类仅有一种产品促销效果过低，其他产品表现相当，效果较高。反之，E 类无促销状态下，绝大多数产品的销售额很低。需要强调的是，D 类促销状态下的产品种类表现差异较大，促销效果偏低的产品种类偏多。因此，极限让利促销、特别促销、传统节日促销为大型商超白酒销售业绩的关键影响因素。为深入分析不同的影响因素的作用，引进促销效能的概念[215]。促销效能由促销贡献和促销效率两个指标来数量化定义：

促销贡献 = 促销日均销售额 − 无促销日均销售额

促销效率 = 促销日均销售额/无促销日均销售额

促销效能可以体现销售手段的正确性与效果的有利性。对促销效能按产品和门店两个维度展开分析，本节主要分析产品维度的促销效能。根据促销贡献和促销效率的指标定义，以 82 个 "A、B、C、D 类促销 + 产品" 组合为评价方案，以 23 家门店为观测指标，指标权重顺序与各门店销售额排序一致，应用偏序集决策方法得到各方案的秩均值，从而重构四类促销类型的促销贡献值和促销效率值矩阵（见附录 5 附表 5）。数据结构见表 4.3。

表 4.3 促销效能分析基础指标（部分）

样本	促销天数与效能			产品类指标			
	天数	贡献值	效率值	包装	酿造方法	酒精度	价格
A – H07	17	0.3333	0.8571	单盒	固态法	高度酒	低档
A – T03	15	0.9615	0.8889	桶	固态法	高度酒	低档
……	……	……	……	……	……	……	……
B – H02	15	0.6667	0.7778	单盒	固态法	高度酒	低档
……	……	……	……	……	……	……	……

续表

样本	促销天数与效能			产品类指标			
	天数	贡献值	效率值	包装	酿造方法	酒精度	价格
C - T10	15	0.1	0.1111	桶	固态法	高度酒	低档
……	……	……	……	……	……	……	……
D - H23	75	0.0455	0.0714	单盒	固态法	高度酒	中档

产品促销贡献和产品促销效率两个指标能够反映出产品促销效能，将这两个指标分别与促销时间进行斯皮尔曼相关分析，分析数据见表4.4。

表4.4　　　　促销天数、贡献、效率之间的相关系数检验

	促销天数	促销贡献	促销效率
促销天数	1.000	− 0.158	− 0.126
促销贡献		1.000	0.837 **
促销效率			1.000

注："**"和"*"分别代表在0.05显著性水平上，相关系数"高度统计显著"和"统计显著"。

表4.4表明，促销时间和促销贡献、促销效率的斯皮尔曼相关系数没有统计显著性，促销时间或者说促销持续时间对未来消费者购买决策的影响是复杂的，可能与当地的市场成熟度、消费环境、商超物理环境、顾客属性、文化习俗、购买能力等因素有关。另外，产品促销贡献和促销效率之间是高度统计显著的，意味着产品类因素对促销贡献和促销效率的影响是交互关联的。由产品促销贡献和促销效率数据绘制散点图，如图4.9所示。

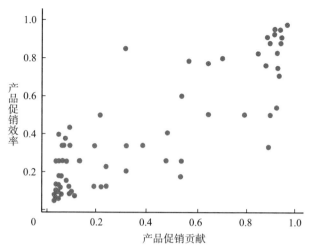

图 4.9 产品促销贡献与效率散点图

在图 4.9 中，两个变量虽然有正相关关系，但数据分布并不均匀，呈现两端密集中间稀疏的特点，表明促销效能在高、低两端促销贡献与效率并不完全一致，即在两端促销效率的变化远大于促销贡献。

4.1.3 促销贡献的统计推断

（1）包装视角下产品促销贡献的分析

鉴于盒酒在产品类指标以及销售实际中的主导地位，以及不同类别的盒酒在销售中表现各异，在分析中又把盒酒细分为单盒酒、双盒酒和坛酒。以包装（桶酒、瓶酒、盒酒等）为 x 轴变量，以 82 个观测样本的产品促销贡献值为 y 轴变量，得到蜂窝图，如图 4.10 所示。

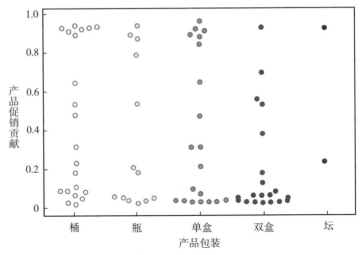

图 4.10

图 4.10　不同包装的产品促销贡献

图 4.10 清晰展示出不同包装白酒具有代表性的高贡献样本值，具体如下：

桶酒促销贡献值最高且比较接近的共有 7 个样本，由高到低依次为 A-T05（56 度 FX 金浆 4L）、A-T03（50 度 FX 金浆 4L）、B-T01（52 度 FX 金浆 5L）、B-T03（50 度 FX 金浆 4L）、C-T03（50 度 FX 金浆 4L）、B-T15（50 度 FX 金浆 4.5L）、D-T05（56 度 FX 金浆 4L）。7 个样本共涉及 4 款白酒，其中，T03 在 A 类、B 类和 C 类促销中均表现优异。

瓶酒促销贡献值最高且比较接近的共有 4 个样本，由高到低依次为 A-P04（52 度 FX 琼浆御品）、B-P04（52 度 FX 琼浆御品）、C-P12（52 度 FX 琼浆 500ml）、C-P04（52 度 FX 琼浆御品）。4 个样本共涉及 2 款白酒，其中，P04 在 A 类、B 类和 C 类促销中均表现优异。

单盒酒促销贡献值最高且比较接近的共有 6 个样本，由高到低依次为 A-H02（52 度 FX 天酿）、C-H28（52 度 FX 天酿窖龄 20 年）、C-H02（52 度 FX 天酿）、C-H34（52 度 FX 天酿荣耀礼盒）、C-H07（52 度 FX 仙醇藏品）、C-H23（52 度 FX 红山韵）。6 个样本共涉及 5

款白酒，其中，H02 在 A 类和 C 类促销中均表现优异。

双盒酒促销贡献值最高的共有 2 个样本，由高到低依次为 C-H09（52 度 FX 仙醇珍品）、C-H22（52 度 FX 天酿八年）。其中，H09 为中档酒，该酒在 C 类促销中销售业绩最好。

坛酒促销贡献值共有 2 个样本，由高到低依次为 C-H29 和 D-H29，仅涉及 H29（52 度 FX 天酿 1.5L）一款白酒，价格为 258 元，属于高档酒，该酒在 C 类促销中比较火爆。

为了检验不同包装的白酒产品促销贡献是否相同，进行了克鲁斯卡尔 – 沃利斯检验，结果见表 4.5。

表 4.5　　　　　　　包装对促销贡献影响的显著性检验

产品包装	个案数	秩均值	卡方	显著性概率
桶酒	21	51.33		
瓶酒	13	42.65		
单盒酒	22	41.00	9.870	0.043
双盒酒	24	30.98		
坛酒	2	62.50		

由表 4.5 可知，在 0.05 的显著性水平上，包装的显著性概率为 0.043，表明包装对产品促销贡献是有统计显著性的，即包装因素影响消费者的购买意愿。其中，秩均值高的促销贡献更高，如坛酒和桶酒；反之，秩均值低的促销贡献一般，如双盒酒和瓶酒。综合分析，盒酒（坛酒、单盒酒、双盒酒）、桶酒为大型商超白酒销售业绩的关键影响因素。

（2）酿造方法视角下产品促销贡献的分析

以酿造方法（固态法、固液法）为 x 轴变量，以 82 个观测样本的产品促销贡献值为 y 轴变量，得到蜂窝图，如图 4.11 所示。

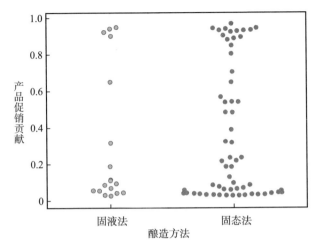

图 4.11 不同酿造方法的产品促销贡献

图 4.11 清晰展示出不同酿造方法具有代表性的高贡献样本值，具体如下：

固液法促销贡献值最高且比较接近的共有 4 个样本，由高到低依次为 A-T05（56 度 FX 金浆 4L）、B-T01（52 度 FX 金浆 5L）、B-T15（50 度 FX 金浆 4.5L）、D-T05（56 度 FX 金浆 4L）。在固液法的 7 款 FX 白酒中，4 个样本共涉及 3 款白酒，其中，T05 在 A 类、D 类促销中均表现优异。值得注意的是，固液法白酒均为桶酒，这些销售业绩表现优异的桶装白酒与其他桶酒相比，属于该类酒中的低档白酒。

固态法促销贡献值高且比较接近的共有 14 个样本，由高到低依次为 A-H02（52 度 FX 天酿）、A-P04（52 度 FX 琼浆御品）等（见附录 5 附表 6）。在 14 个样本中共涉及 10 款白酒，其中，T03（50 度 FX 金浆 4L）在 A 类、B 类和 C 类促销中均表现优异；P04 在 A 类、B 类促销中均表现优异；H02 在 A 类和 C 类促销中均表现优异。

关于不同酿造方法对产品促销贡献是否相同的克鲁斯卡尔－沃利斯检验，曼－惠特尼 U 值为 546.50，检验的显著性概率 0.945 > 0.05，表明不同酿造方法对产品促销贡献没有统计显著性。结合销售实际，可认为这个结论应该同价格、包装等因素有关，下一章的多因素耦合分析给出了更为深刻的认知。

（3）酒精度视角下产品促销贡献的分析

以酒精度（高度酒、中度酒）为 x 轴变量，以 82 个观测样本的产品促销贡献值为 y 轴变量，得到蜂窝图，如图 4.12 所示。

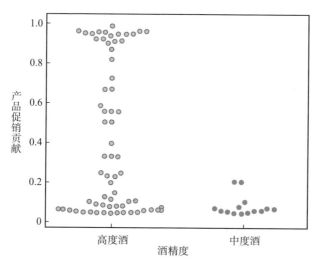

图 4.12　不同酒精度的产品促销贡献

在图 4.12 中，高度酒的促销贡献明显优于中度酒的促销贡献，高度酒中具有代表性的高贡献样本值共有 17 个（见附录 5 附表 7）。17 个样本共涉及 11 款白酒，其中，T03（50 度 FX 金浆 4L）在 A 类、B 类和 C 类促销中均表现优异；P04（52 度 FX 琼浆御品）在 A 类、B 类促销中均表现优异；H02（52 度 FX 天酿）在 A 类、C 类促销中均表现优异；T05（56 度 FX 金浆 4L）在 A 类、D 类促销中均表现优异。

为了检验不同酒精度的白酒产品促销贡献是否相同，应用克鲁斯卡尔－沃利斯检验，计算结果见表 4.6。

表 4.6   酒精度对促销贡献影响的显著性检验

酒精度	个案数	秩均值	卡方	显著性概率
中度酒	14	23.61	9.540	0.002
高度酒	68	45.18		

由表 4.6 可知，在 0.05 的显著性水平上，酒精度的显著性概率为 0.002，表明酒精度对产品促销贡献是有高度统计显著性的。其中，高度酒的促销贡献高于中度酒的促销贡献，即高度酒比中度酒更契合顾客需求。因此，高度酒为大型商超白酒销售业绩的关键影响因素。

FX 酒业应强化中度酒的产品结构升级，但在中度酒新品上市之前，促销活动中须降低中度酒的使用频率。

（4）价格视角下产品促销贡献的分析

以价格（高档、中档、低档）为 x 轴变量，以 82 个观测样本的产品促销贡献值为 y 轴变量，得到蜂窝图，如图 4.13 所示。

图 4.13

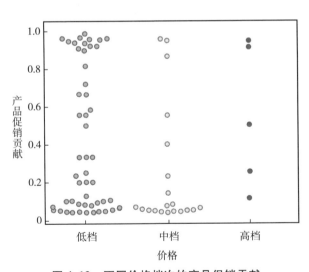

图 4.13   不同价格档次的产品促销贡献

图 4.13 清晰展示出不同价格档次具有代表性的高贡献样本值。

低档促销贡献值最高且较接近的共有 13 个样本（见附录 5 附表 8），涉及 9 款白酒。其中，T03（50 度 FX 金浆 4L）在 A 类、B 类和 C 类促销中均表现优异；P04（52 度 FX 琼浆御品）在 A 类、B 类促销中均表现优异；H02（52 度 FX 天酿）在 A 类和 C 类促销中均表现优异。

中档促销贡献值最高且比较接近的共有 3 个样本，由高到低依次为 C-H09（52 度 FX 仙醇珍品）、C-H28（52 度 FX 天酿窖龄 20 年）、C-H23（52 度 FX 红山韵）。该三款酒均为盒酒和固态法酒。

高档促销贡献值最高且比较接近的共有 2 个样本，由高到低依次为 C-H29（52 度 FX 天酿 1.5L）、C-H34（52 度 FX 天酿荣耀礼盒），均为盒酒。

为了检验不同价格的白酒产品促销贡献是否相同，进行了克鲁斯卡尔 - 沃利斯检验，结果见表 4.7。

表 4.7　　　　　　　　价格对促销贡献影响的显著性检验

价格	个案数	秩均值	卡方	显著性概率
低档	57	43.04		
中档	20	33.00	5.164	0.076
高档	5	57.90		

表 4.7 表明，在 0.10 的显著性水平上，价格档次对产品促销贡献有弱的统计显著性，这个统计结论符合销售实际。秩均值高，促销贡献高；秩均值低，促销贡献低，因此，低档和高档为大型商超白酒销售业绩的关键影响因素。对 FX 酒业经营管理的启示是：应对中档酒产品结构进行升级，但在新品中档酒上市之前，应合理减少中档酒的促销品种。

4.1.4　促销效率的统计推断

产品促销效率反映了产品的市场倍增能力，一定程度上能够探测市场容量。以产品类指标包装、酿造方法、酒精度、价格为分类变量，总促销效率为目标变量，实施克鲁斯卡尔－沃利斯检验，结果见表4.8。

表4.8　　　　　　产品类指标对促销效率影响的显著性检验

指标类	指标	个案数	秩均值	卡方	显著性概率
包装	桶	21	45.43	3.108	0.540
	瓶	13	38.69		
	单盒	22	45.84		
	双盒	24	35.38		
	坛	2	44.25		
酿造方法	固液法	17	37.62	0.572	0.450
	固态法	65	42.52		
酒精度	中度酒	14	27.54	5.824	0.016
	高度酒	68	44.38		
价格	低档	57	43.71	1.662	0.436
	中档	20	35.95		
	高档	5	38.50		

在表4.8中，在0.05的显著性水平上，仅酒精度有统计显著性；从秩均值来看，消费者更青睐高度酒，促销效率明显高于中度酒。很显然，各个指标对促销贡献和促销效率的影响是不同的，对产品促销贡献有统计显著影响的包装、价格，对产品促销效率却不存在同样的影响。而酒精度对于产品促销贡献和促销效率均有显著的影响，这表明消费者对白酒品质的认知等同于酒精度，这一点值得白酒企业在产

品管理中思考。

为了深入直观地了解不同酒精度在产品促销效率上的差异，绘制以酒精度为 x 轴，以产品促销效率为 y 轴的蜂窝图（降低级数差距过大问题，变量取对数化处理），如图 4.14 所示。

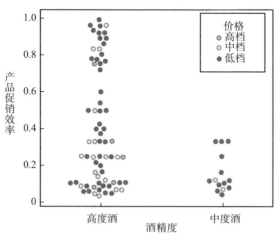

图 4.14

图 4.14　不同酒精度的产品促销效率

图 4.14 直观地表明，中度酒最佳的促销效率也不及高度酒的中位数，高度酒中展示出高度值大于等于 0.75 的样本共有 18 个（见附录 5 附表 9），再次表明高度酒为大型商超白酒销售业绩的关键影响因素。为提升产品促销效率，须有针对性地侧重于高度酒的促销活动。

4.2　环境因素与团队因素的促销效能分析

4.2.1　影响因素及描述性分析

大型商超的门店是白酒销售业绩影响因素的载体，环境因素和团队因素因各门店顾客群的不同导致其影响各不相同，因此本节对环境因素和团队因素促销效能的分析以门店为单位进行表征，并基于影响因素理论模型和指标体系，进一步地识别大型商超白酒销售业绩的关键影响因素。

（1）环境因素和团队因素

消费环境。从商超消费环境看，对位置固定的大型商超门店，影响白酒销售业绩的因素包括客流量、客单价、区域文化偏好等，这些因素往往被视为销售系统的外部环境[221]。值得一提的是，大润发连锁超市在各城市的门店选址，均把核心消费环境作为首要条件把关。其中，客单价本身体现了客流量中的成交顾客数，且基于德威克拉等[36]关于大型商超销售额未必受购物者数量影响，而是受购物者行为（客单价）影响的研究结论，图3.1中的消费环境构建了客单价1个三级指标，省略了客流量指标。

有形展示。从商超物理环境看，除建筑设施外，有形展示对于顾客购买决策有着显著的刺激作用，即白酒产品的特殊陈列和排面陈列可对顾客感知、体验和购物冲动产生重要影响，而且陈列方式与位置对于促销效能的影响极为明显[222]。鉴于建筑设施在大型商超各门店具有一致性，图3.1中仅构建了有形展示的排面陈列和特殊陈列2个三级指标。

个体素质。个体素质可对促销的质量和水平产生明显的影响[223]。因此，图3.1中的个体素质构建了资质能力、敬业精神、卖点认知3个三级指标。

团队培育。在大型商超白酒销售过程中，团队管理起着关键性作用。帕克等（Park et al.，2017）[224]在研究凝聚力对团队效能与销售业绩曲线关系的影响时提出了团队效能感的概念，即团队成员对团队成功完成特定工作目标所拥有的共同能力的信念。领导者可以基于融合团队文化的管理范式，通过激励措施和培训手段来提高团队成员的团队效能感。因此，图3.1中的团队培育构建了领导激励、管理范式、继续教育和自学习模式4个三级指标。

通过以上10个指标来分析大润发连锁超市23家门店促销贡献和促销效率有着怎样的差异，并且探寻差异的原因，进而识别影响销售业绩的关键因素。

（2）描述性分析

首先，基于销售数据，对23家门店FX白酒销售情况进行描述性分析。以各门店为单位，以2017年度销售额为纵轴变量，按照销售额递减的顺序绘制柱状图，如图4.15所示。

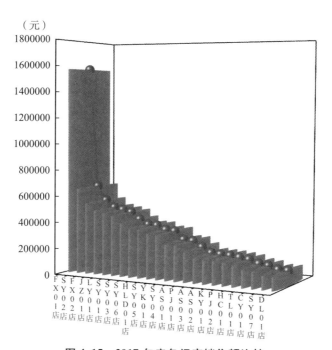

图4.15　2017年度各门店销售额比较

在图4.15中，年度销售额最高的门店为FX01店，其次为SY02店和FX02店。年度销售额最低的门店依次为DL01店、SY07店和CY01店。FX01店2017年FX白酒销售额最高，占23家门店FX白酒总销售额的19.29%；DL01店FX白酒销售额最低，仅占23家门店 FX 白酒总销售额的 1.25%。FX01 店 FX 白酒销售额是 SY07 店的 15.37 倍，FX01 店、SY02 店和 FX02 店 3 家门店 FX 白酒销售额之和占 23 家门店 FX 白酒总销售额的 33.95%。

上述各门店 FX 白酒的年度销售额，大多数是在促销状态下获得的。用促销状态下获得的销售额除以门店的整体销售额，得到各门店 FX 白酒的年度促销占比，如图 4.16 所示。

图 4.16

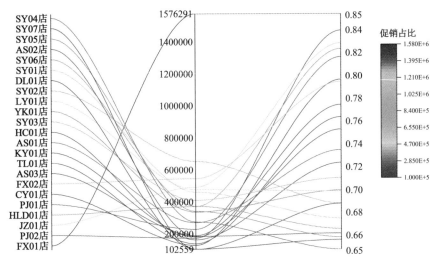

图 4.16　2017 年度各门店销售额与促销占比

在图 4.16 中，FX01 店 FX 白酒促销占比最高为 85.3%，SY04 店促销占比最低为 65.7%，各门店促销占比平均值为 73.58%，表明大型商超白酒销售强烈依赖于促销手段，可谓无促销不销售。但门店促销占比排序与销售额排序并非完全一致，二者相关系数为 0.418（显著相关）。一定程度上表明，大润发连锁超市各门店的 FX 白酒年度销售额不仅与促销类型有关，还与门店的客单价水平、陈列状态、团队表现、市场竞争程度等因素有关。

然后，描述性分析不同销售手段对 2016～2017 年各门店销售额的影响。以 23 家门店为分类变量，以各销售手段的销售额为因变量，绘制蜂窝图 4.17。

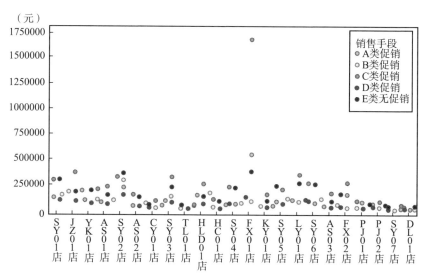

图 4.17

图 4.17　2016～2017 年各门店不同销售手段销售额

在图 4.17 中，从整体上看，各门店 C 类促销 FX 白酒的销售额为五种销售手段之首；大部分门店的 D 类促销的销售额位于 5 种销售手段的底部。其中，FX01 店 C 类促销的销售额遥遥领先于其他门店的各销售手段，且 FX01 店 A 类促销的销售额位居 23 家门店的第二名。

由于不同的销售手段持续的时间不同，因此单纯比较销售额不能真实体现不同促销类型的促销效果。根据 FX 白酒两年的销售数据，整理出各 41 款产品在 23 家门店 5 种销售手段的销售额和销售时间，用销售额除以销售时间得到各产品在各门店各销售手段的日均销售额，即各门店不同销售手段的 2016～2017 年 FX 白酒日均销售额，如图 4.18 所示。

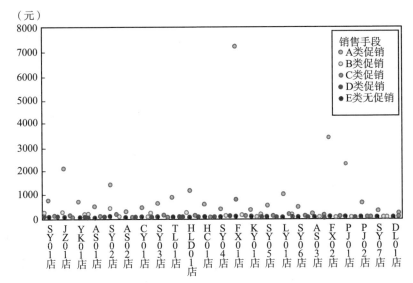

（元）

图 4.18

图 4.18　2016～2017 年各门店不同销售手段日均销售额

图 4.18 显示，各门店整体上 A 类促销日均销售额最高，其次为 B 类促销和 C 类促销。其中，FX01 店、FX02 店、PJ01 店分别为 A 类促销日均销售额的第一、第二和第三名。

4.2.2　门店的 Hasse 图分层

环境和团队因素对于促销效能的影响以门店为单位进行表征，由促销日均销售额和非促销日均销售额，计算得到各门店的促销贡献和促销效率。例如，SY01 店对应 T03 产品在 A 类促销中的促销贡献和促销效率分别为 1054.27 和 24.61，运算结果见表 4.9。

表 4.9　　　　　　　门店各款白酒日均促销指标集（片段）

门店名称	T03 产品				T01 产品			
	A 促销	E 无促销	促销贡献	促销效率	A 促销	E 无促销	促销贡献	促销效率
SY01 店	1098.92	44.65	1054.27	24.61	412.85	28.11	384.74	14.69
JZ01 店	1321.36	48.84	1272.52	27.05	1750.13	18.61	1731.51	94.04

门店名称	T03 产品				T01 产品			
	A 促销	E 无促销	促销贡献	促销效率	A 促销	E 无促销	促销贡献	促销效率
YK01 店	876.48	46.44	830.04	18.87	879.55	44.61	834.94	19.72
AS01 店	637.44	35.42	602.02	18.00	430.80	33.29	397.51	12.94
SY02 店	2241.00	115.90	2125.10	19.34	628.25	40.00	588.25	15.70
AS02 店	376.82	20.85	355.97	18.07	107.70	30.99	76.71	3.48
CY01 店	122.84	2.40	120.44	51.25	44.88	2.88	42.00	15.59
SY03 店	645.74	41.05	604.69	15.73	296.18	40.29	255.88	7.35

为了深入识别各门店不同促销类型的表现情况和差异原因，以促销贡献和促销效率分析基础指标为基础（见附录 5 附表 5），以 23 家门店为分析单元，分析各门店 2016 ~ 2017 年 A、B、C 和 D 四种促销类型的促销贡献和促销效率。

（1）不同促销类型的门店 Hasse 图分层

以 A 类促销为例，A 类促销共对应 8 种白酒产品，应用偏序集评价方法进行深入分析。

以 23 家门店为方案集，以 8 种白酒的促销贡献和促销效率分别为指标集。由于白酒促销时间越长，白酒销售效果越明显，因此以白酒促销时间为指标的重要性标志，促销时间越长则权重越大，当促销天数相同时，销售额越大的产品对应的权重越大。提取权重顺序为 $\omega_1 \geqslant \omega_2 \geqslant \omega_3 \geqslant \omega_4 \geqslant \omega_5 \geqslant \omega_6 \geqslant \omega_7 \geqslant \omega_8$，见表 4.10。

表 4.10   A 类促销 8 种产品促销天数及权重表示

产品	T05	P04	H07	T03	T06	P08	H02	T01
促销天数	49	29	17	15	15	15	8	4
权重表示	ω_1	ω_2	ω_3	ω_4	ω_5	ω_6	ω_7	ω_8

应用偏序集评价方法得到 A 类促销条件下 2016～2017 年各门店促销贡献和促销效率的 Hasse 图，如图 4.19、图 4.20 所示。

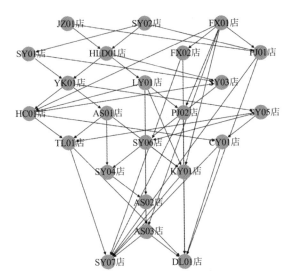

图 4.19　A 类促销各门店促销贡献 Hasse 图

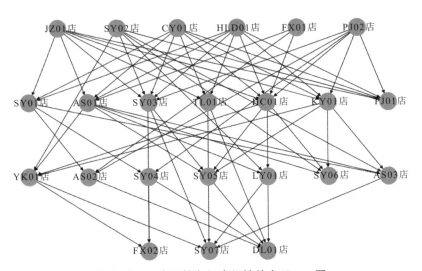

图 4.20　A 类促销各门店促销效率 Hasse 图

由图 4.19 可知，A 类促销条件下 23 家门店按促销贡献高低可以分为 9 个层集，表明 FX 白酒消费群体的规模因门店不同而有所变化。第一层集为 FX01 店、SY02 店、JZ01 店，其促销贡献最高；第二层集为 SY01 店、HLD01 店、FX02 店、PJ01 店，其促销贡献仅次于第一层集。依此类推，第七层集为 AS02 店；第八层集为 AS03 店；第九层集为 SY07 店和 DL01 店，该层集促销贡献最低。

门店促销贡献为特殊的指标，在 A 类促销条件下能够充分反映消费群体的规模，即反映该白酒的市场占有率。在图 4.19 中，AS02 店和 AS03 店坐落于鞍山市，FX 白酒的市场占有率一直偏低，可能与东北老工业基地的环境因素有关；而 SY07 店和 DL01 店地处沈阳和大连，FX 白酒市场占有率表现最差的原因是复杂的，可能与以门店为载体的环境因素和团队因素有关。

由图 4.20 可知，A 类促销条件下 23 家门店按促销效率高低可以分为 4 个层集。第一层集为 FX01 店、SY02 店、JZ01 店、CY01 店、HLD01 店、PJ02 店，其促销效率最高；第二层集为 SY01 店、AS01 店、SY03 店、TL01 店、HC01 店、KY01 店、PJ01 店，其效率值仅次于第一层集；依此类推，第四层集为 SY07 店、DL01 店、FX02 店，该层集促销效率最低。

门店促销效率为特殊的指标，在 A 类促销条件下能充分反映该白酒的品牌竞争力。因为 A 类促销集中于三大节，特别是春节和元旦，馈赠和宴请成了主要的酒用动因。很多不了解白酒或者不喜欢白酒的消费者因为馈赠和宴请而购买了 FX 白酒，理由是对该白酒品牌更加熟知或认为该品牌白酒更契合表誉需求和交际需求。

类似地得到 23 家门店 B 类、C 类和 D 类促销的促销贡献和促销效率 Hasse 图，并根据 Hasse 图得到各门店不同促销类型的促销贡献秩均值和促销效率秩均值。

基于各门店促销贡献数据，促销类型之间的斯皮尔曼相关系数见表 4.11。

表 4. 11　　　　门店促销贡献的促销类型之间的相关系数检验

	A 类促销	B 类促销	C 类促销	D 类促销
A 类促销	1.000	0.806 **	0.824 **	0.680 **
B 类促销		1.000	0.706 **	0.773 **
C 类促销			1.000	0.698 **
D 类促销				1.000

基于各门店促销效率数据，促销类型之间的斯皮尔曼相关系数见表 4. 12。

表 4. 12　　　　门店促销效率的促销类型之间的相关系数检验

	A 类促销	B 类促销	C 类促销	D 类促销
A 类促销	1.000	0.604 **	0.616 **	0.167
B 类促销		1.000	0.230	0.403
C 类促销			1.000	0.001
D 类促销				1.000

由表 4.11 可知，从促销贡献视角，4 个促销类型之间具有高度显著的统计关联性。而表 4.12 显示，从促销效率视角，A 类促销同 D 类促销之间无统计关联性，同 B 类和 C 类促销有显著的统计关联性；B 类、C 类、D 类之间无统计关联性。换句话说，A 类促销在大型商超白酒销售过程中，对销售业绩有主要影响。

从门店的整体情况来看，对 23 家门店的促销持续时间与促销贡献的斯皮尔曼相关系数分析发现，HC01 店（0.221*）、SY07 店（0.328*）和 DL01 店（0.241*）3 家门店的促销持续时间与促销贡献均正相关；SY05 店（-0.232*）、SY02 店（-0.232*）、SY04 店（-0.235*）和 HLD01 店（-0.233*）4 家门店的促销持续时间与促销贡献均负相关；其他剩余 16 家门店的促销持续时间与促销贡献均无显著相关。由此可见，促销持续时间与促销贡献正相关的门店正是促销贡献较差、市场成熟度较低的 3 家门店；而促销持续时间与促销贡献负相关的门店，正是促销贡献居于领先、市场成熟度较高的门店。结合表 4.4 的分析，说明大型商超白酒促销动态效应的方向具有不明确性，开展促销活动应该是一店一策的。

（2）基于 Hasse 图的门店促销贡献等级评价

由于四类促销均具有很大的市场份额，需要了解各门店在 A 类、B 类、C 类和 D 类整体上的促销贡献，为此以 A 类、B 类、C 类和 D 类促销的促销贡献为指标集，以 23 家门店为方案集，应用偏序集评价方法得到 2016～2017 年各门店整体的促销贡献 Hasse 图，如图 4.21 所示。

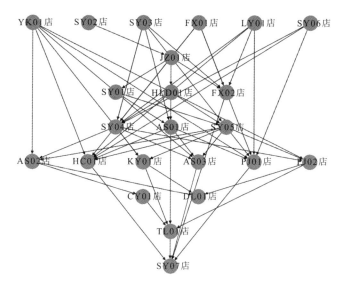

图 4.21　各门店促销贡献 Hasse 图

图 4.21 体现了各门店在促销贡献上的等级差异。各门店促销贡献 Hasse 图的结构将 23 家门店划分为 8 个层集，处于顶端（第一层集）的门店促销贡献最高，处于底端（第八层集）的门店促销贡献最低。

第一层集包括 YK01 店、SY02 店、SY03 店、FX01 店、LY01 店和 SY06 店。其中，SY02 店和 SY03 店促销贡献优于 FX01 店。但在大本营市场的 FX01 店全年销售额仍是辽宁区第一名。由于阜新市的市场容量较小，门店销售优势主要集中在春节旺季，促销贡献不及 SY02 店和 SY03 店。

第二层集为 JZ01 店，该店是大润发在东北地区第 4 家、辽宁区第 2 家门店，由于与阜新大本营市场接近，市场成熟度高、客单价大，门店促销贡献在辽宁区稳居第二层集；第三层集包括 SY01 店、HLD01 店和 FX02 店，FX02 店虽然开业较晚，但是有大本营市场的地利优势，促销贡献后来居上；第四层集包括 SY04 店、AS01 店和 SY05 店，AS01 店由于鞍山市经济原因，促销贡献低于 SY05 店和 SY04 店；第五层集包括 AS02 店、HC01 店、KY01 店、AS03 店、PJ01 店和 PJ02 店，此层集门店促销贡献较差，可能与所在城市消费环境、团队表现、FX 品牌影响力、市场成熟度有关；第六层集包括 CY01 店和 DL01 店；第七层集为 TL01 店；第八层集为 SY07 店。

根据李明宇等[225]的研究方法，按照图 4.21 计算各门店促销贡献秩均值，对该 Hasse 图各层集元素进行排序，绘制各门店整体的促销贡献条形图（降低级数差距过大问题，变量取对数化处理），如图 4.22 所示。

在图 4.22 中，促销贡献最好的 3 家门店为 SY02 店、SY03 店和 FX01 店；促销贡献最差的 3 家门店为 SY07 店、TL01 店和 DL01 店。为保证样本平衡，深入研究差异原因，以利于进一步的多因素耦合分析，以 0.5 为秩均值临界点，将 23 家门店划分为促销贡献好和促销贡献差两类。由图 4.21 和图 4.22 可知，第四层集 SY05 店和 SY04 店秩均值均高于 0.5，为促销贡献好门店；而 AS01 店秩均值低于 0.5，为促销贡献差门店。AS01 店以下的第五层集到第八层集的门店秩均值均低于 0.5，属于促销贡献差门店（促销贡献的门店分类结果参见表 5.1）。

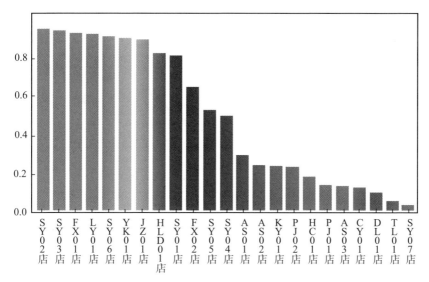

图4.22　各门店促销贡献排序

4.2.3　促销贡献的统计推断

以0.5为秩均值临界点，23家门店促销贡献分类为好（12家门店）和差（11家门店）两个类别，以贡献好、差为二元分类变量，采用克鲁斯卡尔－沃利斯检验方法，对环境因素的客单价、排面陈列、特殊陈列指标，团队因素的资质能力、敬业精神、卖点认知、管理范式、继续教育、领导激励和自学习模式指标的影响进行显著性检验，计算结果见表4.13。

表4.13　　门店的环境、团队类指标对促销贡献影响的显著性检验

指标类	秩均值（差个案/好个案）	卡方	显著性概率
客单价	7.54/16.86	10.874	0.001
排面陈列	11.82/12.17	0.017	0.898
特殊陈列	10.96/13.14	0.61	0.435

指标类	秩均值（差个案/好个案）	卡方	显著性概率
资质能力	8.17/16.18	8.26	0.004
敬业精神	7.71/16.68	10.126	0.001
卖点认知	6.92/17.55	14.328	0
管理范式	8/16.36	11.019	0.001
继续教育	9.25/15	6.969	0.008
领导激励	8/16.36	11.019	0.001
自学习模式	9.71/14.5	5.517	0.019

由表 4.13 可知，在门店促销贡献中，环境类指标仅客单价有高度统计显著性。需要说明的是，排面陈列和特殊陈列对产品促销具有重要作用，且为显性和可控因素，各门店均予以高度重视，之所以导致统计不相关的结论，是由于用例单一以及各门店统一的排面陈列和特殊陈列管理模式。团队类指标除自学习模式外，其他指标均有高度统计显著性，其中，卖点认知、领导激励、管理范式、敬业精神更为显著，这些变量的变化会极其显著地影响门店促销贡献的大小；自学习模式有统计显著性，但显著性概率远大于其他因素，表明在团队培育中，销售人员对自觉提高自身业务水平的意识不足。

在显著性因素中，"贡献好"的秩均值明显地大于"贡献差"的秩均值，表明秩均值与促销贡献正相关。

综上可知，客单价、卖点认知、领导激励、管理范式、敬业精神为大型商超白酒销售业绩的关键影响因素。

4.2.4 促销效率的统计推断

与图 4.22 分析思路类似，根据各门店整体的促销效率 Hasse 图计算秩均值，绘制各门店整体的促销效率条形图（降低级数差距过大问题，变量取对数化处理），如图 4.23 所示。

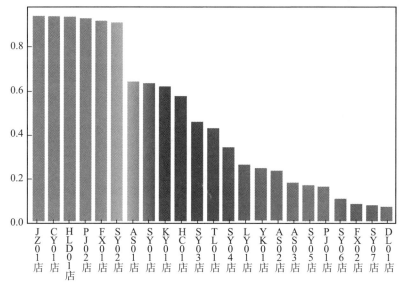

图 4.23　各门店促销效率排序

在图 4.23 中，促销效率最高的门店依次为 JZ01 店、CY01 店和
HLD01 店，效率值高反映出 FX 白酒所在门店区域的品牌竞争力高；
促销效率最低的门店依次为 DL01 店、SY07 店和 FX02 店，效率值低
反映出 FX 白酒在门店区域缺乏品牌竞争力。FX02 店比较特殊，尽
管 FX 品牌在当地极负盛名，但该店受到 FX01 店的强烈影响，效率
值较低。这从侧面说明 FX 品牌在阜新大本营市场的发展空间已经达
到饱和或极限边缘。

同表 4.13 的检验类似，以 0.5 为秩均值临界点，23 家门店促销
效率分类为好（10 家门店）和差（13 家门店）两个类别，以效率好
和效率差为二元分类变量，进行指标的显著性检验，计算结果见表
4.14。

表 4.14　　　　门店的环境、团队类指标对促销效率影响的显著性检验

指标类	秩均值（差个案/好个案）	卡方	显著性概率
客单价	11.54/12.6	0.139	0.709
排面陈列	10.6/13.08	0.823	0.364
特殊陈列	11/12.77	0.396	0.529
敬业精神	9.5/15.25	4.095	0.043
卖点认知	10.27/14.25	1.979	0.159
管理范式	11.54/12.6	0.175	0.676
继续教育	10.5/13.95	2.471	0.116
领导激励	11.54/12.6	0.175	0.676
自学习模式	11.69/12.4	0.119	0.731
资质能力	11.6/12.15	0.16	0.909

由表 4.14 可知，环境类指标和团队类指标对门店促销效率的影响同对促销贡献的影响明显不同。环境类指标对门店促销效率的影响统计不显著。在团队类指标中，仅敬业精神对门店促销效率有统计显著性，即敬业精神高低在一定程度上能够改变消费者对该品牌产品的需求投射，再次表明敬业精神为大型商超白酒销售业绩的关键影响因素。这一结论同文献理论分析的结论是相容的。关于员工的敬业精神，已有大量的研究文献显示出其对团队销售业绩的积极影响[226]；阿赞扎等（Azanza et al., 2018）[227]研究发现，团队成员的敬业精神是驱动销售业绩的重要因素。

4.2.5　促销贡献与促销效率的矩阵分析

A 类促销条件下，门店促销贡献反映了市场占有率，促销效率则反映了品牌竞争力。对图 4.19 和图 4.20 分别计算其秩均值，得到 A

类促销条件下各门店的促销贡献秩均值和促销效率秩均值，以二者为轴形成门店促销贡献与促销效率矩阵，如图4.24所示。

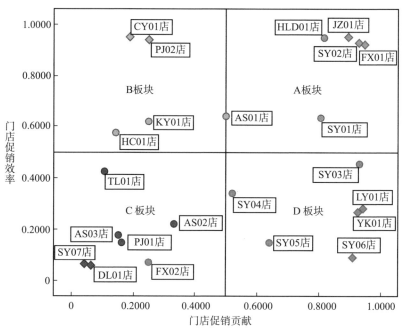

图 4.24

图4.24　A类促销门店促销贡献与促销效率矩阵

在图4.24中，23家门店被划分为A、B、C、D四个板块，根据影响因素理论模型及其内在机理可以针对不同板块采取差异化的营销策略。

A板块代表门店为JZ01店、SY02店、FX01店，促销贡献和促销效率均高，为FX白酒市场占有率高、品牌竞争力强的门店，表明该板块顾客需求投射多，产品契合顾客需求程度高，且顾客表现出较高的促销敏感度和习惯性购买行为。在该板块中，HLD01店的促销贡献排名第五，但促销效率较高，反映出葫芦岛市场FX白酒产品特别契合顾客日益增长的需求投射，品牌具有较高的竞争力。对于A板块门店，FX酒业应适当减少促销活动安排，采取防御型营销策略。

这与"习惯形成"的观点是一致的。

B 板块代表门店为 CY01 店和 PJ02 店，促销效率优于促销贡献，表明品牌竞争力大，门店经营态度是积极的，呈现出扩张的态势。尽管顾客需求投射少，市场占有率小，但产品特别契合顾客的需求投射，品牌影响力大，顾客表现出较低的促销敏感度，且开始对消费上瘾。对于 B 板块门店，FX 酒业应采取积极的扩张型营销策略，改善营销管理模式，提高促销强度以增加顾客购买行为，刺激其消费上瘾，增强顾客黏性，进而提升市场占有率，使之向 A 板块门店升级。这也印证了"理性上瘾"的观点。

C 板块代表门店为 SY07 店和 DL01 店，促销贡献和促销效率均低，表明市场占有率小、品牌竞争力小。从板块构成门店的实际情况来看，顾客需求投射少，产品契合顾客需求程度低，客单价低或为新开门店。对于 C 板块门店，FX 酒业应革新营销管理模式和针对性地调整营销策略，根据市场实际情况，合理加大或减少品牌推广和促销投放力度。例如，FX02 店具有特殊性，由于受到 FX01 店的强烈影响，门店促销贡献和促销效率相对较低，进一步说明 FX 品牌白酒在大本营市场的市场成熟度和品牌影响力已经达到饱和的边缘，顾客已形成稳定的需求投射和购买习惯，应适当减少促销活动安排。这与"习惯形成"研究文献的结论是吻合的。

D 板块代表门店为 YK01 店、LY01 店、SY06 店，促销贡献优于促销效率，表明该板块市场占有率大，但品牌竞争力小。从板块构成门店的实际情况来看，顾客需求投射多，但产品契合顾客需求程度相对较低，反映出门店的经营态度相对保守，销售业绩主要得益于良好的客单价。对于 D 板块门店，FX 酒业应优化营销管理模式和策略，以提升品牌竞争力为重点，并持续提高促销强度，进一步提升销售业绩，进而使门店向 A 板块升级。这也进一步证明了"理性上瘾"研究文献的观点。

4.3 时节因素的促销响应分析

4.3.1 影响因素及描述性分析

大型商超白酒促销活动主要集中于节日，时节影响与促销活动的关联性最大，节日期间和非节日期间的促销响应差异明显。鉴于销售额数据中包含了节日和非节日、促销和无促销的数据，对于节日效应和淡旺季促销响应的分析，可以直接基于销售额数据进行。因此本节简化了响应变量，直接以销售额作为促销响应的量化表征。

2018 年，卢长宝和庄晓燕[228]研究发现，聚集促销经过多年运作已与节日紧密联系在一起，并逐渐形成了依托特定节日的零售统一促销活动，例如我国的元旦促销、春节促销以及美国的圣诞促销等。大型商超白酒销售业绩会受到时节因素的影响，各门店的白酒销售额在节日和非节日期间呈现出明显的淡旺季波动。传统节日的响应周期为 7～30 天。此外受婚庆、升学、旅游等因素的影响，特别是由婚庆和升学构成非节日的白酒消费高峰。为后文表述方便，将上述提升白酒销售额的时节期限称为销售旺季，与销售淡季对应。

首先，针对时节类指标，梳理出大润发连锁超市 41 款 FX 白酒的销售数据，包括每款白酒的春节、中秋国庆节、元旦、清明节、劳动节和非节日的日均销售额，见表 4.15。

表 4.15 　　　　　　　　时节日均销售额数据（片段）　　　　　单位：元

产品代码	春节日均销售额	中秋国庆节日均销售额	元旦日均销售额	清明节日均销售额	劳动节日均销售额	非节日日均销售额
H02	23373.39	2571.08	469.64	1596.26	29.85	464.42
H28	14905.16	3236.45	1764	1099	1656.2	734.36
H07	9112.59	2306.79	106576.32	94.46	38.76	416.28
H29	6375.98	5176.13	4437.6	202.71	25.8	518.39
T05	4622.43	4009.89	4765.44	550.63	394.2	1806.28
H31	3682.43	1089.56	1400.6	510.86	447	282.52
H09	3640.73	2604.75	1518	88.71	110.4	146.45
T03	3515.49	2465.03	5421.92	2429.9	621.81	1818.47
H22	3412.85	1028.36	673.2	346.5	534.6	239.69
H16	3354.43	950.48	962.8	965.29	481.4	185.19

　　当前对大型商超白酒节日促销的研究是匮乏的，尽管国外研究认为大型商超节日的销售额高于非节日，即存在节日效应，但对于我国特有的白酒而言，是否存在节日效应则需要提供坚实的依据。鉴于节日总是与过度消费联系在一起，节日期间盛行的购物氛围可能影响人们的可持续消费行为[229]。虽然计划行为理论被广泛应用于可持续消费动机研究中，但没有考虑节日氛围的影响。鉴于此，本节基于销售额对大型商超白酒销售的节日效应和淡旺季促销响应进行分析，研究各时节的销售差异规律，进而识别销售业绩的关键影响因素。

　　其次，以时节为分类变量，按 41 款白酒时节日均销售额绘制蜂窝图，如图 4.25 所示。

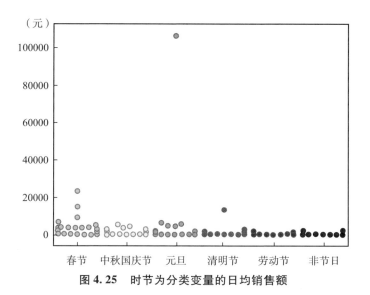

图 4.25

图 4.25　时节为分类变量的日均销售额

由图 4.25 可知，元旦期间涌现出位列第一的爆款产品 H07，日均销售额达到 106576.32 元，比位列第二的爆款产品日均销售额的 3 倍还要多。为了从整体上观察各时节的销售差异，暂时剔除产品 H07 再绘制蜂窝图，如图 4.26 所示。

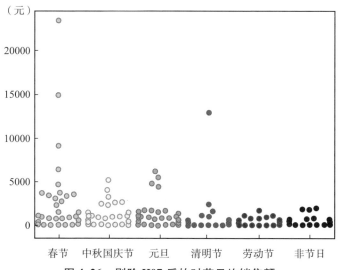

图 4.26

图 4.26　剔除 H07 后的时节日均销售额

由图 4.26 可知，春节、中秋国庆节和元旦三个节日产品日均销
售额的分布明显高于非节日，劳动节与非节日的日均销售额分布比较
类似。根据数据对时节日均销售额进行描述统计，结果见表 4.16。

表 4.16　　　　　　　　时节日均销售额描述统计　　　　　　单位：元

时节	个案数	最小值	最大值	总和	平均值	标准差
春节	41	0.0000	23373.3900	96875.2100	2362.810000	4417.0887010
中秋国庆节	41	0.0000	5176.1300	37938.7700	925.335854	1198.7844520
元旦	41	−35.2000	106576.3200	147611.9600	3600.291707	16551.6261000
清明节	41	0.0000	12952.1000	24991.1900	609.541220	2031.3314250
劳动节	41	−43.8000	1656.2000	12053.1200	293.978537	378.6555621
非节日	41	10.7900	1940.1400	14344.5300	349.866585	472.7143049

由表 4.16 可知，非节日的日均销售额最大值为 1940.14 元，因
此为了便于统计分析采用 2000 元为临界点，整理得到时节日均销售
额大于临界值的产品清单，见表 4.17。

表 4.17　　　　　　　日均销售额大于临界值的产品清单　　　　单位：元

产品代码	春节	中秋国庆节	元旦	清明
H02	23373.39	2571.08		
H28	14905.16	3236.45		
H07	9112.59	2306.79	106576.32	
H29	6375.98	5176.13	4437.6	
T05	4622.43	4009.89	4765.44	
H31	3682.43			
H09	3640.73	2604.75		
T03	3515.49	2465.03	5421.92	
H22	3412.85			
H16	3354.43			
H34	3079.55			

产品代码	春节	中秋国庆节	元旦	清明
H23	2794.85			
H33	2296			
T01			6103.44	
P04				12952.1

由表 4.17 可知,春节档期产品日均销售额表现最佳。因为春节是中华文化圈最盛大的节日,也是民众礼仪活动最集中的旺季,精美包装的 FX 白酒成为馈赠和宴请的热门产品。

不同的时节,人们对白酒产品的包装、酒精度以及价格的需求投射是不同的。春节档期,白酒企业为了契合顾客需求,一般会推出高性价比、包装精美的产品参加促销活动,如 H02、H28、H29 是拉升春节档期销售额的主力产品;元旦档期,促销活动主要针对公务、团购消费,促销以高性价比产品为主,其中也包含一些春节档期的提前采购产品,拉升了元旦档期的销售额,如 H07;清明节档期,促销活动主要以祭祀用酒为主,低档的简装瓶酒市场需求巨大,如 P04。

4.3.2 节日效应的统计推断

每逢节日来临,白酒企业都会在大型商超努力设计和营造购物环境的节日氛围,并通过产品多样性、促销诱惑性来强化这种氛围,最大限度地影响消费者的心理和行为,实现客单价和销售额的提升。大型商超节日档期的价格促销活动削弱了消费者对可持续消费的态度和偏好,强化了对不可持续消费的态度和偏好。可持续消费行为是一种更有计划的消费行为,与不可持续消费行为相比,其很少出现冲动性购买倾向。大型商超节日氛围下的促销活动显著影响了消费者的主观规范,抑制了其对可持续消费行为的控制能力。

（1）节日与非节日日均销售额差异的显著性检验

结合图 4.26（剔除 H07 后的时节日均销售额），由表 4.15 的数据可以看出，"行"为每款白酒产品的日均销售额，"列"为节日和非节日的日均销售额，任意两列均为配对数据，因此采用威尔科克森符号秩检验方法进行配对检验分析，计算结果见表 4.18 和表 4.19。

表 4.18　　　　　　节日与非节日日均销售额秩均值

		个案数	秩均值	秩的总和
非节日—春节	负秩	30	23.50	705.00
	正秩	10	11.50	115.00
非节日—中秋国庆节	负秩	28	24.04	673.00
	正秩	12	12.25	147.00
非节日—元旦	负秩	31	23.10	716.00
	正秩	9	11.56	104.00
非节日—清明节	负秩	14	24.57	344.00
	正秩	26	18.31	476.00
非节日—劳动节	负秩	16	23.88	382.00
	正秩	24	18.25	438.00

表 4.19　　　　节日与非节日日均销售额差异的显著性检验

	非节日—春节	非节日—中秋国庆节	非节日—元旦	非节日—清明节	非节日—劳动节
检验统计量	-3.965[b]	-3.535[b]	-4.113[b]	-0.887[c]	-0.376[c]
显著性概率	0.000	0.000	0.000	0.375	0.707

在表 4.19 中，春节、中秋国庆节、元旦同非节日的日均销售额有高度显著的差异，三大节的产品日均销售额明显高于非节日；清明节、劳动节与非节日的日均销售额之间的差异不具有统计显著性。可见，春节、中秋国庆节和元旦为大型商超白酒销售业绩的关键影响因素。

（2）包装视角下时节日均销售额差异的显著性检验

将表4.15与产品信息表（见附录5附表5）关联，采用克鲁斯卡尔－沃利斯检验方法，在时节分类的条件下，对包装因素日均销售额之间的差异进行统计显著性检验。包装因素的检验结果见表4.20。

表4.20　　　　包装视角下时节日均销售额差异的显著性检验

时节	秩均值（个案数）					卡方	显著性概率
	桶	瓶	单盒	双盒	坛		
春节	19.57（7）	10.67（6）	23.31（13）	21.46（13）	37（1）	7.119	0.13
中秋国庆节	27（7）	13.33（6）	21.92（13）	17.38（13）	40（1）	8.317	0.081
元旦	21.86（7）	16（6）	20.69（13）	20.46（13）	36（1）	2.745	0.601
清明节	26.57（7）	23.67（6）	17.85（13）	18（13）	26（1）	3.816	0.432
劳动节	29.43（7）	19.67（6）	19.46（13）	18.23（13）	6（1）	6.244	0.182
非节日	33.86（7）	19（6）	18.08（13）	15.46（13）	33（1）	13.354	0.01

表4.20表明，包装对销售额的影响仅在非节日时有统计显著性，在五大传统节日没有显著性影响。从秩均值来看，在春节、中秋国庆节和元旦三大节日中，坛酒较受消费者喜爱；而非节日除坛酒外，桶酒也受消费者的热捧；在劳动节和清明节，秩均值无明显差异。非节日日均销售额秩均值最高为桶酒33.86，秩均值最低为双盒酒15.46。桶酒为低端白酒，零售价为20~60元。消费者购买桶酒多为自用，购买高档盒酒多为馈赠和宴请。

由图4.27可知，清明节档期瓶酒P04的日均销售额最大，远超其他白酒产品，火爆的原因是低价简装（特别促销价格为5.9元/瓶），成为清明祭扫的爆款用酒。同时，图4.27显示，在不同包装类别的FX白酒中，清明节档期销售业绩最好的均为低档酒，且多为瓶酒。

图4.28表明，在春节档期，单盒、坛、双盒的高档、中档酒有较好的销售表现，主要契合了礼品和宴席的酒用需求，这与表4.20的分析是吻合的。

图 4.27

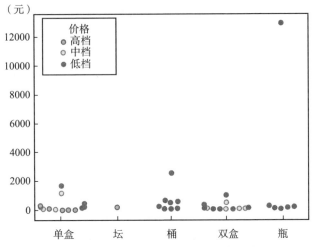

图 4.27 清明节不同包装的日均销售额

图 4.28

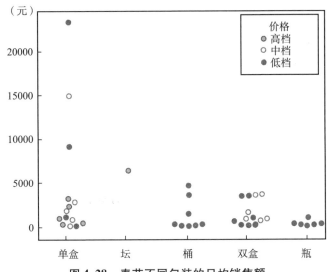

图 4.28 春节不同包装的日均销售额

（3）价格视角下时节日均销售额差异的显著性检验

对价格与时节日均销售额的斯皮尔曼相关系数进行统计显著性检验，结果见表 4.21。

表 4. 21　　　　　　　　价格与时节日均销售额的相关系数检验

	春节	中秋国庆节	元旦	清明节	劳动节	非节日
价格	0.314 *	0.091	0.122	− 0.349 *	− 0.086	− 0.247

由表 4.21 可知，价格对春节档期的日均销售额有显著影响。正相关系数表明，消费者在春节期间更倾向于购买高档的白酒产品。此外，价格对清明节档期的销售额有显著影响，但负相关系数表明，清明节档期的销售额提升是低价走量，同图 4.27 的分析是一致的。

（4）酿造方法视角下时节日均销售额差异的显著性检验

以时节的日均销售额为因变量，酿造方法为分类变量，进行克鲁斯卡尔 – 沃利斯检验，检验结果见表 4.22。

表 4. 22　　　　　　酿造方法视角下时节日均销售额差异的显著性检验

时节	秩均值（个案数）		卡方	显著性概率
	固液法	固态法		
春节	16.33（6）	21.24（34）	0.897	0.344
中秋国庆节	24.33（6）	19.82（34）	0.759	0.384
元旦	20（6）	20.59（34）	0.013	0.91
清明节	21.67（6）	20.29（34）	0.07	0.791
劳动节	25.33（6）	19.65（34）	1.207	0.272
非节日	29.67（6）	18.88（34）	4.34	0.037

由表 4.22 可知，酿造方法仅在非节日对日均销售额有显著性影响；从秩均值看，固液法对销售额的贡献整体上高于固态法。固液法酿造均为桶装酒，消费者购买主要为自我饮用；而元旦和春节的固态法秩均值，则迅速增加并超过了固液法。因此在一定程度上，固液法

的桶酒非节日消费量反映出白酒的自用消费规模，或者说体现了 FX
白酒的依赖性消费群体的大小。

（5）酒精度视角下时节日均销售额差异的显著性检验

采用克鲁斯卡尔 – 沃利斯方法检验酒精度在不同时节对日均销售
额的影响，检验结果见表 4.23。

表 4.23　　　　酒精度视角下时节日均销售额差异的显著性检验

时节	秩均值（个案数）		卡方	显著性概率
	中度酒	高度酒		
春节	7.00（6）	22.88（34）	9.413	0.002
中秋国庆节	9.00（6）	22.53（34）	6.831	0.009
元旦	15.83（6）	21.32（34）	1.125	0.289
清明节	14.67（6）	21.53（34）	1.758	0.185
劳动节	15.50（6）	21.38（34）	1.291	0.256
非节日	15.17（6）	21.44（34）	1.469	0.225

由表 4.23 可知，仅有春节和中秋国庆节两个档期，酒精度对日
均销售额的影响有显著性差异。从秩均值来看，在这两个档期，高度
酒更契合顾客需求，反映出两大节日礼品用酒和宴席用酒的消费者偏
好；也再次表明广大消费者把好酒的认知等同于高度酒，这一点值得
白酒企业在大型商超产品管理的过程中予以重视。

4.3.3　销售额淡旺季促销响应分析

（1）月份销售额的 Hasse 图排序

由于促销活动通常结合时节开展，白酒销售具有明显的季节性特
征，月份销售额差异明显。分析销售额淡旺季促销响应，不仅对于大

型商超白酒销售业绩提升具有重要意义，同时对于白酒企业降低管理成本、优化团队结构具有重要参考价值。

鉴于商超白酒月份销售数据的特点，采用常规的统计模型分析月份变动特征并不稳定。2018 年，李明宇和岳立柱[230]针对多准则模型研究内容的不同，提出了第二类语义多准则模型，在赋值不完全条件下，通过准则发生的概率表达式，建立求解方程组，进而得到准则权重，解决了片段语义数据中难以有效分析准则重要性的难题。根据该方法能够获取指标权重的重要性排序。因此，结合偏序集决策分析方法，通过权重顺序信息即能对研究案例进行综合排序，避免了以往借助熵权法、层次分析法以及因子分析法确定指标具体权重的缺陷性。

本节以 FX 白酒在大润发连锁超市的月份销售情况作为研究案例，选取沈阳、锦州等 18 家代表性门店的 2016 年度白酒月份销售额作为指标数据，基于偏序集从整体上对白酒月份销售额进行综合排序，探析大型商超 FX 白酒销售额的淡旺季促销响应。首先利用偏序集综合评价方法得出大型商超 FX 白酒月份销售业绩的基本规律，其次利用偏序集得出的综合排序结果与实际销售数据的排序结果进行对比，判断二者是否具有一致性。

月份销售额中包含了促销日和非促销日的数据，大型商超的白酒销售额淡旺季促销响应分析比节日效应分析更为复杂，因为淡旺季促销响应分析不仅要考虑时节影响的节日因素和非节日因素，还要考虑季节影响和月份差异形成的婚宴、升学宴、旅游宴等餐桌因素。因此，需对影响因素指标体系的非节日指标进行局部细化，并以大润发 1～18 号门店（门店编号与名称对应关系见表 5.1）的 2016 年度 FX 白酒月份销售额作为分析的基础。首先，对 18 家代表性门店各月份的白酒销售额分别进行降序排序，得出标准化数据。之后，对标准化数据进行无量纲化，从而得出偏序集综合评价基础数据，视作往常研究的累加变换矩阵，见表 4.24。

表 4.24　累加变换矩阵

	A1	A2	A3	A4	A5	A6	A7	A8	A9	A10	A11	A12	A13	A14	A15	A16	A17	A18
F1	0.89	1.00	1.00	0.98	0.90	0.85	0.79	0.82	0.79	0.90	0.91	0.88	0.69	0.86	0.89	0.98	1.00	0.89
F2	1.00	0.96	0.93	1.00	1.00	1.00	1.00	1.00	1.00	1.00	1.00	1.00	1.00	1.00	1.00	1.00	0.92	1.00
F3	0.35	0.38	0.39	0.43	0.42	0.40	0.40	0.41	0.42	0.41	0.42	0.44	0.41	0.39	0.42	0.41	0.36	0.40
F4	0.03	0.12	0.13	0.11	0.11	0.10	0.11	0.11	0.11	0.12	0.13	0.14	0.11	0.12	0.10	0.12	0.08	0.10
F5	0.04	0.14	0.14	0.13	0.13	0.12	0.12	0.10	0.10	0.10	0.11	0.11	0.12	0.14	0.11	0.09	0.10	0.05
F6	0.05	0.19	0.20	0.17	0.17	0.12	0.12	0.12	0.11	0.12	0.13	0.13	0.13	0.13	0.11	0.09	0.08	0.10
F7	0.07	0.25	0.25	0.23	0.20	0.18	0.18	0.18	0.18	0.18	0.19	0.19	0.16	0.13	0.14	0.15	0.14	0.10
F8	0.05	0.22	0.21	0.18	0.18	0.18	0.16	0.16	0.16	0.15	0.16	0.17	0.15	0.15	0.14	0.10	0.10	0.09
F9	0.10	0.35	0.39	0.41	0.34	0.32	0.33	0.31	0.28	0.31	0.33	0.34	0.35	0.24	0.21	0.23	0.26	0.28
F10	0.10	0.38	0.41	0.45	0.31	0.29	0.30	0.27	0.25	0.27	0.27	0.29	0.19	0.20	0.19	0.17	0.16	0.18
F11	0.07	0.21	0.17	0.18	0.18	0.18	0.18	0.17	0.17	0.18	0.19	0.20	0.19	0.23	0.23	0.23	0.18	0.10
F12	0.08	0.33	0.31	0.33	0.30	0.31	0.29	0.30	0.29	0.29	0.31	0.34	0.26	0.32	0.33	0.25	0.21	0.15

根据表 4.24 的累加变换矩阵得出比较关系矩阵，见表 4.25。

表 4.25 比较关系矩阵

	F1	F2	F3	F4	F5	F6	F7	F8	F9	F10	F11	F12
F1	1	0	1	1	1	1	1	1	1	1	1	1
F2	1	1	1	1	1	1	1	1	1	1	1	1
F3	0	0	1	1	1	1	1	1	0	0	1	0
F4	0	0	0	1	0	0	0	0	0	0	0	0
F5	0	0	0	0	1	0	0	0	0	0	0	0
F6	0	0	0	1	1	1	0	0	0	0	0	0
F7	0	0	0	1	1	1	1	0	0	0	0	0
F8	0	0	0	1	1	1	0	1	0	0	0	0
F9	0	0	0	1	1	1	1	1	1	0	1	0
F10	0	0	0	1	1	1	1	0	1	1	1	0
F11	0	0	0	1	1	1	0	0	0	0	1	0
F12	0	0	0	1	1	1	1	1	1	0	0	1

基于比较关系矩阵 R 可以得到 Hasse 矩阵的矩阵变换方式，最终建立大润发连锁超市 2016 年度各月份 FX 白酒销售额的 Hasse 矩阵，并绘制 Hasse 图，如图 4.29 所示。

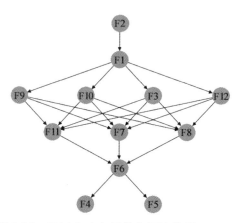

图 4.29 2016 年度各月份白酒销售额 Hasse 图

在图 4.29 中，Hasse 图将 2016 年度各月份销售额划分为 6 个层集。第一层集（最顶层）为 2 月，第六层集（最底层）为 4 月、5 月。

2016 年度大润发连锁超市各月份 FX 白酒销售额在年度总销售额中所占比重，如图 4.30 所示。

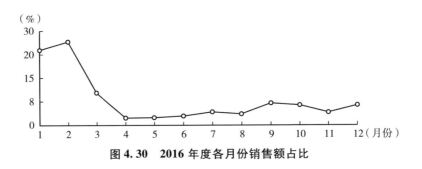

图 4.30　2016 年度各月份销售额占比

在图 4.30 中，2 月、1 月占比依次为 26.45% 和 23.81%，排名前两位，与图 4.29 的 Hasse 图排序结果相一致，位于第一、第二层集；3 月、9 月、10 月、12 月的占比依次为 10.43%、6.90%、6.38% 和 6.29%，其总体排序与图 4.29 的 Hasse 图中第三层集排序相符；6 月、7 月、8 月、11 月的占比依次为 3.02%、4.17%、3.60% 和 4.01%，属于同一层集，其总体排序与 Hasse 图中下层排序相符；4 月、5 月的占比依次为 2.42% 和 2.52%，排名最后，为 Hasse 图最底层位置。因此，利用偏序集得出的综合排序结果与实际销售数据的排序结果具有一致性。

（2）淡旺季促销响应分析

在图 4.29 和图 4.30 的基础上，深入分析大型商超白酒销售额淡旺季的促销响应。将 2016 年度各月份销售额划分为 4 个销售季，如图 4.31 所示。

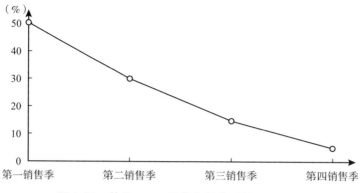

图 4.31　基于 Hasse 图的各销售季销售额占比

在图 4.31 中，第一销售季为 1 月、2 月；第二销售季为 3 月、9 月、10 月和 12 月；第三销售季为 6 月、7 月、8 月和 11 月；第四销售季为 4 月、5 月。其中，第一销售季和第二销售季为旺季，其销售额占全年销售额的 80% 以上。第三销售季和第四销售季则为淡季。白酒销售额淡旺季的促销响应与季节、节日，以及婚庆、升学、旅游等因素密切相关。

①季节的促销响应分析。根据图 4.29，秋冬两个季节的月份位于 Hasse 图的上层，销售额明显高于其他季节，处于旺季状态，促销响应较强；其中，1 月和 2 月的销售额最高，位于 Hasse 图的最顶层，为图 4.31 所示的第一销售季，占全年销售额的 50.26%，促销响应最强。反之，春夏两个季节的月份位于 Hasse 图的下层，销售额明显低于秋冬季节，处于淡季状态，促销响应较弱；其中，4 月和 5 月的销售额最低，位于 Hasse 图的最底层，为图 4.31 所示的第四销售季，仅占全年销售额的 4.94%，促销响应最弱。这也从侧面验证了一个常识规律，即秋冬季节气温较低，活血和驱寒往往成为顾客的酒用动因；春夏季节气温较高，人们往往选择啤酒来代替白酒，使白酒销售处于淡季状态。

②节日的促销响应分析。为了迎合节日效应，白酒企业往往聚集

力量在节日月份开展大型商超白酒促销活动，助力销售业绩的迅速提升。图4.30表明，1月和2月属于白酒销售的旺季，主要受节日因素（春节和元旦）的影响，促销响应最强，形成了图4.31所示的第一销售季。一般而言，春节效应从每年12月便已开始，随着元旦、春节的陆续来临而不断趋于强化，直至3月才会随着走亲访友活动的减少而趋于淡化。同理，分析图4.30可知，中秋国庆节对于9月和10月的销售额起到了主要的拉动作用，促销响应较强，再次形成销售高峰，并与3月和12月共同组成了图4.31所示的第二销售季，第二销售季占全年销售额的30%。

需要强调的是，节日的促销响应影响了大型商超白酒销售额淡旺季规律。由图4.29可知，冬季的11月白酒销售额处于中下层位置，与夏季的7月、8月比肩，与秋冬季的其他月份相比，销售额明显减少，出现了白酒销售额在热销季节里的暂时性下降，即冬季的11月与夏季的6月、7月、8月共同构成了图4.31所示的第三销售季，而第三销售季仅占全年销售额的14.80%。究其原因，首先是9月、10月部分消费者受中秋国庆节影响，已经在节日促销活动中购置了一定数量的白酒，需求暂时处于饱和状态，导致11月白酒消费下降；其次是6月、7月、8月和11月的促销响应较弱，部分消费者按兵不动，期待即将到来的传统节日带来的更大让利幅度的白酒促销活动。

③婚庆、升学、旅游的促销响应分析。基于图4.29和图4.30分析可知，受婚庆因素影响，夏季的6月销售额高于春季的4月和5月，促销响应较强，与受升学、旅游等因素影响而销售额增长的7月、8月和冬季的11月共同组成了图4.31所示的第三销售季。从各门店的实际销售数据来看，由于婚庆宴席的拉动，每年从5月开始促销响应渐强，白酒销售趋于回暖。7月，伴随着中考和高考的结束，各类升学宴和谢师宴的酒用需求强劲拉动了毕业季白酒的销售额。加之夏季属于旅游旺季，宴会活动自然少不了白酒助兴，也带来较强的促销响应，与春季相比白酒销售额不降反升。

4.4 本 章 小 结

在第 3 章指标体系研究的基础上，本章基于偏序集对大型商超白酒销售业绩影响因素进行了单因素分析。重点研究了产品、环境、团队、节日和销售手段五个方面因素对大型商超白酒销售业绩的影响、特征和作用机理，识别了关键影响因素。研究结论为第六章基于关键影响因素的大型商超白酒销售业绩提升策略提供了着力点。其中，本章基于 Hasse 图的 23 家门店促销贡献等级评价结果，为第 5 章基于差转计算的多因素耦合分析提供了算法的耦合目标。

促销是大型商超白酒销售的核心，可谓无促销不销售。根据单因素分析结果，四种促销类型中，极限让利促销的效果最好，特别促销次之，但与传统节日促销比较相近，一般促销的效果最差，表明促销效果与让利幅度正相关。由此可知，极限让利促销、特别促销、传统节日促销为大型商超白酒销售业绩的关键影响因素。

（1）产品因素的促销效能分析

①大型商超白酒促销动态效应的方向具有不明确性。大型商超白酒促销动态效应的正向变动关系验证了"理性上瘾"的观点，负向变动关系验证了"习惯形成"的观点。促销活动时间对销售额的影响和 FX 白酒的市场成熟度相关联。根据统计结果，同样经营模式下，市场成熟度高的门店的促销动态效应是负向的，反之是正向的。正向变动的门店销售额较差，表明"理性上瘾"形成往往是该产品成熟度低的市场；负向变动的门店销售额较佳，表明"消费习惯"形成往往是该产品成熟度高的市场。单纯通过增加促销时间未必能够增加白酒销售业绩，需要考虑产品所在市场的成熟度。

这充分说明，开展促销活动应该是一店一策的，即结合门店所在区域的市场成熟度、客单价以及时节影响，有针对性地制定促销策略，合理增加或减少促销活动，以提升促销效能，减少销售成本。

②产品类指标对促销效能的影响分析，主要结论如下。

包装对产品促销贡献有统计显著性，即包装的好坏影响消费者的需求投射，应减少双盒酒的包装设计。

酿造方法对产品促销贡献没有统计显著性，结合销售实际，理解这个结论应该同价格、包装等因素联系，下一章的多因素耦合分析给出了更深刻的认知。

酒精度对产品促销贡献有高度统计显著性，其中，高度酒的促销贡献高于中度酒的促销贡献，即高度酒比中度酒更契合顾客需求；FX酒业应强化中度酒的产品结构升级，但在中度酒新品上市之前，促销活动中须降低中度酒的使用频率。

价格对产品促销贡献有弱的统计显著性。FX酒业应对中档酒产品结构进行升级，但在新品中档酒上市之前，应有针对性地减少中档酒促销品种。

从对促销效率影响的显著性来看，在产品类指标中仅酒精度有统计显著性。酒精度对于产品促销贡献和促销效率均有显著性影响，高度酒的促销贡献和促销效率均明显高于中度酒，进一步表明高度酒是影响产品促销效能的关键因素。消费者对于高酒精度、固态法酿造和中档价格有联合认知的倾向，且具有高酒精度、固态法酿造和中档价格的白酒，是促销效能好的产品。

产品因素的促销效能分析表明，盒酒、桶酒、高度酒、低档和高档为大型商超白酒销售业绩的关键影响因素。

（2）环境因素和团队因素的促销效能分析

①环境类指标对促销效能的影响分析，主要结论如下。

对门店促销贡献的影响，客单价有高度统计显著性。

由于用例单一以及各门店统一的排面陈列和特殊陈列管理模式，使得排面陈列和特殊陈列成为显性和可控因素，各门店均予以高度重视，导致了对促销贡献统计不相关的结论。这并不意味着这两个因素对大型商超白酒销售业绩没有影响，良好的销售环境和产品陈列是改善消费者体验、促进冲动性购买的重要因素。

对促销效率的影响，环境类指标不具有统计显著性。

形成了门店的板块化管理策略。A类促销条件下，门店的促销贡献反映了市场占有率，促销效率则反映了品牌竞争力。分析A类促销效能的板块结构，以A类促销门店的促销贡献和促销效率为轴，将23家门店划分为A、B、C、D四个板块，根据影响因素理论模型及其内在机理可以采取差异化的营销策略：A板块采取防御型营销策略，B板块采取积极的扩张型营销策略，C板块应革新营销管理模式和针对性地调整营销策略，D板块应优化营销管理模式和策略。

②团队类指标对促销效能的影响分析，主要结论如下。

对促销贡献的影响，除自学习模式外，其他指标均有高度统计显著性；其中，卖点认知、领导激励、管理范式、敬业精神的影响更为显著。

自学习模式对促销贡献影响的统计显著性低，表明销售人员对自觉提高自身文化素养和业务水平、同销售业绩之间的关系认识不足。对此，在管理策略研究中应予以重视。

对促销效率的影响，仅敬业精神有统计显著性，表明销售人员的责任心、进取心和执行力是现阶段促销活动取得成效的主要因素。

环境因素和团队因素的促销效能分析表明，客单价、卖点认知、领导激励、管理范式、敬业精神为大型商超白酒销售业绩的关键影响因素。

（3）时节因素的促销响应分析

①大型商超白酒销售在我国三大节上具有明显的节日效应。对FX白酒不同时节日均销售额进行了非参数检验分析，结果表明大型商超白酒销售确实存在节日与非节日的显著性差异。春节、元旦和中秋国庆节是白酒销售的三大"井喷"期，而在劳动节和清明节没有显示出统计差异，即大型商超白酒销售在我国三大节上具有明显的节

日效应，在劳动节和清明节上不具有明显的节日效应。

②大型商超白酒消费特征与节日文化融为一体。中国白酒文化源远流长，大型商超白酒销售不同节日体现出不同的特征。春节属于白酒销售的黄金季节，高价位白酒销售额增加迅猛，盒酒成为市场主力，主要契合了馈赠和宴请的酒用需求，实现了白酒的社会交往功能；清明节属于特殊的节日，低档瓶酒成为高销量白酒，大量用于扫墓祭拜，实现了白酒的情感寄托功能；非节日期间，以自饮为主的桶酒消费群体是市场主力，反映出白酒的自用消费规模，折射出 FX 白酒的市场影响力仍在于忠诚消费者群体。白酒销售的不同节日效应表明，中国白酒不单纯为酒精饮料，同时承载着独特的文化内涵。

③大型商超白酒销售额淡旺季具有明显的促销响应规律。通过Hasse 图将年度 12 个月销售额划分为 6 个层集、4 个销售季。第一、第二销售季为旺季，促销响应强；第三、第四销售季为淡季，促销响应弱。销售额的淡旺季促销响应与季节影响、节日效应，以及婚庆、升学、旅游构成的非节日白酒消费高峰密切相关，第一、第二销售季白酒营销管理尤为重要。节日的促销响应能够造成大型商超白酒销售额在热销季节的暂时性下降。

时节因素的促销响应分析表明，春节、中秋国庆节和元旦为大型商超白酒销售业绩的关键影响因素。

5 大型商超白酒销售业绩多因素耦合差转计算分析

本书第 4 章实施了大型商超白酒销售业绩单因素分析，为本章的多因素耦合分析提供了算法的耦合目标。基于第 4 章 23 家门店的促销贡献等级评价结果和第 3 章各门店三级指标得分归一化数据，本章首次把因素空间理论体系中的差转计算算法引入销售业绩影响因素研究领域。开展多因素耦合分析，旨在发现大型商超白酒销售业绩影响因素的经验知识，进行销售业绩全解释因素和非全解释因素重要性的理论解析；进而结合单因素分析，识别关键影响因素和起主要决定作用的关键影响因素，揭示销售业绩提升策略的着力点。

5.1 差转计算算法的溯源

采用数据科学的方法，从生产和经营过程中产生的数据记录中发现管理学新课题、新知识，创新决策理念和管理范式，优化生产和经营过程，是现代管理学发展的主要形式。

因素空间是人工智能的数学基础，是描述事物的普适性框架[231]。1982 年至今，关于因素空间的讨论，从最初的探讨模糊性和随机性本质规律的数学理论，到现在数据科学与人工智能的基础数学理论，因素空间在知识表示、模糊控制与推理、数据科学与智能科学论域，形成了因素神经网络、因素分析法、差转计算以及足码置换等一系列知识挖掘算法，并成功应用在大数据处理、物联网、智造金融等方面。因素空间理论在实践和理论交互反馈的基础上逐渐形成了一套基本完整的知识系统。

差转计算是因素空间理论体系中有效的数据挖掘算法[232]。差转计算同决策树算法类似，也是一种产生式推理算法，以决定度为基本统计度量，属于有监督的统计学习算法，形成"若∗∗，则∗∗"的推理知识。同决策树算法比较，差转计算有如下优点。

①统计计算简单。差转计算的决定度是统计频率，较决策树的信息熵简单，应用中可解释性强。

②知识生成机理直观。决策树由信息熵形成决策阈值，阈值决定样本的类属；差转计算由决定度判断因素的优势，然后由集合的包含关系形成概念之间的推理关系。因此，差转计算生成的知识更符合实际，更易于解释。

③差转计算在学习过程中不产生冗余知识，无须决策树的剪枝环节。

根据文献中的算法测试案例[232,233]，差转计算的泛化错误率和决策树相当，学习用时比决策树显著减少。因此，选择差转计算为因素分析工具，研究第 3 章影响因素指标体系三级指标赋分值与第 4 章门店促销贡献评价结果之间的关联性问题，进行多因素耦合分析，以期发现大型商超白酒销售业绩影响因素的经验知识，识别关键影响因素。

为了体现研究的自洽性，以下概要地重述差转计算的基本概念、算法原理和计算步骤。

通常，全体研究对象的集合称为论域，记为 U。包研科等[234]根据认知本体论原理，论述了论域是一个可列集，重新界定了因素的概念。

定义 1 设 U 是一个论域，I_f 是论域中对象的某种相态的表征值

集合。称满映射

$$f(u_i) = d \in I_f, \ u_i \in U$$

为论域 U 上的一个因素，I_f 为 f 的相空间。

因素是论域上概念表达的基本工具，不仅是对象属性的抽取工具，也是论域的划分工具。

定义 2　设 $P(U)$ 是论域 U 的幂集。称映射

$$\overleftarrow{f}: I_f \rightarrow P(U) \tag{5.1}$$

为因素 f 的回溯，满足

$$\forall k \in I_f, \ \overleftarrow{f}(k) = [k]_f \in P(U) \tag{5.2}$$

回溯是因素的广义逆。因素与回溯构成了论域（本体对象集）U 到相空间（数据集）I_f 双向观测与分析工具，复合映射 $f \cdot \overleftarrow{f}$ 是论域 U 上的一个等价关系。

差转计算是多因素情形下因果决策知识挖掘算法，算法操作基本对象是因素，操作原则遵循概念内涵与外延的对合性，即差转计算数据挖掘形成的概念外延表示和因素合、析、补、序运算表达的概念内涵是一致的。

差转计算的算法原理由下列定义描述[233]。

定义 3　设 I_f 为条件因素 f 的相态域，I_g 为结果因素 g 的相态域。记

$$[x]_f = \{u_j | f(u_j) = x\} \tag{5.3}$$

$$[s]_g = \{u_j | g(u_j) = s\} \tag{5.4}$$

若

$$[x]_f \subseteq [s]_g \tag{5.5}$$

则称 $[x]_f$ 为关于结果 s 的可决域，$[x]_f \subseteq [s]_g$ 是一个决定性事件。

条件因素也称解释因素，可决域是论域上由因素 f 确定的一个等价类。

定义 4　设算法训练集 D 的样本容量为 m，$\#[x]_f$ 表示因素 f 的所有可决域中包含的样本个数，比率

$$\tau_f = \#[x]_f / m \tag{5.6}$$

称为因素 f 的决定度。

定义 5　多因素分析中，最大决定度对应的因素称为优势因素。

差转计算算法的核心环节是筛选优势因素，在优势因素上生成因果推理知识。

根据指标量化数据的性质，差转计算的数据挖掘选用了文献[233]中因素为连续型变量这种情形的计算方法。

设条件因素为 f，值域 $I_f \in R$。不失一般性，结果因素 g 是二值变量，算法训练数据集 $D = [0]_g \cup [1]_g$。

记 $D_0 = f([0]_g)$，$D_1 = f([1]_g)$，通常 $(D_0 \cap D_1) \neq \varnothing$。

引进对称差

$$D_0 - D_1 = (D_0 \cup D_1) - (D_0 \cap D_1) \tag{5.7}$$

于是

$$\overleftarrow{f}(D_0 - D_1) \subseteq [0]_g \tag{5.8}$$

或

$$\overleftarrow{f}(D_0 - D_1) \subseteq [1]_g \tag{5.9}$$

为决定性事件。

因此，当 f 为相态连续的因素时，差转计算的关键是确定 $\inf(D_0 \cap D_1)$ 和 $\sup(D_0 \cap D_1)$。

不妨设

$$\inf(D_0) \leqslant \inf(D_0 \cap D_1) \leqslant \sup(D_0 \cap D_1) < \sup(D_1) \tag{5.10}$$

于是，决定性事态的描述修正为

$$f(u_i) \in D_{0f} = [\inf(D_0), \ \inf(D_0 \cap D_1)) \tag{5.11}$$

或

$$f(u_i) \in D_{1f} = (\sup(D_0 \cap D_1), \ \sup(D_1)] \tag{5.12}$$

并由

$$\tau_f = (\#D_{0f} + \#D_{1f}) / m \tag{5.13}$$

确定优势因素。

若因素 f 是一个优势因素，则在算法训练集上可以得到一个关于等价类 $[k]_g$ 的经验知识（推理句）：$\forall u_i \in U$

$$\text{"若 } f(u_i) = D_{0f}, \text{ 则 } u_i \in [0]_g\text{"}$$

或

$$\text{"若 } f(u_i) = D_{1f}, \text{ 则 } u_i = [1]_g\text{"}$$

5.2 基于差转计算的多因素耦合分析

5.2.1 数据说明

通常，综合评价的技术路线是建立多级指标体系，包括指标的定义和权重分配。大型商超白酒销售业绩影响因素的实证研究，讨论影响因素指标体系的目的不同于通常的综合评价。基于影响因素理论模型，第 3 章建立的大型商超白酒销售业绩影响因素指标体系，目的在于建立因素框架和观测数据，以及描述形成三级指标的系统性思考过程。根据白酒企业"销售为王"的基本经营理念，第 4 章以销售额为数据对象，采用偏序集决策分析方法，形成了对门店促销贡献的评价结果。

本章基于第 3 章的各门店在 31 个三级指标上的得分，做基于差转计算的耦合分析，目的是建立各个因素对销售业绩的解释性经验知识。

下文的耦合分析以第 4 章的大润发门店分类结果为耦合目标。根据图 4.21 和图 4.22，以 0.5 为促销贡献秩均值的临界点，将 23 家门店分为促销贡献好门店类——该类门店赋值为"1"，以及促销贡献差门店类——该类门店赋值为"0"。

基于 2016～2017 年促销贡献的门店分类，见表 5.1。

表 5.1　　　　　　基于 2016～2017 年促销贡献的门店分类

门店编号	门店名称	等级评价
1	SY01 店	1
2	JZ01 店	1
3	YK01 店	1
4	AS01 店	0
5	SY02 店	1
6	AS02 店	0
7	CY01 店	0
8	SY03 店	1
9	TL01 店	0
10	HLD01 店	1
11	HC01 店	0
12	SY04 店	1
13	FX01 店	1
14	KY01 店	0
15	SY05 店	1
16	LY01 店	1
17	SY06 店	1
18	AS03 店	0
19	FX02 店	1
20	PJ01 店	0
21	PJ02 店	0
22	SY07 店	0
23	DL01 店	0

　　差转计算的数据对象是含门店类别标签的三级指标归一化得分数据，见表 5.2。

表5.2 各门店的三级指标得分

三级指标	门店编号											
	1	2	3	4	5	6	7	8	9	10	11	12
低档	0.25	0.24	0.15	0.13	0.61	0.07	0.01	0.18	0	0.16	0.02	0.11
中档	0.11	0.02	0.02	0.01	0.10	0.01	0	0.11	0	0.01	0	0.07
高档	0.26	0.23	0.22	0.24	0.26	0.20	0.20	0.24	0.21	0.23	0.20	0.25
盒酒	0.27	0.05	0.04	0.03	0.34	0.02	0	0.24	0	0.03	0	0.13
桶酒	0.30	0.39	0.25	0.29	1	0.10	0	0.22	0	0.32	0.04	0.12
瓶酒	0.09	0.05	0.04	0.06	0.34	0.02	0	0.24	0	0.03	0	0.13
固态法	0.40	0.23	0.20	0.17	0.60	0.11	0.01	0.32	0	0.16	0.04	0.21
固液法	0.39	0.42	0.44	0.44	1	0.20	0.01	0.35	0.01	0.35	0.05	0.22
高度酒	0.24	0.20	0.14	0.11	0.61	0.07	0	0.19	0	0.15	0.02	0.12
中度酒	0.35	0.53	0.27	0.11	0.70	0.08	0.25	0.45	0.14	0.11	0.03	0.30
春节	0.09	0.15	0.06	0.05	0.34	0.03	0	0.05	0	0.1	0.01	0.03
中秋国庆节	0.44	0.38	0.15	0.18	0.54	0.09	0	0.28	0	0.21	0.06	0.21
元旦	0.21	0.26	0.20	0.12	0.38	0.10	0.09	0.17	0	0.16	0.06	0.20
清明节	0.45	0.31	0.21	0.13	0.76	0.10	0	0.26	0.01	0.25	0.03	0.30
劳动节	0.43	0.28	0.42	0.24	0.67	0.21	0.01	0.48	0.05	0.68	0.02	0.67
非节日	0.38	0.29	0.25	0.19	0.68	0.12	0.03	0.31	0.01	0.25	0.04	0.19
客单价	0.95	0.55	0.53	0.40	0.52	0.10	0.18	0.76	0.15	0.58	0.38	0.78
特殊陈列	0.30	0.60	0.55	0.30	0.70	0.30	0.50	0.35	0.30	0.80	0.30	0.80
排面陈列	0.75	0.45	0.70	0.75	0.75	0.78	0.50	0.75	0.45	0.65	0.68	0.75
极限让利促销	0.23	0.14	0.08	0.05	0.61	0.01	0	0.20	0	0.14	0.02	0.10
传统节日促销	0.39	0.57	0.28	0.24	0.97	0.13	0.01	0.39	0.01	0.60	0.02	0.14
特别促销	0.23	0.13	0.05	0.07	0.14	0.05	0.01	0.10	0	0.10	0.02	0.08
一般促销	0.28	0.21	0.08	0.07	0.64	0.04	0.01	0.22	0	0.05	0	0.15
无促销	0.42	0.17	0.27	0.17	0.60	0.15	0	0.32	0.01	0.13	0.05	0.26
资质能力	0.33	0.33	0.54	1	0.54	1	0.33	0.33	0.75	0.75	0.75	0.33
敬业精神	1	0.17	1	1	1	1	1	1	1	1	1	1

续表

三级指标	门店编号											
	1	2	3	4	5	6	7	8	9	10	11	12
卖点认知	0.84	0.51	0.53	0.97	0.76	0.82	0.45	0.73	0.55	0.90	0.78	0.57
领导激励	0.56	0.22	1	1	1	1	0.28	1	0.39	1	1	1
自学习模式	0.56	0.22	1	1	1	1	0.28	1	1	0.67	0.85	0.28
管理范式	0.15	0.44	0.39	1	1	1	0.58	0.26	1	0.53	0.78	0.50
继续教育	0.64	0.38	0.44	1	0.41	1	0.22	0.77	1	0.67	1	0.38
等级评价	1	1	1	0	1	0	0	1	0	1	0	1

三级指标	门店编号										
	13	14	15	16	17	18	19	20	21	22	23
低档	0.34	0.03	0.15	0.15	0.18	0.05	0.34	0.03	0.02	0	0.03
中档	1	0	0.08	0.11	0.10	0	0.03	0	0	0	0
高档	1	0.22	0.21	0.24	0.24	0.21	0.36	0.21	0.21	0.20	0.20
盒酒	1	0.02	0.15	0.40	0.26	0.01	0.08	0.03	0.01	0	0.01
桶酒	0.09	0.04	0.21	0.16	0.17	0.07	0.08	0.02	0.05	0	0.03
瓶酒	1	0.02	0.15	0.40	0.27	0.01	0.08	0.03	0.01	0	0.01
固态法	0.83	0.06	0.24	0.39	0.33	0.07	0.12	0.06	0.04	0.01	0.03
固液法	0.17	0.02	0.37	0.30	0.34	0.09	0.02	0.02	0.02	0	0.02
高度酒	0.54	0.03	0.16	0.19	0.17	0.05	0.07	0.04	0.03	0	0.03
中度酒	0.30	0.07	0.09	0.17	0.43	0.03	0.04	0.12	0.02	0	0.01
春节	0.82	0.04	0.04	0.09	0.05	0.04	0.35	0.08	0.04	0.02	0.01
中秋国庆节	0.72	0.10	0.18	0.34	0.34	0.06	0.34	0.06	0.07	0.08	0.07
元旦	0.86	0.08	0.13	0.16	0.20	0.07	0.13	0.09	0.09	0.01	0.03
清明节	0.37	0.05	0.19	0.25	0.34	0.08	0.08	0.06	0.07	0.02	0.02
劳动节	0.70	0.08	0.55	0.57	0.72	0.09	0.05	0.02	0.09	0.05	0.23
非节日	0.53	0.05	0.26	0.29	0.28	0.08	0.32	0.05	0.05	0	0.05

三级指标	门店编号										
	13	14	15	16	17	18	19	20	21	22	23
客单价	1	0.20	0.35	0.60	0.80	0.18	0.75	0.15	0.15	0.58	0.08
特殊陈列	0.98	0.30	0.30	0.94	0.70	0.55	0.95	1	0.85	0.90	0.40
排面陈列	0.98	0.75	0.75	0.80	0.75	0.75	0.75	1	0.76	1	0.45
极限让利促销	0.30	0.03	0.10	0.05	0.11	0.01	0.12	0.08	0.02	0.04	0
传统节日促销	0.15	0.06	0.28	0.18	0.28	0.09	0.33	0.06	0.05	0	0.05
特别促销	0.99	0.06	0.08	0.18	0.11	0.04	0.26	0.04	0.01	0.06	0.01
一般促销	0.48	0.01	0.07	0.36	0.25	0.02	0.03	0.02	0.03	0	0.02
无促销	0.41	0.03	0.28	0.32	0.37	0.09	0.35	0.04	0.03	0.01	0.04
资质能力	0.75	0.75	1	0.33	0.33	0.75	0.54	0.08	0.54	0.75	0.13
敬业精神	1	1	1	1	1	1	1	1	1	1	0
卖点认知	0.90	1	0.14	0.65	0.63	0.79		0.60	0.87	1	0.24
领导激励	1	1	1	1	1	1		0.67	0.67	1	0
自学习模式	0.67	1	1	0.67	0.15	0.71	0.81	0.21	0.29	0.56	0.51
管理范式	0.46	1	0.38	0.43	0.51	0.51	0.77	1	1	0.39	0.39
继续教育	0.34	1	0.67	0.63	0.38	0.67		0.51	0.63	1	0.25
等级评价	1	0	1	1	1	0	1	0	0	0	0

在表5.2上，按照差转计算的算法原理，以23家门店的31个三级指标的得分归一化数据作为大型商超白酒销售业绩影响因素分析的多因素观测数据，以门店促销贡献的 Hasse 图分类结果作为耦合目标。

5.2.2 影响因素与业绩类别的耦合分析

耦合的概念始于物理学，通常指两个子系统相互依赖关系的度量。在管理科学的应用中，引申为两个对同一对象或目标采用两种不同评价系统各自给出评价结果后，判断两个系统评价的一致性，可采用耦合分析的思想原理，从而建立两个评价系统评价结论之间的相互解释性知识。本章采用差转计算算法进行耦合分析，所建立的解释性知识是单向的，即由销售业绩影响因素解释业绩类别。

差转计算算法在耦合分析中的应用，以因素之间的因果决定度为耦合度，因素对业绩类别的解释性知识反映的是样本数据集上的算法经验，称为经验知识。

基于差转计算的多因素耦合分析算法过程如下：

①选择优势因素。逐因素操作，相态值扩展升序排序。由落入 D_{0f} 中的样本 u_i 的最大值 $u_{(L_{max})}$ 估计 $\inf(D_0 \cap D_1)$，由落入 D_{1f} 中样本 u_i 的最小值 $u_{(U_{min})}$ 估计 $\sup(D_0 \cap D_1)$，计算决定度 τ_f，同 $\max_{\forall f}\{\tau_f\}$ 对应的因素为优势因素。其中，i 为门店编号，u_i 为门店 i 在三级指标上的得分。

②知识提取。记 f 为优势因素，不失一般性，假定

$$\{u_{(i)}\}_{i=1}^{L_{max}} = D_{0f}, \quad \{u_{(i)}\}_{i=U_{min}}^{m} = D_{1f}$$

则本轮因素操作获得的知识为：由指标 f 观察门店促销贡献，若 $u_i \leqslant u_{(L_{max})}$，则门店 i 促销贡献差；若 $u_i \geqslant u_{(U_{min})}$，则门店 i 促销贡献好。

③逐程序操作。删除表 5.2 中已经提取知识的门店记录，即满足条件 $u_i \leqslant u_{(L_{max})}$ 和 $u_i \geqslant u_{(U_{min})}$ 的数据。然后重复步骤①至步骤③，直至将表 5.2 删空。

定义 6　设 f 和 g 为定义在同一论域上的两个因素，若满足条件 $I_f = I_g$，则称因素 f 与 g 是完全耦合的。

若 f 为条件因素，g 为结果因素，f 与 g 完全耦合反映的是由因素 f 的相态能够完全解释因素 g 的相态。在给定的样本数据集 D 上，若因素 f 确定的等价类均为可决域，则因素 f 与因素 g 是完全耦合的，或者说因素 f 是因素 g 的样本完全解释因素，简称全解释因素。

否则，需要两个或两个以上因素 f_1，f_2，$\cdots$，f_n 来耦合业绩类别 g，此时，不妨称其中的条件因素 f_k 为因素 g 的非全解释因素。

需要强调的是，算法中因素的解释能力和经验知识的可解释性并不完全等价。因素的解释能力是算法"注释样本"的能力，经验知识的可解释性指知识应用的"简捷和直观"的程度，以及"规则"的可执行性质。解释能力高的因素，其经验知识未必是可解释的；但是，解释能力低的因素，由差转计算不可能获得有效的、可解释经验知识。

由图5.1来说明因素的解释能力和经验知识的可解释性之间的关系。

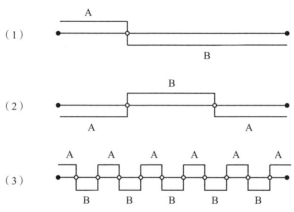

图 5.1

图 5.1 在条件因素 f 的相空间分割形成的关于
A 和 B 两个结果的决定域

如果一个完全解释能力的因素，差转计算形成的经验知识如图5.1中（1）和（2）两种情形，则经验知识是可解释的；情形（3）的经验知识在应用中失去了简捷性，条件因素不具有简单的、一致性的决断能力，经验知识的可解释性弱甚至无。

下面的讨论只陈述差转计算在表5.2上发现的经验知识，进一步的理论解析在5.3节给出。表5.2的经验知识中有5个完全耦合的因素，称为全解释因素。相应的全解释性经验知识见表5.3。

表 5.3 5 个全解释因素的经验知识

三级指标	分数区间	经验知识	同表 5.1 的一致性
低档	$0 \leqslant x \leqslant 0.61$	若 $x \leqslant 0.07$，则贡献差 若 $x \geqslant 0.08$，则贡献好但有例外	AS01 店例外
桶酒	$0 \leqslant x \leqslant 1$	若 $x \leqslant 0.07$，则贡献差 若 $x \geqslant 0.08$，则贡献好但有例外	AS01 店、AS02 店例外
固态法	$0 \leqslant x \leqslant 0.83$	若 $x \leqslant 0.11$，则贡献差 若 $x \geqslant 0.12$，则贡献好但有例外	AS01 店例外
元旦	$0 \leqslant x \leqslant 0.86$	若 $x \leqslant 0.12$，则贡献差 若 $x \geqslant 0.13$，则贡献好	
传统节日促销	$0 \leqslant x \leqslant 0.97$	若 $x \leqslant 0.13$，则贡献差但有例外 若 $x \geqslant 0.14$，则贡献好	FX02 店例外

值得一提的是，低档和桶酒两个因素是高度正相关的，即 FX 白酒产品的低档酒大比例桶装，桶酒均为低档酒。因此，这两个因素上的经验知识几乎是等价的。

除上述 5 个全解释因素以外，其他 26 个因素对业绩类别的耦合是多因素复合的，即单一因素对业绩类别不具备独立的解释能力，是非全解释因素。

首先删除表 5.2 中低档、桶酒、固态法、元旦和传统节日促销 5 个全解释因素的数据，然后，由差转计算算法建立多因素耦合分析的经验知识。

在销售手段类因素中，除传统节日促销外，各因素主导的耦合分析，均需要其他因素辅助。特别促销因素需要中档因素的辅助，方可对 23 家门店的等级进行辨识。换句话说，特别促销因素只能解释 21 家门店的等级，剩余 2 家门店的等级需要用中档因素补充解释。无促销因素也需要中档因素辅助。以上主导因素和辅助因素得到的经验知识，见表 5.4。

表 5.4　　销售类因素（除传统节日促销）主导的经验知识

主导因素	辅助因素	经验知识
特别促销（x）	中档（y）	若 $x \leqslant 0.07$，则贡献差 若 $x \geqslant 0.08$，则贡献好 未尽样本：若 y 得分低，则贡献差；否则贡献好
无促销（x）	中档（y）	若 $x \leqslant 0.09$，则贡献差 若 $x \geqslant 0.26$，则贡献好 混淆和未尽样本：若 y 得分低，则贡献差；否则贡献好

同理，极限让利促销因素需要春节因素的辅助；一般促销因素需要继续教育因素的辅助。但这两种情形的差转计算经验知识的可解释性弱。

在时节类因素中，除元旦外，其他因素主导的耦合分析中，中秋国庆节、清明节因素均需中档因素辅助；非节日因素也需要中档因素辅助；劳动节因素需要高档因素辅助；春节因素则需要固液法因素辅助。所得到的经验知识，见表 5.5。

表 5.5　　时节类因素（除元旦）主导的经验知识

主导因素	辅助因素	经验知识
中秋国庆节（x）	中档（y）	若 $x \leqslant 0.10$，则贡献差 若 $x \geqslant 0.15$，则贡献好 混淆和未尽样本：若 y 得分低，贡献差；否则贡献好
清明节（x）	中档（y）	若 $x \leqslant 0.13$，则贡献差 若 $x \geqslant 0.19$，则贡献好 混淆和未尽样本：若 y 得分低，则贡献差；否则贡献好
劳动节（x）	高档（y）	若 $x \leqslant 0.24$，则贡献差 若 $x \geqslant 0.28$，则贡献好 混淆和未尽样本：若 y 得分适中，则贡献好；否则贡献差
非节日（x）	中档（y）	若 $x \leqslant 0.12$，则贡献差 若 $x \geqslant 0.25$，则贡献好 混淆和未尽样本：若 y 得分低，则贡献差；否则贡献好

主导因素	辅助因素	经验知识
春节（x）	固液法（y）	若 $x \leqslant 0.02$，则贡献差 若 $x \geqslant 0.09$，则贡献好 混淆和未尽样本：若 y 得分适中，则贡献好；否则贡献差

在产品类因素中，价格因素主导的耦合分析中，中档因素需要盒酒因素辅助；高档因素需要排面陈列因素辅助，然而，差转计算得到的经验知识的可解释性弱。酒精度因素的耦合分析中，高度酒因素需要中档因素辅助，中度酒因素需要高档因素辅助。所得到的经验知识，见表5.6。

表5.6　　　　　　　　　　酒精度因素主导的经验知识

主导因素	辅助因素	经验知识
高度酒（x）	中档（y）	若 $x \leqslant 0.11$，则贡献差 若 $x \geqslant 0.152$，则贡献好 未尽样本：若 y 得分低，则贡献差；否则贡献好
中度酒（x）	高档（y）	若 $x \leqslant 0.26$，贡献不确定 若 $x \geqslant 0.27$，则贡献好 混淆和未尽样本：若 y 得分低，则贡献好；否则贡献差

包装因素主导的耦合分析中，瓶酒因素需要中档因素辅助，盒酒因素需要高档因素辅助。瓶酒与盒酒因素的得分高度正相关，得分和门店促销贡献等级正相关，得分越高，促销贡献越好，阈值均为0.04。辅助因素经验知识的可解释性弱。

在环境类因素中，仅客单价因素具有较强的解释能力且经验知识的可解释性好，但需要中档因素辅助。所得到的经验知识，见表5.7。

表 5.7　　　　　　　　　客单价因素主导的经验知识

主导因素	辅助因素	经验知识
客单价（x）	中档（y）	若 $x \leq 0.51$，则贡献差（SY05 店例外） 若 $x \geq 0.52$，则贡献好 未尽样本：若 y 得分低，则贡献差；否则贡献好

特殊陈列因素有一定的主导性解释能力，排面陈列因素几乎没有独立的解释能力。两个因素的算法经验知识可解释性弱。

在团队类因素中，仅卖点认知因素有一定的解释能力，且需要高档因素辅助，根据图 5.1 中情形（3），卖点认知因素主导的经验知识可解释性弱。继续教育和领导激励两个因素有一定的主导性解释能力，但均需管理范式因素辅助；继续教育因素的解释能力优于领导激励因素。管理范式、自学习模式、资质能力和敬业精神几乎没有独立解释能力。

5.3　销售业绩全解释因素重要性的理论解析

根据影响因素理论模型，指标体系代表相对理想的、完善的销售业绩影响因素，而基于偏序集的单因素分析得到的门店分类结果反映的是销售实践。基于差转计算的多因素耦合分析能够辨识各个因素能否很好地解释实践的结果，以利于进一步识别大型商超白酒销售业绩的关键影响因素以及起主要决定作用的关键影响因素。

在表 5.3 中，陈述了 5 个全解释因素的经验知识。低档、桶酒、固态法、元旦和传统节日促销在门店促销贡献等级评价中的高度可解释性，表明这 5 个因素均为对销售业绩起主要决定作用的关键影响因素。为了进一步揭示大型商超白酒销售业绩影响因素的内在机理，首先对销售业绩全解释因素的重要性进行理论解析。

（1）低档和桶酒的经验知识是等价的，要重视桶酒的营销策略研究

如图 5.2 所示，各门店在低档和桶酒两个全解释因素上得分线性相关，特别在低分区高度线性相关。

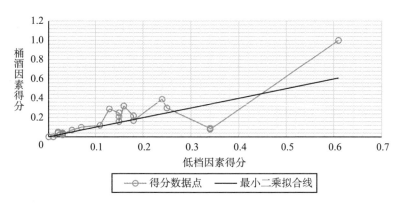

图 5.2　各门店在低档和桶酒两个因素上的得分

差转计算在两个因素上发现的阈值均为 0.07，表明 23 家门店促销贡献的差异，分别由低档和桶酒两个因素进行解释，结果等价。在营销理论中，通常称比值 "100%×产出量/投入量" 为贡献率。从利润来源的产品结构来看，在大润发连锁超市销售的 41 款 FX 白酒产品中，有 21 款为低档，其中仅有 8 款为桶酒。低档酒占比约50%，其销售额约占总销售额的 60%，利润贡献率为 120%；桶酒占比不到 20%，其销售额却达到了总销售额的 26% 以上，利润贡献率超过 130%。

由于低档和桶酒两个因素的赋分是基于销售额统计数据的，促销贡献等级源于偏序集分析的分类结果。差转计算关于低档和桶酒两个因素的耦合分析，发现二者的经验知识高度相似，在门店促销贡献评价中高度可解释。鉴于此，在指标体系管理中，仅观察一个因素即

可。从直观性视角，桶酒比低档更有辨识度，统计分析更便捷，因此，管理观察只聚焦"桶酒"因素，可以忽略"低档"因素。

由影响因素理论模型的核心因素层系关系细化可知，作为核心顾客价值载体的实体产品（质量、品牌、包装等）应契合顾客需求（属性、心理、行为等），同时顾客需求要在诸层因素的相互作用下，投射到实体产品上。桶酒顾客多为自饮型消费者，换个说法是 FX 白酒的忠实客户。对于自饮型消费者而言，桶酒具有较高的性价比，顾客需求与实体产品高度契合，所以，此类顾客不是流动性的，在一定意义上同商超的客流量无关。由于单一的低价竞争策略会导致品牌形象受损，利润水平下降，属于低水平竞争战略，不利于企业长期发展[144]，故从提升销售业绩的角度，对桶酒进行文化包装和多维推介，进一步培育 FX 白酒的忠诚消费者，是产品管理和促销管理过程中必须高度重视的课题。

需要注意经验知识的例外情形。在基于 Hasse 图的门店分类中，4 号门店（AS01 店）和 6 号门店（AS02 店）的促销贡献等级为"差"。但是，在低档因素的差转计算经验知识中，判定 4 号门店促销贡献等级为"好"；在桶酒因素的差转计算经验知识中，判定 4 号、6 号门店促销贡献等级为"好"。算法的经验知识符合这两家门店的实际。鞍山是中国第二大钢铁工业基地，也是典型的东北老工业基地，消费文化相对保守，客单价低，门店整体销售额偏低，导致偏序集分类评价结果为"差"。两家门店周边消费者大多数为鞍钢工人，性格坦荡，喜饮 FX 白酒，偏好低档酒，尤其认为高性价比的桶酒喝起来更实惠，培育了一批 FX 白酒的忠诚消费者。这进一步表明影响因素理论模型中可控因素和可用因素的变化，应结合弥散因素的动态影响。多因素耦合分析的经验知识印证了这一点。

（2）提高消费者对 FX 白酒固态法酿造和品质的认知是改善促销贡献的重要手段

根据影响因素理论模型的核心因素层系关系细化，顾客对于产品的需求投射，归根结底还是取决于产品自身的质量。固态法白酒即俗称的纯粮食酒，决定着白酒产品的内在品质。作为可控因素，固态法酿造的白酒产品更能够吸引消费者。在大润发销售的 41 款 FX 白酒中，34 款产品为固态法白酒，其销售额占总销售额的 82% 以上。可见固态法因素对于门店分类评价具有决定性影响，固态法因素得分越高，门店促销贡献越好。

如图 5.3 所示，"固态法" 与 "桶酒" 两个因素的得分正相关。

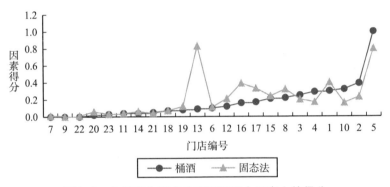

图 5.3 各门店在固态法和桶酒两个因素上的得分

根据图 5.3，更容易理解 4 号门店（AS01 店）在固态法因素的差转计算经验知识中的推断同偏序集分类结果的不同，4 号门店桶酒因素得分 0.29，固态法因素得分 0.17。在 FX 白酒产品中，盒酒和瓶酒均为固态法酿造，只有桶酒有固态法和固液法之分。13 号门店（FX01 店）坐落于大本营市场，是业绩第一门店，在固态法因素上 0.83 的超高分和桶酒因素上 0.08 的得分表明，当地消费者对 FX 白酒品质高度认可。5 号门店（SY02 店）是 FX 白酒在沈阳中心城区较早开拓的大润发门店，在桶酒和固态法两个因素上均有较高的得分，表明周边以自饮为主的消费群体对固态法桶酒的性价比存在较高的认可度。另外，16 号门店（LY01 店）、17 号门店（SY06 店）、8 号门店（SY03 店）和 1 号门店（SY01 店），在固态法因素上得分高于桶酒因素，且在桶酒因素上得分处于高分段，同样表明门店周边以自饮为主的消费群体对固态法桶酒的性价比持有较高的认可度。

需要强调指出的是，第 4 章基于偏序集决策分析技术的单因素分析，未能识别出固态法是影响大型商超白酒销售业绩的关键因素；而本章基于差转计算的多因素耦合分析，发现了固态法是影响销售业绩的起主要决定作用的关键因素，这一结果符合销售实践的常识性认知，也印证了影响因素理论模型的内在机理。也就是说，本章的耦合分析补充和修正了第 4 章单因素分析的经验知识，也反映了基于多因素指标体系的评价和分析对销售实践的指导作用。

综上所述，多因素耦合的差转计算经验知识，挖掘 FX 白酒独特的固态法酿造工艺的价值，对 FX 白酒工艺和品质特色进行文化包装，可结合当地的三丰故里文化，研发张三丰养生酒[146]，辅以适度的广告宣传和促销活动，不断提升自饮型消费者对 FX 白酒性价比的认知水平，进而提升 FX 白酒的市场占有率和品牌竞争力。在此过程中，鉴于传统媒体与新媒体仍然处于相互竞争阶段，且从信息的传播源分析，新媒体的传播源混乱容易出现"噪声"，而传统媒体的传播源是稳定的主流声音[235]，因此 FX 酒业的品牌推广，应兼顾广播、电视、报纸等传统媒体和微信、抖音、快手等新媒体的广告宣传。

（3）元旦和传统节日促销是改善大型商超白酒销售业绩的重要契机

由图 4.1 可知，作为可控因素的传统节日促销深刻影响各门店的销售业绩，销售额约占总销售额的 40%。元旦期间的白酒销售额受极限让利促销活动的组织、宣传、服务的影响显著。通常，元旦因素的节日效应在 5 天左右，约占全年节日档期的 2.6%，但其销售额约占节日总销售额的 5%，元旦因素的利润贡献率则高达 192%。由表 5.3 可知，元旦和传统节日促销两个因素的差转计算经验知识比较相似，观察二者的得分可以解释这种相似性。各门店在元旦和传统节日促销两个因素上的得分，如图 5.4 所示。

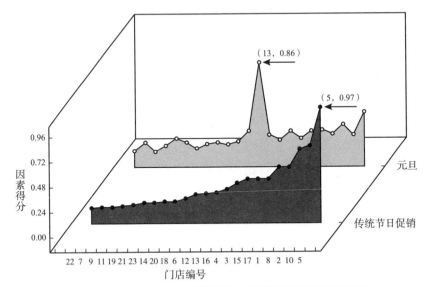

图 5.4　各门店在元旦和传统节日促销两个因素上的得分

影响因素理论模型明确了销售主体性的实务与市场、功能性的策略与战略，以及产品因素、时节影响、环境因素、销售手段和团队因素五大类影响因素之间的结构关系。元旦和传统节日促销两个完全耦合因素的算法经验知识进一步印证了这一点。

在图 5.4 中，元旦因素的分类阈值为 0.12，传统节日促销的分类阈值为 0.13，由这两个因素对门店促销贡献的评价同偏序集决策分析得到的门店等级评价的结果高度一致。

19 号门店（FX02 店）例外，传统节日促销因素得分过低，导致差转计算经验知识推断与偏序集决策分析评定等级不同。这一结果或许同 19 号门店（FX02 店）2016 年 9 月新开业、影响力不及 13 号门店（FX01 店）、新招导购员业务不熟练等因素有关。13 号门店（FX01 店）元旦因素得分远大于传统节日促销因素。以 13 号门店（FX01 店）为界，高分段均为传统节日促销因素得分大于元旦因素得分，偏序集决策分析评定的门店促销贡献等级均为好。在低分段，除 6 号门店（AS02 店）、18 号门店（AS03 店）和 23 号门店（DL01 店）外，其他门店同阜新的两家门店类似，元旦因素得分均大于传统节日促销因素，特别显著的是阜新邻近的 7 号门店（CY01 店）和 21 号门店（PJ02 店）。

　　根据影响因素理论模型的内在机理，促销因素通常结合时节影响、产品因素、团队因素、商超环境、白酒文化来开展，即影响因素理论模型的可控因素、可用因素与弥散因素之间既是分层的，又是彼此联动的。传统节日促销因素得分最高为 5 号门店（SY02 店）。13 号门店（FX01 店）和 19 号门店（FX02 店）的传统节日促销因素得分表现平平，或许可以理解为产地消费者有更多渠道购买 FX 白酒，或许因为表誉文化影响，有求新求异的多样性消费偏好。但是低分段较为普遍的元旦因素得分大于传统节日促销因素得分，可能意味着门店的促销活动的组织、宣传、服务等环节有更大的改进和提升空间。13 号门店（FX01 店）、19 号门店（FX02 店）以及 7 号门店（CY01 店）和 21 号门店（PJ02 店）在元旦期间的促销经验值得进一步挖掘。在高分段，各门店传统节日促销因素得分显著大于元旦因素得分，从一个侧面反映出消费者对 FX 白酒品质和中高档产品的需求。受东北老工业基地的消费文化影响，传统节日期间馈赠或宴请的酒用动因导致中高档酒需求激增，极大地提升了 FX 白酒的销售额。

5.4　销售业绩非全解释因素重要性的理论解析

（1）销售手段类因素主导的经验知识分析

结合表 5.4 分析发现，除传统节日促销因素以外，特别促销和无促销两个因素主导的耦合分析发现的经验知识具有较好的可解释性，这为非全解释因素重要性的理论解析提供了启示。

根据表 4.1，特别促销属于突出某一品种的主题促销，在宣传力度方面与极限让利促销相似，但价格优惠幅度比极限让利促销小，兼有对老顾客和特殊消费群体的专项优惠意向。

在多因素耦合的差转计算分析过程中，特别促销因素仅对两个样本没有解释能力，算法的经验知识有良好的可解释性。未尽样本可由中档因素辅助解释。结合第 4 章 Hasse 图和秩均值分析，特别促销有可信赖的量价代偿效应，对于大型商超白酒销售业绩有着关键影响。由表 5.2 可知，13 号门店（FX01 店）特别促销指标得分 0.99，19 号门店（FX02 店）特别促销指标得分 0.26，位列第一位和第二位，表明产地消费者对 FX 白酒品质高度认可。

平日，无促销因素的差转计算经验知识也有良好的可解释性。阜新地区的 2 家门店、沈阳地区的 6 家门店（SY07 店除外）和辽阳、营口地区的 2 家门店，共 10 家门店在无促销因素上的得分显著高于其他门店，且得分排序呈线性增加特征。其中，5 号门店（SY02 店）的得分 0.60 最高，高出产地 13 号门店（FX01 店）得分 146%。由于 FX01 店坐落于大本营市场，FX 白酒在产地的销售渠道相对于其他城市更为广泛，消费者选择空间更为多样，当 FX01 店 FX 白酒无促销活动时，消费者会转而涌向其他渠道购买 FX 白酒，于是出现了市场基础相似，但 FX01 店与 SY02 店在无促销因素上得分差异较大的情况。

以上解析表明，销售手段类因素主导的经验知识与影响因素理论模型的内在机理和市场环境的实际动态是相符的，对于销售业绩提升的策略设计，具有重要的参考意义。

（2）时节类因素主导的经验知识分析

除了元旦，其他时节类因素耦合分析经验知识均有一定的可解释性。中秋国庆节、元旦、非节日得分有较高的线性相关性。各门店时节类因素上的得分分布特征，如图 5.5 所示。

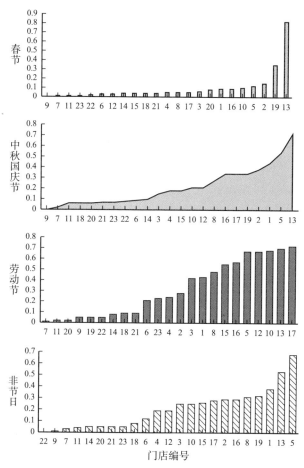

图 5.5　各门店时节类因素上的得分分布特征

①春节因素方面，阜新两店的得分遥遥领先于其他门店。FX 白酒在大本营市场的影响力相对强势，因此 13 号门店（FX01 店）、19 号门店（FX02 店）的市场占有率较高。鉴于 FX 白酒的品牌影响力，春节期间来阜新人员买礼品走亲访友，以及宴会用酒和带纪念品返程，都会首选 FX 白酒，形成了 FX01 店和 FX02 店 FX 白酒的购买高

峰。同时，由于春节期间促销力度最大，阜新本地的烟酒店和二批商为达到低成本囤货目的，也会大批量抢购大润发连锁超市的 FX 白酒促销产品。

结合表 5.5 分析发现，春节因素有 9 家门店需要固液法因素辅助，组成全解释因素对，这 9 家门店分别为 6 号门店（AS02 店）、12 号门店（SY04 店）、14 号门店（KY01 店）、21 号门店（PJ02 店）、18 号门店（AS03 店）、15 号门店（SY05 店）、4 号门店（AS01 店）、8 号门店（SY03 店）和 17 号门店（SY06 店）。固液法白酒属于低端产品，在 FX 白酒产品中，仅个别桶酒为固液法白酒。客单价低的门店，由于低端白酒消费人群占比较高，固液法白酒销售额较高。因此，春节期间固液法白酒销售额低的 SY04 店、SY05 店、SY03 店、SY06 店为 1 类门店即好店，反之固液法白酒销售额高的 AS02 店、KY01 店、PJ02 店、AS03 店、AS01 店为 0 类门店即差店。这也表明，基于差转计算的多因素耦合分析与基于偏序集的单因素分析的结果，是符合商超销售实际情况的。

②中秋国庆节的得分有非线性区分度。中秋国庆节宴会和馈赠的酒用需求小于春节，门店促销活动的力度也小于春节，因此未出现井喷式旺销的门店。结合表 5.5 分析发现，4 号门店（AS01 店）和 15 号门店（SY05 店）的中秋国庆节因素需要中档因素辅助，组成全解释因素对。结合销售记录，这两家门店在中秋国庆节期间整体销售额较低，低档酒销售额占比较小，中档酒销售额占比较大。中秋国庆节期间中档酒销售额高的 SY05 店为 1 类门店即好店，反之中档酒销售额低的 AS01 店为 0 类门店即差店。

③劳动节得分有分段聚集区分度。通过劳动节与非节日因素得分的分布特征比较，发现二者特征基本相仿。说明劳动节期间各门店 FX 白酒的销售表现只是非节日期间销售表现的相应"放大"，这与市场环境的实际是相符的。劳动节处于白酒销售最淡的第四销售季，销售业绩主要受消费环境（客单价）的影响，因

此，呈分段聚集的特征，这与时节因素的促销响应分析的结论是一致的。基于表5.5，22号门店（SY07店）、9号门店（TL01店）和19号门店（FX02店）劳动节因素需要高档因素辅助，组成全解释因素对。销售记录显示，此3家门店在劳动节期间整体销售额较低，高档酒销售额占比较大。高档酒销售好的FX02店为1类门店即好店，反之SY07店和TL01店为0类门店即差店，印证了偏序集决策分析的结果。

④非节日得分有分段聚集区分度。非节日期间各门店销售业绩主要受客单价影响，因此呈分段聚集的特征，与劳动节相似。结合表5.5分析发现，4号门店（AS01店）和12号门店（SY04店）的非节日因素需要中档因素辅助，组成全解释因素对。非节日期间各门店主要围绕桶酒轮流开展促销活动，对于中档酒促销力度较小，于是中档因素的标识作用便凸显出来。非节日期间中档酒销售表现好的SY04店为1类门店即好店，反之AS01店为0类门店即差店。

鉴于劳动节和非节日两个因素经验知识的等价性和可解释性，在影响因素指标体系的管理观察过程中，只观察一个因素即可。从直观性的视角，"非节日"比"劳动节"在统计分析方面更加便捷，因此，管理观察只聚焦"劳动节"因素，可以忽略"非节日"因素。

（3）产品类因素主导的经验知识分析

产品类因素中，结合表5.6分析发现，高度酒因素由中档因素辅助形成全解释因素对，中度酒因素由高档因素辅助形成全解释因素对。大型商超是中、高档白酒品牌的集散地，竞品白酒繁多，FX白酒在排面陈列和特殊陈列中的品项越多，顾客购买机会越多，产品竞争优势越大。目前，FX白酒中档产品缺乏高度酒，高档产品缺乏中度酒，容易造成相应价位段的销售额流失，不利于进一步提高市场占有率和品牌竞争力。

值得一提的是，在全部26个非全解释因素中，中档因素共与其中的 9 个因素组成了全解释因素对，可见其差转计算经验知识值得关注。第 4 章基于偏序集的单因素分析结论表明，低档和高档为大型商超白酒销售业绩的关键影响因素。对 FX 酒业经营管理的启示是：应对中档酒产品结构进行升级，但在新品中档酒上市之前，须合理减少中档酒的促销品种。FX 白酒属于省级强势品牌，其影响力不及茅台、五粮液等全国一线品牌，只有购买土特产、赠送纪念品以及举行重要宴会的酒用需求，才会让消费者购买 FX 高档酒，导致高档酒销售量远逊于低档酒。而低档酒虽然销售量大，但利润较低，无法真正成为大型商超白酒产品未来销售业绩提升的中坚力量。因此，多因素耦合分析的经验知识再次表明，对于 FX 白酒产品结构而言，中档酒才是未来大型商超白酒销售业绩提升的主力所在。

（4）环境类因素主导的经验知识分析

环境类因素中，结合表 5.7 分析发现，客单价因素具有一定的解释能力，由中档因素辅助形成全解释因素对，其差转计算的经验知识有较好的可解释性。表明客单价因素和门店周边的消费能力对门店促销贡献有重要影响，这与环境因素偏序集单因素分析的结论是一致的。

（5）团队类因素主导的经验知识分析

团队类因素中，结合表 5.8 分析发现，仅卖点认知因素有一定的解释能力，且卖点认知主导的经验知识可解释性弱，而其他团队因素的解释能力更弱。卖点认知因素不能解释的样本分别为 SY07 店、KY01 店和 FX02 店，需要高档因素辅助形成全解释因素对。SY07 店和 KY01 店本身为差店，FX02 店为新开门店，导致三家门店卖点认知指标的分值相仿。结合销售记录，高档酒销售额高的门店为 1 类门店即好店，反之为 0 类门店即差店。FX02 店占据大本营市场的地利优势，其高档酒销售额远远高于 SY07 店和 KY01 店，门店偏序集分类评价结果为好店，这与市场实际相符。

团队因素解释能力弱，启示应结合影响因素理论模型，在团队建设方面做更多的工作。FX 酒业应强化党建工作对团队管理的引领作用，针对大型商超导购员队伍中个别党员和员工经济观念强、政治观念弱，雇用意识强、主人意识淡，短期行为多、长期打算少等倾向，不断提升党组织对党员的凝聚力和对员工的影响力；并基于"现代企业制度＋企业党建＋社会责任"三位一体的"中国特色现代企业制度"模式[236]，结合团队管理持续抓好导购员队伍"亮身份、促发展、树形象"系列活动，持续提升导购员的敬业精神。

此外，还应锚定数字化营销团队建设目标，结合关键影响因素，加快销售和服务体系"数字化"建设[29]。借鉴李明宇和刘建辉[237]的仿真系统研究成果，根据影响因素理论模型和指标体系，可构建大型商超白酒营销管理虚拟仿真系统。在平台上，大型商超的产品因素、时节影响、环境因素、销售手段和团队因素，均可通过鼠标选定，结合关键影响因素和 5 个起主要决定作用的关键影响因素，对五维联动结构的科学运行进行优化设置。这些调整后的数据会传递给后台的量化模型，分析后反馈给显示模型，显示模型则将数据以仿真动画等信息形式呈现给操作人员和管理人员，体现出良好的交互性与实战性，对于继续教育、促销控制和管理范式意义重大。

5.5 销售业绩的关键影响因素

基于第 2 章的影响因素理论模型和第 3 章的影响因素指标体系，综合第 4 章的单因素分析和本章的多因素耦合分析，共识别出 17 个关键影响因素，其中 5 个因素为起主要决定作用的关键影响因素，见表 5.8。

表 5.8 大型商超白酒销售业绩的关键影响因素

	一级指标	二级指标	三级指标
大型商超白酒销售业绩影响因素	产品因素	价格	低档 **
			中档
			高档 *
		包装	盒酒 *
			桶酒 **
			瓶酒
		酿造方法	固态法 **
			固液法
		酒精度	高度酒 *
			中度酒
	时节影响	节日	春节 *
			中秋国庆节 *
			元旦 **
			清明节
			劳动节
		非节日	非节日
	环境因素	消费环境	客单价 *
		有形展示	特殊陈列
			排面陈列
	销售手段	促销	极限让利促销 *
			传统节日促销 **
			特别促销 *
			一般促销
		无促销	无促销
	团队因素	个体素质	资质能力
			敬业精神 *
			卖点认知 *

	一级指标	二级指标	三级指标
大型商超白酒销售业绩影响因素	团队因素	团队培育	领导激励*
			自学习模式
			管理范式*
			继续教育

注："*"和"**"分别代表"关键影响因素"和"起主要决定作用的关键影响因素"。

（1）17个关键影响因素

由表5.8可知，在影响因素指标体系的31个影响因素中，共识别出17个因素为大型商超白酒销售业绩的关键影响因素。具体为：产品类因素6个——盒酒、桶酒、固态法、高度酒、低档、高档；环境类因素1个——客单价；团队类因素4个——敬业精神、卖点认知、领导激励、管理范式；销售手段类因素3个——极限让利促销、特别促销、传统节日促销；时节类因素3个——春节、中秋国庆节、元旦。

（2）5个起主要决定作用的关键影响因素

表5.8显示，在指标体系的31个影响因素中，共识别出5个全解释因素为大型商超白酒销售业绩起主要决定作用的关键影响因素，具体为：产品类因素3个——低档、桶酒、固态法，时节类因素1个——元旦，销售手段类因素1个——传统节日促销。

5.6　本章小结

本章基于第2章的影响因素理论模型，以第3章23家门店的31个三级指标得分归一化数据作为大型商超白酒销售业绩影响因素分析的多因素观测数据，并以第 4 章门店促销贡献的 Hasse 图分类结果作为差转计算算法的耦合目标，进行多因素耦合分析，发现低档、桶酒、固态法、元旦、传统节日促销 5 个因素对门店类别有完全的解释能力，其他因素需要彼此联合才能对门店类别做出解释。基于第 4 章单因素分析和本章多因素耦合分析，识别出大型商超白酒销售业绩关键影响因素 17 个，其中 5 个因素为起主要决定作用的关键影响因素。根据差转计算算法原理及上述结论，本章研究又有如下深入发现。

（1）多因素耦合分析印证了"销售为王"的实践不能完整地掌控理论上必要的影响因素

差转计算的经验知识表明，影响因素指标中，低档、桶酒、固态法、元旦、传统节日促销 5 个因素对门店类别有完全的解释能力，说明在销售业绩的形成中，这 5 个因素发挥着至关重要的作用；也映射出销售实践中，除这 5 个因素以外，对其他因素的掌控和利用，与理论的要求是有距离的。其他因素需要彼此联合才能对门店销售业绩做出诠释，产品类因素的解释能力较强，时节类与环境类因素的解释能力不均衡，团队类因素的解释能力普遍较弱。

由差转计算的算法原理，一个因素对另外一个因素有全解释能力，表明因素之间存在因果联系，某种意义上对解释因素的观察等价于对结果因素的观察。结合实践经验，基于因果推理的多因素耦合的差转计算分析结果，能更准确地反映因素对销售业绩的影响。结合第 4 ~ 第 5 章的分析，敬业精神和卖点认知是当下销售团队素质和能力的关键因素。但是，单因素分析和多因素耦合分析的结果表明，这种关键性作用同产品类的低档因素、销售手段类的传统节日促销因素的作用比较仍然是薄弱的。理论上在销售业绩的形成中，销售团队的素质和能力同产品自身的性价比、促销类型一样，应该发挥重要的作用，但量化分析的结果没能证明这一点，进一步启示管理者在团队建设方面需要做更多的工作，包括锚定数字化营销团队建设目标，通过构建大型商超白酒营销管理虚拟仿真系统来培训销售人才，并科学推演管理者的营销决策，从而提升团队效能。

（2）全解释因素和非全解释因素能够很好地诠释影响因素和销售业绩之间的联系

销售业绩全解释因素和非全解释因素重要性的理论解析结论，有明确的营销管理内涵与价值，且多因素耦合分析得到的经验知识揭示了大型商超白酒销售业绩提升策略的遵循原则。

①白酒销售应以品质宣传为主题，强化对白酒固态酿造工艺的文化包装和体验式营销。

②优化以自饮消费者为主要对象的非节日销售活动。

③以 B 类特别促销为主，细化促销活动的对象、主题、形式与内容，实现精准销售。

④精心组织 C 类传统节日促销，特别是春节、中秋国庆节两大节日的促销产品、活动的设计，以高性价比的中高端产品为主导，扩大白酒品牌影响和产品辐射的时空范围。

6 基于关键影响因素的大型商超白酒销售业绩提升策略

本书第 5 章采用差转计算算法进行了多因素耦合分析，结合第 4 章的单因素分析，识别出关键影响因素和起主要决定作用的关键影响因素，揭示了销售业绩提升策略的遵循原则。根据影响因素理论模型五维联动结构的各维度须与其他维度联动分析的内在机理，本章基于关键影响因素，从产品管理、团队管理、时节管理、销售手段管理、环境管理五个维度，提出白酒企业的大型商超白酒销售业绩提升策略，不仅有助于调整产品结构与升级品质，而且有助于提高团队效能和优化促销实践，并有助于推动白酒企业"双碳"目标的实现。

6.1 产品管理策略

在影响因素理论模型中，产品因素属于可控因素。产品结构是白酒企业经营管理的重心所在，对于改善大型商超白酒销售业绩至关重要。产品因素的促销效能分析结论表明，具有高酒精度、固态法酿造和中档价格的白酒，是促销效能好的产品。为契合顾客不断变化的消费需求，FX 酒业须结合实证分析的结论，基于关键影响因素探讨产品结构调整的策略，持续做到产品形象层次分明、价格档次衔接有序、价值主张各具特色。

6.1.1 强化产品职能分类

根据大型商超白酒销售业绩单因素分析和多因素耦合分析的研究结论，以 x 轴正方向作为销售毛利增加，负方向作为销售毛利减少；y 轴正方向作为销售量增加，负方向作为销售量减少，绘制产品销售量、销售毛利关系图，即白酒企业在大型商超销售的白酒产品职能分类图，如图 6.1 所示。

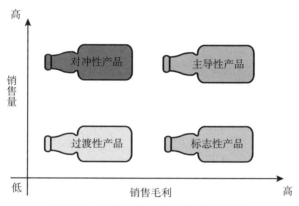

图 6.1 大型商超白酒产品职能分类

在图 6.1 中，销售量高销售毛利也高的产品为销量中坚，属于主导性产品；销售量低但销售毛利高的产品代表品牌形象，属于标志性产品；销售量高但销售毛利低的产品专为抢夺竞品市场而研发，属于对冲性产品；销售量低销售毛利也低的产品面临淘汰升级，属于过渡性产品。FX 白酒的消费群体以省域门店辐射区域的忠诚消费者为主，产品因素的促销效能分析结论为产品的分类与优化策略提供了启示。FX 酒业在大型商超的白酒产品须根据不同职能进行科学分类，采取不同的管理策略，且在销售过程中进行与时俱进的淘汰、升级和开发。

（1）以"主力产品"确保销售业绩达成

对于白酒企业而言，主力产品包括主导性产品和标志性产品，其销售额对于大型商超白酒销售业绩的达成具有决定性的作用。本章研究的41款FX白酒产品中，H28（52度FX天酿窖龄20年）属于主导性产品，H37（52度FX天酿窖龄60年）则属于标志性产品。

①应以主导性产品为核心调整大型商超白酒产品结构。基于差转计算的多因素耦合分析结论表明，在26个非全解释因素中，中档因素共与9个因素组成全解释因素对，体现了中档因素的营销管理内涵与价值。FX白酒作为地域性强势品牌，高档酒销量有限，低档酒虽然销量大但利润低，因此中档酒才是销售业绩提升的潜在主力产品。产品因素的促销效能分析结论显示，作为关键影响因素，酒精度对于产品促销贡献和效率均有显著的影响，高度酒的促销贡献和效率明显高于中度酒，即高度酒比中度酒更受消费者欢迎。同时，根据销售业绩非全解释因素重要性的理论解析结论，高度酒因素由中档酒因素辅助形成全解释因素对，表明FX白酒产品结构中缺少中档的高度酒，急需开发和升级适销对路的中档高度酒，助力销售业绩提升。

②应强化大型商超白酒产品的品牌展示及价格标杆作用。主力产品中的主导性和标志性产品在商超渠道的销售价格应略高于流通渠道和餐饮渠道，这样既能发挥价格标杆作用，又可为促销活动留有余地。对于主导性和标志性产品，应设计改进这一酒类包装的"家族脸谱"，使底蕴深厚、品质出众、包装精美的FX白酒更能契合酒用需求并激发消费者的冲动性购买。

③应将其他渠道的主力产品合理导入大型商超渠道。本章研究的41款FX白酒中，仅有一种香型——浓香型。数据分析显示，消费者高度关注白酒品质，尤其对酒的酿造方法与酒的品质之间的关联比较敏感。影响这一消费群体购买决策的主要因素是"口感"和由"口感"培育出的"习惯"。FX酒业应该响应消费者的需求，把餐饮渠道和流通渠道的酱香型、芝麻香型和兼香型等FX白酒主力产品，合

理导入大型商超渠道，以契合消费者的差异化需求投射，形成新的销售业绩增长点。

（2）以"对冲性产品"抵消竞品白酒威胁

对于白酒企业而言，对冲性产品的职能是对竞争对手同档次、同类型的白酒产品的市场影响和威胁进行对冲和抵消，实现争夺消费者和阻击竞品的战术意图。对冲性产品在非节日期间以正常的零售价销售，一旦进入第一销售季和第二销售季，则以超大力度的价格手段参与促销活动，形成对冲竞品白酒的爆款产品。对冲性产品的包装设计必须极具视觉冲击力，在契合表誉文化需求方面务必高于同一档次的竞品。产品因素的促销效能分析结论表明，无论 C 类促销还是 A 类促销，均出现了 H02（52 度 FX 天酿）的日均销售额远高于其他品种的特点。H02 白酒即属于 FX 酒业成功的"对冲性产品"，分别参加了 2016 年、2017 年元旦的"低价风暴"活动，因产品形象好、品质优和性价比高，一经推出就受到市场热捧，成为大润发连锁超市各门店销量最高的大单品。FX 酒业应吸纳 H02 白酒的成功做法及竞品的成功经验，研发不同档次的对冲性产品，用于旺季对冲战术，抢夺竞品白酒的顾客群和销售额。

（3）以壮士断腕的气魄调整"过渡性产品"

过渡性产品缺乏顾客点击率和市场竞争力，促销效率和贡献均为最低，销售额也在各门店垫底，需要升级换代或开发新品取而代之。基于产品因素的促销效能分析结论，FX 酒业急需重新研发的"过渡性产品"包括 P08（45 度 FX 仙醇）、P11（42 度 FX 王酒）和 P19（42 度 FX 天酿一杯香）；急需升级换代的"过渡性产品"包括 T06（42 度 FX 天酿养生酒 2L）、H13（42 度 FX 仙醇八年陈）、H24（52 度 FX 天酿典藏三星）和 H30（52 度 FX 琼浆匠心传奇）。

6.1.2　优化产品研发管理

基于影响因素理论模型的核心因素层系关系细化，作为核心顾客价值载体的实体产品应契合顾客需求，同时顾客需求要在诸层因素的相互作用下，投射到实体产品上。因此，产品的升级与开发须准确把握核心顾客价值，强化实体产品同核心顾客价值的契合度，契合度越高，越容易形成市场竞争优势。因此，在 FX 白酒产品的升级与开发过程中，其包装、酿造方法、酒精度、价格等可控因素，需与时节影响、消费心理等可用因素和白酒文化、表誉文化等弥散因素精心组合，从而最大限度地契合并维系核心顾客价值需求。

（1）表誉文化是影响消费者购买决策的弥散因素，产品研发管理必须予以融合

由时节因素的促销响应分析结论可知，中、高档白酒体现了浓烈的"节日专卖品种"属性，这也符合逢年过节走亲访友的"表誉文化"内涵——消费者希望通过白酒产品传达出自己的地位和认同。消费者的表誉需求为白酒企业带来了市场空间和利润空间，应根据不同目标市场对大型商超白酒产品进行整体层次划分，结合表誉文化选择恰当的产品定位。具体来说，应基于 FX 白酒的"文化传承禀赋"和"品牌辨识度"，找到消费者表誉需求的契合点——融合诗酒文化、历史文化和地域文化的内涵与价值，例如针对男性消费者的市场细分群体，研发张三丰养生酒[238]；针对女性消费者的市场细分群体，研发清照养颜酒；针对资深酒友的市场细分群体，研发诗仙百篇酒、红山酒祖酒……让不同细分群体的消费者均有机会投射表誉需求，彰显身份和地位。而且，FX 白酒产品的定价策略应该权衡表誉文化，对于高档白酒的定价，应使其价格稍高于竞品的价格，从而更加满足消费者的表誉需求；对于中档白酒的定价，则应采取随行就市定价法，因为高于竞品的价格未必能够契合顾客的表誉需求，反而影响正常销售量。在新品上市之前，白酒企业还应对产品形象进行表誉文化"造势"，在各门店的显要位置做平面宣传，使顾客感觉购买新品更彰显表誉文化。

（2）包装是满足消费者个性化需求的可控因素，产品研发管理必须予以侧重

为了赢得消费者芳心，大型商超白酒产品的包装设计应围绕产品定位展示差异化的个性维度。产品因素的促销效能分析结论表明白酒包装对商超白酒促销贡献具有显著性影响，即包装的好坏影响消费者的购买意愿。消费者购买大型商超白酒主要用于馈赠、宴请，往往要选择价格更贵、包装更美的白酒产品，因此包装精美是中、高档白酒的标配。为迎合消费者的购买偏好，FX 白酒可增加盒酒中的坛酒包装设计，并且减少双瓶盒酒的包装设计。同时，FX 白酒的包装设计可融入中国谷物酿酒起源地的文化内涵，使产品既有历史文化底蕴，又有地域文化特色，提升品牌魅力与附加值；例如将诗酒文化的经典诗句、经典书法融入到包装设计之中，体现中国风韵、民族特色；将查海遗址 8000 年前酿酒、贮酒和饮酒的陶罐、陶坛、陶杯的"回"形纹与"之"形纹图案，作为设计的特色符号，展示于酒瓶、酒盖及酒盒之上。

（3）固态法是契合核心顾客价值的可控因素，产品研发管理必须予以坚守

①坚守固态法工艺以体现产品纯粮酿造优势。基于差转计算的多因素耦合分析结论表明，固态法为 5 个全解释因素之一，是对销售业绩起主要决定作用的关键影响因素。FX 白酒的开发与升级需要好的包装做"封面"，更需要好的酒质做"内容"，而固态法白酒口感舒适，品质卓越，更容易形成以质取胜的口碑效应，可为大型商超"促销白酒都是差酒"正名。因此，坚守固态法酿造，不仅是馈赠和宴请型白酒的客观需要，也是自用型白酒的客观需要，FX 酒业应从战略高度围绕"品质为王"的质量主题，不断加强固态法工艺建设，持续提升大型商超白酒产品的口感和质量。时节因素的促销响应分析结论和销售业绩关键影响因素识别结果表明，桶酒作为起主要决定作用的关键影响因素，在非节日期间销售占据市场主力地位，销售规模

折射出 FX 白酒依赖群体的大小，体现了白酒的自然属性。因此，FX 酒业应基于固态法酿造，开发和升级高性价比的简装产品以惠及现有门店辐射范围的忠诚消费者，同时优化以自饮消费者为主要对象的非节日促销活动，主要是 A 类极限让利促销和 D 类一般促销，从而提高非节日销售额。

②结合品质特色做好产品文化包装和体验式营销。根据销售业绩全解释因素重要性的理论解析结论，固态法与桶酒两个因素的得分正相关，大型商超各门店以自饮为主的消费群体对固态法桶酒的性价比有较高的认可度。因此，应以白酒产品品质宣传为营销主题，强化对 FX 白酒独特的固态酿造方法的文化包装和体验式营销，提高消费者对白酒纯粮酿造工艺的理解和对产品质量的认知水平。例如，销售团队在各门店产品陈列附近设立白酒品鉴台，免费提供样酒并引导消费者品鉴，甚至白酒企业的品酒师和酿酒师可到现场与消费者互动；对忠实消费者开展白酒企业一日游活动，增进厂商感情，提升纯粮酿造的美誉度。

6.2　团队管理策略

在影响因素理论模型中，团队培育属于可控因素，个体素质属于可用因素，团队文化属于弥散因素。白酒企业必须真正了解大型商超导购员的资质能力和敬业精神如何，以及卖点认知达到何等程度。鉴于导购员决定着白酒企业在大型商超的销售成本和团队效能，因此根据影响因素理论模型中团队的结构关系细化和销售业绩的关键影响因素，研究基于导购员的团队管理策略势在必行。

6.2.1 全面提升个体素质

（1）以敬业精神作为提升个体素质的关键驱动

环境因素与团队因素的促销效能分析结论表明，敬业精神对门店促销贡献和效率均有显著性影响，销售人员的敬业精神是大型商超白酒促销活动取得成效和销售业绩提升的关键影响因素。

①加强导购员敬业精神的入职考察。由于敬业精神（责任心、进取心、执行力）的形成，在很大程度上取决于销售人员固有的品质，不同于卖点认知等因素，后者更容易由团队培育来后天完成，因此白酒企业招聘导购员应将敬业精神作为个体素质的核心要素来考察。

②加强导购员敬业精神的过程培育。白酒企业可以通过领导激励、继续教育、管理范式等综合的团队培育手段，强化导购员的敬业精神；可以结合年度各时节重点销售战役总结会议，树立敬业精神的典型人物，对于敬业精神表现突出的导购员予以重奖并分享经验体会。需要强调的是，白酒企业可以结合党建工作强化导购员敬业精神。基于销售业绩非全解释因素重要性的理论解析结论，团队类因素解释能力弱，启示白酒企业应在团队建设方面做更多的工作。FX 酒业应不断把党组织的政治优势转化为团队的建设优势，增强党组织对党员的凝聚力和对全体导购员的影响力。持续抓好导购员队伍"亮身份、促发展、树形象"活动，做到在大型商超门店中公开亮出党员身份，对团队销售目标和党员岗位工作目标实行"双承诺"，其中：党员岗位目标承诺乐于奉献，敬业精神好；严于自律，党员形象好等"五个好"，进一步提升导购员的敬业精神。

③加强导购员敬业精神的实践体现。白酒企业应把导购员的敬业精神当成提升市场占有率和品牌竞争力的有力武器。例如，在门店日常工作中体现敬业精神——导购员在做好大型商超交办的库房整理、

环境清洁等日常工作的同时，应千方百计返回白酒销售岗位，随时增加销售机会；在服务与关心中体现敬业精神——尽量做到尽善尽美，让每一位顾客都获得更高的地位和满意度，以此增强消费者对 FX 品牌的信心和感情度量；在表誉需求的市场细分中体现敬业精神——与顾客进行深入沟通，了解其表誉强度，结合身份、地位实施差异化的非货币促销策略，契合购买者的表誉需求。

（2）以卖点认知作为提升个体素质的主要指标

环境因素与团队因素的促销效能分析结论表明，卖点认知作为关键影响因素对于门店促销贡献的影响在团队类指标中最为显著，是销售业绩的关键影响因素。同时，根据多因素耦合差转计算分析结论，卖点认知不能解释的样本有 3 个，需要高档因素辅助。因此，白酒企业应高度重视并加强导购员的卖点认知水平。由于白酒企业产品结构的动态调整，以及竞品白酒销售格局的动态变化，导购员必须与时俱进，持续提升卖点认知能力。只有深入浅出地展示产品卖点，才能让顾客感受到服务与关心的专业性，并把这种感觉嫁接在白酒产品的顾客核心价值上——因为人专业所以酒专业，最终选择购买 FX 白酒。白酒企业应结合卖点认知的品质因素、价格因素、促销方式和文化因素，全面强化导购员的产品文化、品牌文化、企业文化、白酒品鉴、销售技巧、商务礼仪等方面的继续教育，迅速提升其个体素质。

（3）以资质能力作为提升个体素质的基础条件

首先，注重以沟通能力带动导购员的"全流程"资质能力。环境因素与团队因素的促销效能分析结论显示，资质能力对于门店促销贡献有显著影响。根据团队因素的指标结构（四级），沟通能力是资质能力指标的重要明细指标。所谓沟通能力，主要是指导购员在了解消费者购买意向、推介产品特征并促进消费者需求投射与产品特征相契合的过程中所展示的能力。沟通能力在促销执行过程中体现出人文关怀的特质，主要包括表达能力、倾听能力和策划能力等，有助于销售团队产生沟通效益，达成销售目标。白酒企业应通过明察、暗访等手段，不断发现导购员沟通过程的弱点和缺陷，督促其扬长避短，不断进步；同时定期召开业务学习大会，邀请优秀导购员从不同角度和层面进行答疑解惑，言传身教，进而基于沟通能力全面提升导购员的资质能力，包括以下方面。

①提升产品导购能力。要求导购员能够组织专业用语，在交流中判定顾客购买白酒的用途及种类，结合卖点认知进行关心与服务，帮助顾客完成购买决策；同时在产品导购的沟通中判断顾客需求，加强客户关系，为白酒产品升级和开发收集有益的信息。

②提升门店协调能力。要求导购员做好综合协调，积极与门店的课长、理货员、业务员进行及时有效的沟通，进一步做好调整陈列面、掌握库存、下单订货、监督促销执行情况、制作 POP 特价标牌、发放促销赠品等工作。

③提升市场维护能力。要求导购员做好细节监控与信息汇总，为白酒企业及时提供有效的市场信息反馈，包括竞品白酒产品结构动态、竞品白酒促销活动动态、竞品白酒特殊陈列及排面陈列动态，以及 FX 白酒销售的各个维度动态信息。

其次，注重以自学习模式提升导购员的资质能力。根据环境因素与团队因素的促销效能分析结论，自学习模式对门店促销贡献影响的统计显著性低，表明导购员对自觉提高资质能力同销售业绩之间的关系认识不足。销售团队应从领导激励的维度，引导导购员积极通过横向学习、向上学习和向下学习的系列自我教育活动，全面提升综合素质和专业技能。

6.2.2 持续改善团队效能

根据影响因素理论模型中团队的结构关系细化，基于关键影响因素聚焦适合商超情境的团队效能改善策略，以提升大型商超白酒销售业绩。

（1）基于管理范式创新的团队管理

根据环境因素与团队因素的促销效能分析结论，卖点认知、领导激励、管理范式、敬业精神对门店促销贡献的影响有高度统计显著性，为大型商超白酒销售业绩的关键影响因素。由多因素耦合差转计算分析结论可知，团队类因素中，继续教育和领导激励两个因素有一定的主导性解释能力，但均需管理范式因素辅助。可见，FX 酒业应持续加强继续教育，提升导购员服务与关心的水平，并以促销档期为考核单元，让导购员更积极地展示卖点认知；加大领导激励程度，对于有良好敬业精神和资质能力的导购员，给予更多信任和授权，并把激励机制运用到位；全面强化管理范式的创新，打好团队管理组合拳，形成销售有目标、执行能落地、过程有考核、结果有优化的 PD-CA 销售闭环打造。

结合销售业绩的关键影响因素的识别结果，可构建大型商超白酒销售管理虚拟仿真系统以改善团队效能。如让参训导购员模拟管理相关门店的白酒销售情境，基于关键影响因素，通过五维联动结构形成的管理策略的灵活运用来提升销售业绩。系统中涉及销售情境的各个模块，包括大型商超、白酒企业、顾客、销售团队等。参加实训的所有导购员可各自为战，在团队支持下依托共同的情境相互对抗竞争，由分管副总直接掌控实训进度，现场点评达效情况。

（2）基于门店客单价数据分析的导购员配置

环境因素与团队因素的促销效能分析结论显示，作为关键影响因素的客单价对于门店促销贡献具有高度统计显著性。由销售业绩全解释因素重要性的理论解析结论可知，客单价对于门店促销贡献有显著性影响。因此，可持续结合客单价数据动态分析各门店的导购员配置需求，以利于合理安排。对于客单价小、销售业绩入不敷出的门店，例如 SY07 店和 DL01 店可以减少导购员数量，节约管理成本；对于客单价大、销售业绩好的门店，例如 SY02 店和 FX01 店可以适当增加导购员数量，进一步助力业绩提升。

6.3　时节管理策略

在影响因素理论模型中，时节属于可用因素。由时节因素的促销响应分析结论可知，大型商超白酒销售在我国三大节上呈现出明显的节日效应，白酒消费特征与节日文化融为一体。基于影响因素理论模型的内在机理，白酒企业应根据不同时节影响，融合产品因素、环境因素、销售手段和团队因素，采取不同的时节管理策略。

6.3.1　精心筹划节日管理

首先，精心安排 C 类传统节日促销活动，并以 B 类特别促销为主，细化节日促销活动对象、主题和活动的形式与内容，实现精准销售。

销售业绩全解释因素重要性的理论解析结论表明，元旦和传统节日促销是影响门店促销贡献、改善销售业绩的重要因素；同时，元旦、传统节日促销作为全解释因素，是对销售业绩起主要决定作用的关键影响因素。鉴于 FX01 店、FX02 店、CY01 店和 PJ02 店的元旦因素得分大于传统节日促销因素得分，表明这些门店传统节日促销的组织、宣传、服务等环节尚有较大的提升空间。FX 酒业应结合白酒文化的表誉文化、交际需求、历史积淀、诗酒文化、地域习俗和民族风情六个特征要素，研发能够代表东北性格、东北品质、东北精神的中高档白酒产品，以满足传统节日促销和特别促销期间的市场需求。基于元旦的促销管理过程中的经验知识挖掘，白酒企业还应从团队因素和环境因素入手，结合不同时节的属性和消费特征，进一步优化影响因素五维联动营销组合策略，精准提升传统节日促销和特别促销的销售业绩。

其次，精心组织春节、中秋国庆节两个节日时段的促销产品设计和促销活动策划，以高性价比的中高端产品为主导，扩大 FX 白酒品牌影响和产品辐射的时空范围。

　　根据时节因素的促销响应分析结论，春节作为销售业绩的关键影响因素，其间的高价位白酒销售额增加迅猛，盒酒成为市场主力。为响应节日效应并契合顾客需求，白酒企业应围绕春节黄金期，针对竞品的优势和劣势做好高档盒酒的营销管理工作，须通过客情攻关，把最好的特殊陈列位置和排面陈列位置、最强的导购阵容和仓储物流阵容留给春节档期，确保年度销售的最高峰供销两旺。此外，应基于领导激励和继续教育的视角，在春节销售战役前夕召开动员大会，并于春节销售战役结束后召开总结表彰大会。由销售业绩非全解释因素重要性的理论解析结论可知，春节因素阜新两店表现优异，其他门店差别不大。FX01店和FX02店位于FX白酒大本营市场。为持续巩固阜新市场销售业绩，拉动周边市场销售潜能，FX酒业应发挥地利优势，从供应链视角下的产品研发与生产、运输与配送、仓储与存货、客情沟通与公关等维度，全方位支持阜新2家门店的产品供应，严防断货现象及牛鞭效应出现；加大阜新以外市场的FX品牌推广力度，选择大型商超内部的广告资源，包括线下广告（吊旗、门脸外墙形象展示等）和线上广告（飞牛网主页广告、大润发优鲜等），提高品牌影响力和市场占有率；升级FX白酒低端产品，突出固态法酿造工艺，强化口碑效应和市场氛围。

　　销售业绩非全解释因素重要性的理论解析结论"中秋国庆节得分有非线性区分度，中秋国庆节因素有2家门店需要中档因素辅助"，对于中档酒的升级与开发具有重要启示意义。FX酒业可针对家庭聚会、朋友聚会等团圆类酒用需求，以"团圆"为主题开发一款中档白酒，主攻中秋团圆宴会和中秋团圆礼品，但包装不突出"中秋"，以提高更多时节或其他主题用酒的适用性。由时节因素的促销响应分析结论可知，低档酒销售额不仅在传统节日促销期间被明显放大，在平日促销活动中也有积极响应，这与东北老工业基地的消费环境密切相关。应结合辽宁消费者对低端白酒持续的消费需求，以低档酒参加节日爆发式促销，达到提升销售业绩的效果。所谓爆发式，是指低档酒在节日期间进行的促销活动要集中力量，体现让利幅度和声势，从而引发品牌轰动效应，并通过销售量的代偿效应来实现白酒产品的销售利润。

最后，围绕其他节日的用酒刚需，精心做好促销管理。

由于元旦和清明节等各个节日属性不同，导致节日用酒刚需也有所不同，这对于白酒产品结构调整、促销活动主题安排，尤其是选择竞争力强的产品参与促销活动提出了不同的策略要求。鉴于清明节是扫墓、祭祀的节日，白酒企业应突破清明节的瓶酒刚需模式，结合消费者需求，研发更符合顾客核心价值的清明节专属盒酒产品，更好地实现白酒的情感寄托作用，具体可参照清明节爆款产品P04（52度FX琼浆御品）的研发与促销模式。

6.3.2   通盘考量淡旺季管理

由时节因素的促销响应分析结论可知，白酒销售具有明显的淡旺季促销响应，与季节影响、节日效应，以及婚庆、升学、旅游构成的非节日白酒消费高峰密切相关。白酒企业应结合商超白酒季节性特征，通盘考量淡旺季管理，采取灵活的促销策略——旺季强调需求导向，夺取更大的销量；淡季强调竞争导向，分析竞争品牌，针对性蓄积更大的优势。

（1）结合淡旺季促销响应设计销售主题

时节因素的促销响应分析结论表明，节日因素和非节日因素，以及季节影响和月份差异形成的婚宴、旅游宴、升学宴等因素，能够带来商超白酒需求的变化，从而导致白酒销售的淡旺季变化。白酒企业应联手大型商超，围绕淡旺季响应设计销售主题，尤其要策划好第一销售季和第二销售季的促销活动，从而实现产品销售与品牌推广的双赢。

（2）结合热销季节里的白酒销量暂时性下降现象调整促销活动安排

根据时节因素的促销响应分析结论，节日的促销响应可造成大型商超白酒销售额在热销季节里的暂时性下降。由于白酒产品具有越陈越香的特性，消费者往往有囤货习惯。如在热销季节的促销活动中购置了足够数量的白酒，其白酒需求即处于暂时饱和状态，会导致暂时的购买量降低，即白酒热销之后会有一段时间销量偏低甚至停滞。白酒企业可以结合销售额在热销季节里的暂时性下降，积极调整促销活动安排，以利于全年销售业绩的提升。

（3）以"淡季取势"助力"旺季取利"

时节因素的促销响应分析结论显示，第一销售季和第二销售季为旺季，第三销售季和第四销售季为淡季。在销售淡季，FX 酒业除了做好日常的销售管理外，还应为迎接销售旺季的到来做好筹备工作，以"淡季取势"助力"旺季取利"。

①基于竞品特征抢夺竞品减量。淡季意味着销量的绝对减少，FX 酒业应把更多的精力放在关注和分析竞争对手特征的层面，以抢夺竞品白酒的减量。因为淡季的销量增长不会源于市场增量，而是源于竞品的减量，只有积极加大赠品促销、价格促销以及品牌推广活动的力度，才能完成销售量的抢夺，提升销售业绩。

②基于销售数据调整产品结构。根据旺季的实战检验、市场调研和数据分析，科学调整产品结构，对销售较差产品进行升级改造，对销售最差产品进行重新研发。淡季期间推出的新产品，能够有效切割竞品白酒的市场份额，巩固 FX 白酒在消费者心中的地位。

③基于人员表现强化团队管理。淡季中认真总结销售团队的综合表现，结合销售业绩对团队建设进行通盘考虑，并在旺季来临之前完成各门店导购员的合理配置与优胜劣汰。

6.4 销售手段管理策略

在影响因素理论模型中，销售手段属于可控因素。根据产品因素的促销效能分析结论，极限让利促销、特别促销、传统节日促销为销售业绩的关键影响因素。白酒企业应创新营销管理思路，基于关键影响因素采用不同的销售手段管理策略来应对市场竞争的变化，进而提升白酒企业自身产品在大型商超的销售业绩。

6.4.1 聚焦促销活动精度

产品因素的促销效能分析结论表明，促销是大型商超白酒销售的核心关键。对于适销对路的白酒产品，FX 酒业应聚焦促销活动精度，最大限度带动门店人气，激发销售量，抢夺竞品的市场空间。

（1）积极锁定年度内重要档期的 A 类极限让利促销

由环境因素与团队因素的促销效能分析结论可知，A 类促销在大型商超白酒销售过程中，对销售业绩有主要影响。在 A 类促销中，白酒企业和大型商超双方对消费者的让利幅度最大，最能满足消费者的"求廉心理"和"表誉文化"。A 类促销状态下，门店促销贡献能够充分反映消费群体的规模，即反映该白酒的市场占有率，门店促销效率则能充分反映该白酒的品牌竞争力。应基于 A 类促销的数据分析，结合消费者需求和竞品产品结构特征，以适销对路的 FX 白酒产品参与促销活动，提升门店的促销贡献和促销效率。

根据产品因素的促销效能分析结论，A-H02（52 度 FX 天酿）、A-H07（52 度 FX 仙醇藏品）和 A-T03（50 度 FX 金浆 4L）等低档酒在 A 类促销活动中存在"脉冲式"响应，表明该消费群体对促销价格格外敏感。FX 酒业应依托产品品质和品牌影响力与大型商超积极沟通，锁定全年所有重要档期的 A 类促销活动，做好"开门红"和"低价风暴"，规避缺货成本或机会成本上升问题。对于买大份的消费者，还应辅以更多的赠品促销及白酒品鉴机会，形成回头客效应。

（2）全力以赴做好 C 类传统节日促销的各个细节

销售业绩全解释因素重要性的理论解析结论表明，传统节日促销是对销售业绩起主要决定作用的关键影响因素。在新时代和新发展格局下，从白酒的消费趋势看，顾客越来越追求对美好生活的需要，越来越重视节日里物质和精神层面的享受，只有抓住传统节日促销这个起主要决定作用的关键影响因素，才能抓住白酒销售业绩。数据分析发现，C 类促销与节日刚需融为一体，尽管促销效果与 B 类促销相差无几，但白酒企业对其重视程度仅次于 A 类促销。C 类促销期间，通常由白酒企业自行购买地堆、端架等特殊陈列以扩大促销规模。门店内特殊陈列的位置至关重要，直接影响 C 类促销的销售业绩，白酒企业须积极投入资金加大市场支持以获得各门店特殊陈列的黄金位置，并辅以最优的导购员配置，增加顾客的冲动性购买行为。

（3）B 类特别促销应强化对老顾客和特殊消费者的专项优惠

基于产品因素的促销效能分析结论，B 类促销和 C 类促销比较类似，但优于 D 类促销，为大型商超白酒销售业绩的关键影响因素。根据 B 类促销档期分布较广的特点，FX 酒业应突出对忠实消费者和特殊消费者的回馈与优惠主题，以此扩大品牌影响力，增加与各级消费者沟通与互动的机会。

（4）D 类一般促销应辅以更多的体验式营销手段

产品因素的促销效能分析结论显示，D 类促销属于常规性促销活动，为日常的基本促销手段，让利幅度小，进货库存少，无特殊陈列支持，因而促销效果最差。但从服务与关心的视角来看，由于导购员在 D 类促销活动中忙碌程度较低，因而有精力针对顾客群体开展白酒品鉴或白酒知识科普的体验式营销推广，培育客情关系，激发冲动购买。比起其他营销手段的大手笔、大策划，体验式营销的效果更加润物细无声。

此外，根据产品因素的促销效能分析结论，大型商超白酒促销动态效应的方向具有不明确性。同样经营模式下，市场成熟度高的门店的促销动态效应是负向的，反之是正向的。正向变动的门店销售额较差，表明"理性上瘾"形成往往是该产品成熟度低的市场；负向变动的门店销售额较佳，表明"消费习惯"形成往往是该产品成熟度高的市场。这说明促销活动时间对销售额的影响和 FX 白酒的市场成熟度相关联，单纯增加促销时间未必能够增加白酒销售量。这一结论的启示是：开展促销活动应该是一店一策的，即结合门店所在区域的市场成熟度、客单价以及时节特征，有针对性地制定促销策略，合理增加或减少促销活动，以提升促销效能，减少销售成本。

6.4.2 突出促销产品卖点

（1）结合高度酒和中度酒精心选择促销产品

由产品因素的促销效能分析结论可知，酒精度对产品促销贡献具有高度统计显著性，且高度酒的促销贡献高于中度酒，即高度酒比中度酒更契合顾客需求，这为选择更多的高度酒参与促销活动提供了决策依据。当然，为满足消费者的多样化需求，FX 酒业还应强化中度酒的产品结构升级，但在中度酒新品上市之前的促销活动中，须降低中度酒的使用频率。

（2）结合中档和高档精心选择促销产品

产品因素的促销效能分析结论表明，FX 白酒中档产品在市场竞争中处于劣势的地位。FX 酒业应优化中档白酒产品结构，但在中档酒新品成功开发的空档期，须减少中档酒参加促销活动。同时，合法合理使用微信、支付宝等网络营销功能以及有奖问答等方式，锁定中档酒消费群体，及时向其发布代表身份象征的"白酒优惠""品鉴活动""入厂一日游"等信息。FX 酒业应尽可能安排高档酒参与促销活动，且在目标市场主攻节日馈赠和非节日高端消费，最大限度契合消费者馈赠和宴请的酒用需求。增加高档酒专属的服务与关心力度，例如结合高档酒促销活动对 FX 白酒重点顾客开展个性化服务、在重要节日促销中辅以贵重赠品或赠送高级会员卡等，进一步助力销售业绩的提升。

6.5　环境管理策略

在影响因素理论模型中，商超环境属于可控因素。白酒企业应从消费环境和有形展示两个维度来制定业绩提升的环境管理策略。

6.5.1　实行"板块化＋差异化"门店管理

根据环境因素与团队因素的促销效能分析结论，对门店促销贡献的影响，环境因素中的客单价指标有高度统计显著性，是销售业绩的关键影响因素。同时，在 A 类促销状态下，门店的促销贡献反映了市场占有率，促销效率则反映了品牌竞争力，二者的矩阵图，可将大润发连锁超市 23 家门店划分为四大板块，形成基于消费环境的"板块化＋差异化"门店管理策略。

（1）对 A 板块门店采取防御型营销策略，防止市场空间被竞品白酒蚕食

A 板块代表门店为 JZ01 店、SY02 店、FX01 店，促销贡献和促销效率均高，为 FX 白酒市场占有率高、品牌竞争力强的门店，表明该板块顾客需求投射多，产品契合顾客需求程度高，且顾客表现出较高的促销敏感度和习惯性购买行为。结合影响因素理论模型来看，A 板块门店具有消费环境好、有形展示佳、节日效应大、导购员个体素质优的共性特点。在该板块中，HLD01 店的促销贡献排名第五，但促销效率较高，反映出葫芦岛市场 FX 白酒产品特别契合顾客日益增长的需求投射，品牌具有较高的竞争力。根据"习惯形成"的观点，对于 A 板块门店，FX 酒业应适当减少促销活动安排，采取防御型营

销策略，持续巩固销售业绩，防止市场空间被其他省级区域性品牌白酒或全国性品牌白酒逐步挤压和侵占。具体策略如下：

通过管理范式、继续教育和自学习模式的改善来提升导购员的资质能力、敬业精神与卖点认知的水平，并持续发挥老导购员的传帮带作用；建立健全白酒企业与大型商超的深度合作关系，重点处理好影响因素理论模型中团队的结构关系细化的陈列不确定性、促销不确定性和竞品不确定性问题，包括巩固特殊陈列和排面陈列的优势位置、占领重点促销档期、最大限度规避促销活动的断货风险——做到统仓配送及时、店间转货沟通到位、爆仓产品的外仓存放与快捷响应；加强白酒企业与忠诚消费者的互动交流，包括在产品陈列前持续开展扎气球、砸金蛋、免费品鉴等互动活动，并以各门店忠诚消费者为载体，优选核心消费意见领袖作为 FX 酒业的品鉴顾问及品鉴大使，持续开展客情赠酒、品鉴会、"参观百年老厂，体验纯粮酿造"等体验营销活动，促成销售业绩转化和品牌形象提升。

（2）对 B 板块门店采取积极的扩张型营销策略，以提升市场占有率为重点

B 板块代表门店为 CY01 店和 PJ02 店，促销效率优于促销贡献，表明品牌竞争力大，门店经营态度是积极的，呈现出扩张的态势。结合影响因素理论模型来看，B 板块门店具有消费环境中等、有形展示中等、节日效应较大、导购员个体素质中等的共性特点。尽管顾客需求投射少，市场占有率小，但产品特别契合顾客的需求投射，品牌影响力大，顾客表现出较低的促销敏感度，且开始对消费上瘾。根据"理性上瘾"的观点，对于 B 板块门店，FX 酒业应采取积极的扩张型营销策略，改善营销管理模式，提高促销强度以增加顾客购买行为，刺激其消费上瘾，增强顾客黏性，进而提升市场占有率，使之向 A 板块门店升级。具体策略如下：

加强白酒企业与大型商超的沟通与合作，积极抢占重要促销档期尤其是节日期间的各类型促销活动，提升混合促销力度，同时加大对

冲性产品的免费品鉴以及促销活动宣传力度；进一步加大特殊陈列和排面陈列的支持力度，在为顾客提供购买便利的同时，强化多感官提示的营销效果；持续强化团队培育，提升导购员的个体素质，促进其与顾客之间的深度沟通，多角度增强顾客品牌忠诚度；针对竞品的产品结构，加大产品研发升级力度，持续挤压竞品市场空间，提升 FX 白酒市场占有率。

（3）对 C 板块门店革新营销管理模式，针对性地调整营销策略

C 板块代表门店为 SY07 店和 DL01 店，促销贡献和促销效率均低，表明市场占有率小、品牌竞争力小。从板块构成门店的实际情况来看，顾客需求投射少，产品契合顾客需求程度低，客单价低或为新开门店。结合影响因素理论模型来看，C 板块门店具有消费环境较差、有形展示较差、节日效应较差、导购员个体素质较差的共性特点。对于 C 板块门店，FX 酒业应革新营销管理模式和针对性地调整营销策略，包括根据市场实际情况，合理加大或减少品牌推广和促销投放力度，使之向 A 板块升级。例如，FX02 店具有特殊性，由于受到 FX01 店的强烈影响，门店促销贡献和促销效率相对较低，进一步说明 FX 品牌白酒在大本营市场的市场成熟度和品牌影响力已经达到饱和的边缘，顾客已形成稳定的需求投射和购买习惯，根据"习惯形成"的观点，应适当减少促销活动安排。具体策略如下：

对于需要加大促销投放力度的门店，除积极锁定重要促销活动外，还应加大赠品促销和免费品鉴的支持力度，尽最大可能在服务与关心的过程中影响消费者的购买决策；对于需要加大品牌推广的门店，首先应抢占门店区域的电台、电视台和报纸等传统媒体的黄金时段和黄金位置，根据不同促销档期的时间节点，主打 FX 品牌广告，其次应根据相关门店区域的资源不同，兼顾微信、抖音、快手等新媒体品牌宣传，形成立体的品牌推广模式；加大导购员的继续教育力度，并在领导激励方面采取更大额度的提成奖励，进一步改善团队效能。

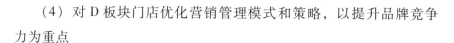

（4）对 D 板块门店优化营销管理模式和策略，以提升品牌竞争力为重点

D 板块代表门店为 YK01 店、LY01 店、SY06 店，促销贡献优于促销效率，表明该板块市场占有率大，但品牌竞争力小。从板块构成门店的实际情况来看，顾客需求投射多，但产品契合顾客需求程度相对较低，反映出门店的经营态度相对保守，销售业绩主要得益于良好的客单价。结合影响因素理论模型来看，D 板块门店具有消费环境较好、有形展示中等、节日效应中等、导购员个体素质中等的共性特点。对于 D 板块门店，FX 酒业应优化营销管理模式和策略，以提升品牌竞争力为重点，加大广告投放，并持续提高促销强度，以吸引其"理性上瘾"，提升销售业绩，进而使门店向 A 板块升级。具体策略如下：

加大广告投放力度，进行门店内外的 FX 品牌推广活动，结合不同促销类型的主推产品，利用吊旗、包柱、DM 单等进行宣传，抢占消费者的心智认知，提高渠道端推力和顾客端拉力；调整节日期间特殊陈列和排面陈列的位置，通过占据重点有形展示资源来为顾客提供购买便利，并在服务与关心过程中强化多感官提示的效果；组织导购员到 A 板块门店体验和学习，全面提升个体素质，尤其是提升卖点认知能力。

6.5.2 推进"技术化 + 艺术化"陈列管理

环境因素与团队因素的促销效能分析结论表明，在门店促销贡献和促销效率中，环境类因素中有形展示的排面陈列和特殊陈列两个指标不具有统计显著性。需要说明的是，由于大润发连锁超市各门店统一的排面陈列和特殊陈列的管理模式，使得排面陈列和特殊陈列成为显性和可控因素，各门店均予以高度重视，导致了统计不相关的结论。因此，基于有形展示的"技术化 + 艺术化"陈列管理策略对于大型商超白酒销售业绩提升具有重要意义。

（1）产品陈列应以优秀门店为样板

白酒企业导购员在大型商超进行产品陈列布置时，往往会受到陈列费用、商超规定、商超货架及堆头布局规划、竞品及本品的经济实力等诸多因素的影响和制约，各门店白酒陈列水平不可能完全一致。根据门店促销效能分析结论，A 类促销状态下 A 板块门店 JZ01 店、SY02 店、FX01 店的促销贡献和促销效率最高，陈列水平也最好，因此应以其为样板，通过继续教育、管理范式和领导激励的改善，全面提升各门店导购员的排面陈列和特殊陈列管理水平。

①排面陈列的基本操作技能。排面陈列的陈列面应尽量大于主要竞品——陈列面即白酒产品陈列的面积，其与销售机会正相关，直接影响着白酒的销售业绩。应按照图 6.1 大型商超白酒产品职能分类图安排陈列高度——标志性产品摆放在展位的最高层位置，便于顾客在远处即能发现；主导性产品摆放在展位的中层位置，便于顾客触摸和感知；对冲性产品（包括特价及促销产品）也摆放在展位的中层位置，便于吸引顾客关注和购买；过渡性产品则摆放在展位的最底层位置。

②特殊陈列的基本操作技能。特殊陈列的位置必须突出——大型商超的地堆、端架等特殊陈列，往往展示促销力度最大的白酒产品，因此特殊陈列的位置与排面陈列或者主通道位置越近越好，且特殊陈列四周应避免柱子等视觉和触觉障碍。特殊陈列应设立专门的导购员——做好服务与关心的细节工作，同时做好特殊陈列的维护工作，保持地堆或端架时刻处于满货和最佳的造型状态。

（2）产品陈列应以促销类型为抓手

根据环境因素与团队因素的促销效能分析结论，良好的产品陈列是吸引消费者、改善消费者体验的重要因素。产品陈列没有最好只有更好，应抓住不同促销类型的推广重点，优先陈列促销品项，减少非促销品项的陈列面，用展示文化吸引和留住顾客，通过货架和地堆的陈列技能让无序的白酒产品在展位上变得有序有意，创造出最具视觉冲击力的营销效果，从而影响消费者的品牌偏好，促进冲动性购买行为发生。此外，中高档产品在大型商超的进店陈列，应该结合有针对性的促销活动策略进行，长期在店内陈列的影响和效果是不明确的。除标志性产品外，中高档产品仅应在阜新大本营门店和中心城市的重点门店有选择地陈列。

（3）产品陈列应以节日效应为驱动

FX 酒业在加大市场投入的同时，应持续加强与大润发连锁超市辽宁区管理层及各门店店长的密切沟通，确保节日期间拥有排面陈列和特殊陈列的重要位置。导购员应在销售团队的指导下，基于大型商超的陈列标准，结合节日效应和淡旺季促销响应规律，围绕馈赠和宴请的酒用动因，做好产品陈列管理，在展示文化中改善顾客购买体验，通过多感官提示的营销效果增加消费者的冲动性购买行为，持续提升销售业绩。

6.6 本章小结

在前文量化分析的基础上，本章研究了商超情境下的白酒销售业绩提升策略。基于关键影响因素，从白酒企业发展的战略要求出发，提出了产品管理策略、团队管理策略、时节管理策略、销售手段管理策略和环境管理策略，对大型商超白酒销售业绩提升和白酒企业经营管理实践具有一定的指导意义。结合影响因素理论模型及其内在机理，本章研究亦有如下深入发现：

（1）产品管理是改善销售业绩的核心手段

量化分析的结果已经表明，FX 白酒的消费群体仍以省域门店辐射区域的忠诚消费者为主。巩固忠诚消费群体，通过产品结构调整，扩大适销对路的产品种类，应是企业提高销售业绩的核心所在。在产品管理方面，需做好 FX 白酒产品的职能分类和研发管理，体现表誉维度、个性维度和纯粮维度。以高性价比的简装产品惠及现有门店辐射范围的忠诚消费者，优化以自饮消费者为主要对象的非节日促销活动，重点做好 A 类和 D 类促销，提高平日销售量，同时根据 A、B、C、D 四大板块，实施门店的板块化和差异化管理策略，并针对竞品的产品结构，推进"技术化＋艺术化"陈列管理，进而全面提升市场占有率和品牌竞争力。

（2）中高档产品的进店陈列需结合促销策略与时节影响合理实施

中高档产品在大型商超的进店陈列，应该结合有针对性的促销活动策略进行，长期在店内陈列的影响和效果是不明确的。从门店的实际销售情况来看，除标志性产品外，中高档产品仅应在大本营门店和中心城市的重点门店有选择地投放。应以 FX 白酒品质宣传为主题，强化对其独特的固态法酿造工艺进行文化包装和体验式营销，多角度提升消费者对 FX 白酒品质的认知水平，以利于提升中高档白酒销售量。在时节管理和销售手段管理策略方面，应精心安排 C 类促销活动，并以 B 类促销为主，细化节日促销活动对象、主题和活动的形式与内容，实现精准销售；精心组织促销产品设计和促销活动策划，以高性价比的中高端产品主导，瞄准春节、中秋国庆节两大节日以馈赠亲友、宴请贵宾为主要消费目的的消费群体，重点做好包装精美、性价比高的产品进店陈列。

（3）"销售为王"的业绩管理不利于销售团队的建设

虽然对促销贡献的统计检验表明团队类因素同销售业绩有统计显著性，但在促销效率检验中仅敬业精神有统计显著性。而敬业精神的形成，在很大程度上是销售人员固有的品质，不同于卖点认知等因素，后者属于团队培育的结果，是对企业文化的认同与归属感的体现。多因素耦合分析的结果显示，卖点认知解释能力弱，而其他团队因素的解释能力更弱。基于这一量化分析结果，作为提升销售业绩的另一个重要的方面，企业应该根据影响因素分析，高度重视并加强团队建设。在团队管理策略方面，应以敬业精神为关键驱动、以卖点认知为主要指标，以资质能力为基础条件，全面提升个体素质；以管理范式创新为龙头打好团队管理的组合拳，结合门店客单价数据分析对导购员进行合理配置，持续改善团队效能。

7 结论与展望

7.1 结 论

大型商超作为白酒销售的关键渠道，强烈依赖于促销手段，可谓无促销不销售。构建大型商超白酒销售业绩影响因素理论模型，明确关键影响因素，对于白酒企业抢占大型商超战略制高点具有重要意义。基于传统经典营销分析框架，围绕大型商超和白酒特征，构建能够直接指导实践的影响因素理论模型，在此基础上建立指标体系，通过单因素分析和多因素耦合分析，识别关键影响因素，进而提出大型商超白酒销售业绩的提升策略。

（1）构建了大型商超白酒销售业绩影响因素理论模型并刻画了影响因素的层级结构与传导效应

在经典的刺激—机体—反应模式、科特勒行为选择模式和霍华德－谢思模式三种营销管理模式的基础上，围绕大型商超的独特情境特征和白酒的多维文化属性，构建大型商超白酒销售业绩影响因素理论模型。与传统理论模型相比，影响因素理论模型由可控因素层、可用因素层和弥散因素层构成，在继承经典营销管理理论基础上形成了自有范式，识别出销售业绩影响因素五维联动结构，建立了影响因素间的层系认知以及理论模型与五维联动结构的关联效应体系。

（2）建立了大型商超白酒销售业绩影响因素指标体系并识别了关键影响因素

基于影响因素理论模型及其内在机理，根据识别出的产品、时节、环境、销售手段和团队五大方面因素，构建了大型商超白酒销售业绩影响因素指标体系，包括5个一级指标、12个二级指标和31个三级指标。单因素分析和多因素耦合分析的结果表明，产品类因素中的盒酒、桶酒、固态法、高度酒、低档、高档，环境类因素中的客单价，团队类因素中的敬业精神、卖点认知、领导激励、管理范式，销售手段类因素中的极限让利促销、特别促销、传统节日促销，时节类因素中的春节、中秋国庆节、元旦17个因素为大型商超白酒销售业绩的关键影响因素。其中，低档、桶酒、固态法、元旦、传统节日促销5个全解释因素为起主要决定作用的关键影响因素。

（3）验证了大型商超白酒促销动态效应的方向具有不明确性

在同样经营模式的大型商超，市场成熟度高的门店的促销动态效应是负向的，反之是正向的。单纯通过增加促销时间未必能够增加白酒销售额，需要考虑产品所在市场的成熟度。这充分说明，开展促销活动应该是一店一策的，即结合门店所在区域的市场成熟度、客单价以及时节特征，有针对性地制定促销策略，合理增加或减少促销活动，以提升促销效能，减少销售成本。

（4）验证了大型商超白酒销售具有独特的节日效应和淡旺季促销响应

春节、元旦和中秋国庆节是白酒销售的三大"井喷"期。春节、元旦两大节日效应充分体现了白酒馈赠和宴请的交际功能，彰显了我国独特的节日文化和白酒文化。比较特殊的是清明节，该节日的高销量白酒表现为低档瓶酒，主要用于清明祭扫。白酒销售的不同的节日效应表明，中国白酒不单纯为酒精饮料，同时承载着独特的文化和风俗。白酒销售有明显的淡旺季促销响应，与季节影响、节日效应，以及婚庆、升学、旅游构成的非节日白酒消费高峰密切相关。

（5）揭示了大型商超不同促销类型的白酒促销效果的差异性

在四种促销类型中，极限让利促销效果最好，特别促销次之但与传统节日促销相近，一般促销效果最差，表明促销效果与让利幅度正相关。但不同白酒产品的促销效能差异明显，具有高酒精度、固态法酿造和中档价格的白酒，是促销效能好的产品。该结论表明，白酒企业应结合大型商超不同的促销类型，打造各自的大单产品，适当缩减促销品类。

（6）提出了基于关键影响因素的大型商超白酒销售业绩提升策略

根据影响因素五维联动结构，基于关键影响因素，提出了大型商超白酒销售业绩提升的产品管理策略、团队管理策略、时节管理策略、销售手段管理策略、环境管理策略，且在实践中应遵循如下原则：应以白酒品质宣传为主题，强化对白酒独特的固态酿造的文化包装和体验式营销；以高性价比的简装产品惠及现有门店辐射范围的忠诚消费者，优化以自饮消费者为主要对象的非节日销售活动，重点做好 A 类和 D 类促销活动；深入研究节日消费特征，以 B 类促销为主细化促销活动的对象、主题、形式与内容，实现精准销售；精心组织 C 类促销，特别是春节、中秋国庆节两个节日时段的促销产品设计和促销活动设计，以高性价比的中高端产品为主导，扩大 FX 白酒品牌影响和产品辐射的时空范围。

7.2　创　新　点

（1）融合刺激—机体—反应模式、科特勒行为选择模式、霍华德－谢思模式的思想和分析原理，首次构建了大型商超白酒销售业绩影响因素理论模型在三种经典营销分析框架的基础上，分析了影响大型商超白酒销售业绩的产品、时节影响、商超环境、销售手段、团队作用、文化习俗等方面因素，明确了影响因素间的层级关系，提出了商超情境下BS模式和H–S模式的融合思路，建立了大型商超白酒销售业绩影响因素理论模型，填补了白酒销售业绩影响因素研究的理论空白。

（2）围绕商超情境、白酒产品和消费行为的独特性，首次构建了适用于大型商超的白酒销售业绩影响因素指标体系

基于创新的影响因素理论模型和白酒企业管理实践经验，归纳出指标体系的设计原则和适用环境，对影响大型商超白酒销售业绩的产品、时节、环境、销售手段、团队5个方面的因素进行识别与细化分解，构建了包含12个二级指标、31个三级指标的大型商超白酒销售业绩影响因素指标体系，为单因素分析和多因素耦合分析建立了因素框架和观测数据。

（3）应用偏序集Hasse图分析商超白酒的月份销售额，首次揭示了大型商超白酒销售的淡旺季促销响应规律

以大润发连锁超市各门店的FX白酒各月份销售额为指标数据，通过偏序集理论的累加变换原理将12个月份予以"集结"，基于Hasse图展示月份间的优势关系。应用偏序集决策分析方法研究大型商超白酒销售的淡旺季促销响应，成功克服了月份赋权的难题。

（4）创新应用Hasse图分析和差转计算算法，挖掘出影响大型商超白酒销售业绩的全解释因素和非全解释因素

以23家门店的31个三级指标赋分值和门店促销贡献的Hasse图分类结果，构造差转计算的多因素观测数据与耦合目标并进行多因素耦合分析，发现三级指标赋分值与门店类别之间的因果经验知识，创新地运用全解释因素和非全解释因素的概念，表明了"销售为王的实践不能完整地掌控理论上必要的影响因素"这样的事实。

7.3 展　　望

（1）研究的对象分布于各市与各区，地域差异与环境差异的评估方法有待于进一步优化

本书仅是通过专家判定评估不同地域间的环境差异，没有付诸问卷调查、网络爬虫等方法获取数据。尽管专家经验丰富，但也存在判定偏差。有待在进一步的研究中选用多种数据获取方法，来评估地域差异和环境差异。

（2）大型商超是白酒营销最重要的渠道，实证研究有待于进一步加强

本书基于一个具有代表性的白酒品牌开展大型商超白酒销售业绩影响因素实证研究，虽然研究结论具有普适性和稳健性，既适用于用例品牌的白酒产品，也适用于其他区域性品牌的白酒产品，但基于数据的经验知识对于茅台、五粮液等全国性品牌白酒仍存在一定的局限性，有待多样本的支撑。期望在多样本条件下深入探索影响因素与销售业绩之间的关系，从而更加深刻地认知影响因素对大型商超白酒销售业绩的作用机理。

附　　录

附录1　大润发连锁超市 FX 白酒销售额
门店特征值

此类数据表基于销售额数据的统计描述，与31个三级指标对应，每个指标对应一张表。限于篇幅，仅以特别促销指标的门店特征值为例。

附表1　　　大润发连锁超市 FX 白酒销售额门店特征值

门店编号	门店名称	特征值向量				
		最小值	0.25 分位数	中位数	0.75 分位数	最大值
1	SY01 店	1	22	37	63.75	532
2	JZ01 店	1	22.25	43.5	79	1324
3	YK01 店	1	12.25	27	47	619
4	AS01 店	1	10.5	22	36	574
5	SY02 店	1	34.25	66	107.75	652
6	AS02 店	1	5	12	25.75	336
7	CY01 店	1	3	6	12	653
8	SY03 店	1	19	28	45	780
9	TL01 店	1	3	10	25	457

续表

门店编号	门店名称	特征值向量				
		最小值	0.25 分位数	中位数	0.75 分位数	最大值
10	HLD01 店	1	17	38	62.75	1016
11	HC01 店	1	4	8	14.75	909
12	SY04 店	1	11	16	27	412
13	FX01 店	1	8.25	18	27	14898
14	KY01 店	1	5	9	16	522
15	SY05 店	1	11	26	47.5	541
16	LY01 店	1	8.5	20	37.5	1171
17	SY06 店	1	12	22.5	39	484
18	AS03 店	1	5	9	17.75	494
19	FX02 店	1	7	12	20.25	2824
20	PJ01 店	1	4	9	17.25	2028
21	PJ02 店	1	6.5	11	35.5	1129
22	SY07 店	1	4	7	35	198
23	DL01 店	1	1	4	38	254
列最大值		1	34.25	66	107.75	14898

附录2　专家评分数据转换的三级指标赋分值

附表2　　　　专家评分数据转换的三级指标赋分值

编号	店名	客单价	排面陈列	特殊陈列
1	SY01 店	0.95	0.75	0.3
2	JZ01 店	0.55	0.45	0.6
3	YK01 店	0.53	0.7	0.55
4	AS01 店	0.4	0.75	0.3
5	SY02 店	0.52	0.75	0.7
6	AS02 店	0.1	0.78	0.3
7	CY01 店	0.18	0.5	0.5
8	SY03 店	0.76	0.75	0.35
9	TL01 店	0.15	0.45	0.3
10	HLD01 店	0.58	0.65	0.8
11	HC01 店	0.38	0.68	0.3
12	SY04 店	0.78	0.75	0.8
13	FX01 店	1	0.98	0.98
14	KY01 店	0.2	0.75	0.3
15	SY05 店	0.35	0.75	0.3
16	LY01 店	0.6	0.8	0.94
17	SY06 店	0.8	0.75	0.7
18	AS03 店	0.18	0.75	0.55
19	FX02 店	0.75	0.75	0.95
20	PJ01 店	0.15	1	1
21	PJ02 店	0.15	0.76	0.85
22	SY07 店	0.58	1	0.9
23	DL01 店	0.08	0.45	0.4

附录3 大润发连锁超市 FX 白酒销售团队 问卷调查门店特征值

此类数据表基于问卷调查数据的统计描述，与团队因素 28 个四级指标和 12 个五级指标对应，每个指标对应一张表。限于篇幅，仅以管理范式指标的门店特征值为例。

附表3 大润发连锁超市 FX 白酒销售团队问卷调查门店特征值

样本（店）	规范化管理	去中介管理	内部沟通机制	外部沟通机制	指标度量值
极点向量	1	1	1	1	1
SY01 店	2	1	1	2	0.635435
JZ01 店	2	2	2	2	0.375044
YK01 店	2	2	2	1	0.437532
AS01 店	1	1	1	1	1
SY02 店	1	2	2	2	0.406291
AS02 店	1	1	1	1	1
CY01 店	3	2	2	2	0.218797
SY03 店	1	2	1	1	0.770843
TL01 店	1	1	1	1	1
HLD01 店	1	2	1	2	0.531272
HC01 店	2	1	1	1	0.781259
SY04 店	2	2	1	2	0.500025
FX01 店	1	3	1	2	0.385439
KY01 店	1	1	1	1	1
SY05 店	2	2	2	2	0.375044
LY01 店	2	1	1	3	0.42711

样本（店）	规范化管理	去中介管理	内部沟通机制	外部沟通机制	指标度量值
SY06 店	1	1	2	2	0.510453
AS03 店	1	3	1	2	0.385439
FX02 店	1	2	1	1	0.770843
PJ01 店	1	1	1	1	1
PJ02 店	1	1	1	1	1
SY07 店	1	3	1	2	0.385439
DL01 店	2	1	2	2	0.38546

附录 4 FX 酒业商超营销中心调查问卷

本次调查服务于提升 FX 酒业大型商超渠道白酒销售业绩的相关研究，目的是了解销售队伍的团队面貌、团队培训、团队文化、团队激励、团队沟通、团队控制等方面的实际情况。调查的内容不涉及对被调查者个人的业绩评价，也不涉及被调查者所在商超门店的业绩评价。

感谢您接受本次调查，谢谢您的支持和协助！

下面涉及您个人的相关信息仅为我们分类统计和分析数据服务，我们承诺不作其他用途。盼您能够如实填写。

所在门店：

年　　龄：

学　　历：

工作年限：

以下是本次问卷调查的内容，共有 9 个问题。请您在填写问卷时认真阅读问卷的内容，在每个问题选项表的相应位置处打"√"。每一个选项（表中的每一行）只打一个"√"。

1. 白酒的文化因素对于消费者有着重要影响。对于白酒而言，文化因素包括：

（1）包装感染力。指白酒的包装设计所体现的视觉愉悦的力量。消费者在观赏一瓶白酒的包装时，并不是简单的视觉接受，而是伴随着视觉产生一系列的心理反应。别出心裁，有视觉感染力的白酒包装设计，会更加受到消费者的欢迎与喜爱，甚至爱不释手。包装感染力能够起到促销的作用，有效提升白酒的销量。

（2）品牌影响力。指白酒的品牌辐射市场、占领市场并获得销售业绩的能力，对消费者购买过程具有重要影响。如大型商超渠道的茅台、五粮液属于全国性品牌，但 FX、道光廿五等属于辽宁省区域性品牌白酒。

（3）文化底蕴。指源于中国白酒文化的品牌文化和产品文化所展示的广度和深度。如凌塔白酒拥有 400 年的传统酿酒工艺历史；道光廿五白酒拥有 200 年的传统酿酒工艺历史；榆树钱白酒则源自 1812 年的"聚成发烧锅"等。

根据您对每一个文化因素对消费者影响程度的理解，在相应的等级处打"√"。

文化因素	文化因素对于消费者的影响程度		
	影响非常大	有一定影响	不确定有无影响
包装感染力			
品牌影响力			
文化底蕴			

2. 白酒的品质因素对于消费者有着重要影响。对于白酒而言，品质因素包括：

（1）酿造工艺。FX 白酒和目前市场上绝大多数名优白酒或知名品牌白酒均为传统工艺酿造。即采用传统的老五甑工艺，以高粱、大麦、小麦等粮食为原料，通过在窖池中发酵，然后上甑蒸馏，蒸出 60～75 度的原酒（基酒）。

（2）勾调技术。指调酒师使白酒色、香、味、格等达到某种程度的协调与平衡的技术。

（3）口感。指品尝者对白酒的一种高级体验，即对白酒的味道感知，包括白酒的香、绵、甜、净、厚等，通俗讲就是"白酒好不好喝"。

（4）内在质量。指白酒内在品质是否优良，营养价值和卫生安全指标是否优良，有些顾客把内在质量理解为"白酒上不上头"。

根据您对每一个品质因素对消费者影响程度的理解，在相应的等级处打"√"。

品质因素	品质因素对于消费者的影响程度		
	影响非常大	有一定影响	不确定有无影响
酿造工艺			
勾调技术			
口感			
内在质量			

3. 价格因素对于消费者有着重要影响。对于白酒而言，价格因素包括：

（1）价格优势。指同一档次白酒产品在价格上的优势，属于大型商超白酒销售最吸引人的卖点之一，销量的提升往往取决于"给出的价格够不够吸引"。

（2）性价比。指白酒的包装、口感、品质等综合性能与价格之间的比例关系，性价比越高顾客满意度越高，越能以更少的钱买到更好的白酒。

根据您对价格优势和性价比对消费者影响程度的理解，在相应的等级处打"√"。

价格因素	价格因素对于消费者的影响程度		
	影响非常大	有一定影响	不确定有无影响
价格优势			
性价比			

4. 促销方式对于消费者有着重要影响。通俗地讲，大型连锁超市的促销方式主要分为：

（1）降价促销。指降低产品销售价格的促销方式。

（2）赠品促销。指购买产品附加赠品的促销方式。

（3）混合促销。指赠品促销与降价促销混合使用的促销方式。

根据您对促销方式对消费者影响程度的理解，在相应的等级处打"√"。

促销方式	促销方式对于消费者的影响程度		
	影响非常大	有一定影响	不确定有无影响
降价促销			
赠品促销			
混合促销			

5. 一般认为，通过继续教育能够促进团队成长，提高销售人员的业务水平，而继续教育内容则是其能否取得实效的关键因素。FX酒业商超营销中心目前的继续教育内容包括：

（1）企业文化。指白酒企业的价值观、理念、符号、行为方式等组成的特有的文化组合。

（2）白酒品评。指运用感官来评定白酒的优劣或等级，包括标准和规则、方法和技能等。

（3）营销技巧。指对顾客心理、产品卖点、沟通能力、服务与关心等掌控运用的技术能力和艺术水平。

（4）心理素质。指基于心理适应能力的自我意识、调适情绪、承受挫折、控制行为的素质。

请根据继续教育内容对业务水平提高的影响程度，在相应的等级处打"√"。

继续教育	继续教育内容对于业务水平提高的影响程度		
	影响非常大	有一定影响	不确定有无影响
企业文化			
白酒品评			

继续教育	继续教育内容对于业务水平提高的影响程度		
	影响非常大	有一定影响	不确定有无影响
营销技巧			
心理素质			

6. 销售人员的自学习模式是提升自身业务水平的重要途径。一般在工作场景中的自学习模式由自学习方式和自学习内容构成。

其中，自学习方式包括：

（1）横向学习。和自己同级别的销售人员互相学习。

（2）向下学习。和比自己级别低的销售人员沟通探讨。

（3）向上学习。和比自己级别高的销售人员请示交流。

自学习内容包括：

（1）产品创新。研发大型商超白酒新产品或对某款白酒进行包装和酒质的升级。

（2）文化传承。FX 酒业的企业文化、品牌文化和产品文化的继承和传播。优秀的品牌文化已经成为一个企业、一座城市的形象载体与窗口，对于营造良好的团队文化起着重要的作用。

（3）消费者心理。大型商超白酒消费者所特有的消费心理和购买心理。

请根据自学习方式和自学习内容对业务水平提高的影响程度，在相应的等级处打"√"。

自学习模式	自学习模式对于业务水平的影响程度		
	影响非常大	有一定影响	不确定有无影响
横向学习			
向下学习			
向上学习			

自学习模式	自学习模式对于业务水平的影响程度		
	影响非常大	有一定影响	不确定有无影响
产品创新			
文化传承			
消费者心理			

7. 领导激励，包括领导根据激励机制对员工的物质激励、荣誉激励和关怀激励，有助于鼓舞斗志、促进员工工作的积极性和创造性，从而为提升业绩而努力奋斗。领导激励的方式和作用体现在如下三个方面：

（1）物质激励。领导根据员工贡献的大小设计足够高且富有竞争性的物质奖励，有助于员工为实现更高的工作目标而不懈努力，从而进一步地提高工作绩效。

（2）荣誉激励。领导把员工销售业绩与选模范、评先进联系起来，鞭策荣誉获得者再接再厉，引导员工行动的方向，激发团队内部比、学、赶、超的氛围。

（3）关怀激励。领导关心员工的工作，找员工谈心并解决问题，为他们的工作创造有利的条件和环境，使员工更有勇气和信心迎接挑战，顺利完成团队任务。

在如下几个方面，请根据自己感受到的领导激励对销售业绩的影响程度，在相应位置分别打"√"。

领导激励	领导激励对于销售业绩的影响程度		
	影响非常大	有一定影响	不确定有无影响
物质激励			
荣誉激励			
关怀激励			

8. 打造卓越的销售团队与团队管理范式的构成因素密不可分：

（1）规范化管理。即业务流程化、行为标准化、决策程序化、考核定量化，强调事事有章可循。

（2）去中介管理。即由公司总部直接经营管理的形态。去中介管理的销售团队文化与公司总部的企业文化一脉相承，具有执行效率高、业绩水平高和队伍稳定的优势，必要时甚至可以举全公司之力支持该销售团队的工作开展。

（3）内部沟通机制。即团队内部管理沟通网络的结构关系和运行方式。研究表明，大型商超白酒销售团队内部沟通机制越健全，团队的合作度和信任度越高，销售业绩和满意度也越高。

（4）外部沟通机制。即白酒企业为促进消费者对企业的深刻认知与支持、提高品牌忠诚度而建立的对外沟通网络的结构关系和运行方式。

根据您的理解和体会，下列管理范式构成因素对打造卓越销售团队的影响程度如何，请在相应的等级处打"√"。

管理范式	管理范式的构成因素对于打造卓越销售团队的影响程度		
	影响非常大	有一定影响	不确定有无影响
规范化管理			
去中介管理			
内部沟通机制			
外部沟通机制			

9. 销售团队的个体素质对于门店销售业绩有着重要影响。个体素质由资质能力、敬业精神和卖点认知（即对所售白酒的内在优势和外在优势的综合了解与掌握）构成。

其中，销售人员的资质能力包括：

（1）学历水平。指销售人员的学历状况。按照岗位胜任要求，销售人员的学历水平必须能够满足自身的工作需求。进入新时代，商超营销中心对销售人员学历水平的要求越来越高。

（2）仪容表现。指销售人员的面容、身材、衣着、言谈和举止的整体表现，也是内在品质的外部反映。专业、端庄、大方、得体的仪容表现既是个人发展的需求，也是销售工作对于个体素质的要求。

（3）沟通能力。指导购员与消费者沟通信息的能力，包含着表达能力、争辩能力、倾听能力和设计能力，确保沟通过程中产生沟通效益，达成预期的销售目标。

（4）促销机智。指销售人员把握消费者心理，在服务与关心中机敏而灵活地运用折扣、赠品、混合促销等促销方式的技能。例如，导购员按照促销方案，机智灵活地运用搭赠、赠品等手段，达成销售目标。又如，业务员在经理指导下或在职务权限内，机智灵活地处理导购员在销售中需要降价、搭赠、多加赠品等情况。

销售人员的敬业精神包括：

（1）责任心。指销售人员对岗位、团队、销售业绩负责任的情感和信念，以及与之相应的承担责任和履行义务的自觉态度。具有责任心的销售人员，会认识到自身工作在团队中的重要性，把团队目标当成个体目标。

（2）执行力。指销售人员把上级的命令和计划落实到行动中，再把行动变成结果，保质保量完成任务的能力，即完成预定目标的操作能力。

（3）进取心。指销售人员不满足于现状，勇于挑战，主动学习，自我发展，坚持不懈地向新目标挺进的心理状态。进取心能够进一步激发销售人员潜在的精力、体力、能力和创新力，从而积极主动地完成工作任务和销售目标。

销售人员的卖点认知包括：

（1）文化因素。指白酒的包装感染力、品牌影响力、文化底蕴等。

（2）品质因素。指白酒的酿造工艺、勾调技术、内在质量、口感等。

（3）价格因素。指白酒的价格优势、性价比等。

（4）促销方式。指白酒的降价促销、赠品促销和混合促销（降价＋赠品）。

根据您的理解和体会，个体素质对白酒销售业绩的影响程度如何，请在相应的等级处打"√"。

对于以下 10 个因素，请根据影响程度，分别打"√"。

个体素质	个体素质对于白酒销售业绩的影响程度		
	影响非常大	有一定影响	不确定有无影响
学历水平			
仪容表现			
沟通能力			
促销机智			
责任心			
进取心			
执行力			
品质因素			
价格因素			
促销方式			
文化因素			

附录5 大润发连锁超市 FX 白酒产品促销效能相关数据

附表4 大润发连锁超市不同销售手段的 FX 白酒产品

产品	A 类促销	B 类促销	C 类促销	D 类促销	E 类无促销	合计
T01	1	1	1	1	1	5
H02	1	1	1	1	1	5
T03	1	1	1	1	1	5
P04	1	1	1	1	1	5
T05	1	1	0	1	1	4
T06	1	1	0	1	1	4
H07	1	0	1	1	1	4
P08	1	0	0	1	1	3
H09	0	1	1	1	1	4
T10	0	1	1	1	1	4
P11	0	1	1	1	1	4
P12	0	1	1	1	1	4
H13	0	1	0	1	1	3
T14	0	1	0	1	1	3
T15	0	1	0	1	1	3
H16	0	0	1	1	1	3
H17	0	0	1	1	1	3
H18	0	0	1	1	1	3
P19	0	0	1	1	1	3
H20	0	0	1	1	1	3
H21	0	0	1	1	1	3
H22	0	0	1	1	1	3
H23	0	0	1	1	1	3

产品	A 类促销	B 类促销	C 类促销	D 类促销	E 类无促销	合计
H24	0	0	1	1	1	3
H25	0	0	1	1	1	3
H26	0	0	1	1	1	3
H27	0	0	1	1	1	3
H28	0	0	1	1	1	3
H29	0	0	1	1	1	3
H30	0	0	1	1	1	3
H31	0	0	1	1	1	3
H32	0	0	1	0	1	2
H33	0	0	1	0	1	2
H34	0	0	1	0	1	2
P35	0	0	0	1	1	2
H36	0	0	0	1	1	2
H37	0	0	0	0	1	1
T38	0	0	0	0	1	1
H39	0	0	0	0	1	1
H40	0	0	0	0	1	1
P41	0	0	0	0	1	1
总计	8	13	28	33	41	123

附表 5 　　　　　　　　　促销贡献和促销效率分析基础指标

样本	促销天数	促销贡献值	促销效率值	产品描述	包装	酿造方法	酒精度	价格（元）
A-T05	49	0.9643	0.92	56 度 FX 金浆 4L	桶	固液法	高度酒	43.8
A-P04	29	0.9615	0.9565	52 度 FX 琼浆御品	瓶	固态	高度酒	9.8
A-H07	17	0.3333	0.8571	52 度 FX 仙醇藏品	单盒	固态	高度酒	22.8
A-T03	15	0.9615	0.8889	50 度 FX 金浆 4L	桶	固态	高度酒	32.9

续表

样本	促销天数	促销贡献值	促销效率值	产品描述	包装	酿造方法	酒精度	价格（元）
A-T06	15	0.2	0.3333	42 度 FX 天酿养生酒 2L	桶	固液法	中度酒	16.8
A-P08	15	0.0769	0.25	45 度 FX 仙醇	瓶	固态	中度酒	8.5
A-H02	8	0.988	0.9878	52 度 FX 天酿	单盒	固态	高度酒	19.9
A-T01	4	0.3333	0.2	52 度 FX 金浆 5L	桶	固液法	高度酒	51.9
B-T01	94	0.9574	0.7143	52 度 FX 金浆 5L	桶	固液法	高度酒	51.9
B-T15	90	0.9375	0.931	50 度 FX 金浆 4.5L	桶	固液法	高度酒	45.8
B-T03	69	0.9512	0.75	50 度 FX 金浆 4L	桶	固态	高度酒	32.9
B-T05	45	0.6667	0.5	56 度 FX 金浆 4L	桶	固液法	高度酒	43.8
B-P11	45	0.0667	0.1111	42 度 FX 王酒	瓶	固液法	中度酒	13.8
B-T14	44	0.1053	0.4286	50 度 FX 仙醇 2L	桶	固液法	高度酒	19.9
B-H09	43	0.1429	0.25	52 度 FX 仙醇珍品	双盒	固态	高度酒	138
B-T10	30	0.5556	0.6	56 度 FX 金浆 2L	桶	固态	高度酒	23.9
B-T06	30	0.0667	0.1	42 度 FX 天酿养生酒 2L	桶	固液法	中度酒	16.8
B-P12	30	0.5556	0.1667	52 度 FX 琼浆 500ml	瓶	固态	高度酒	13.9
B-P04	30	0.9211	0.8889	52 度 FX 琼浆御品	瓶	固态	高度酒	9.8
B-H13	15	0.1	0.3333	42 度 FX 仙醇八年陈（买一赠一）	双盒	固态	中度酒	54.9
B-H02	15	0.6667	0.7778	52 度 FX 天酿	单盒	固态	高度酒	19.9
C-H28	147	0.95	0.8333	52 度 FX 天酿窖龄 20 年	单盒	固态	高度酒	98
C-H22	147	0.7222	0.8	52 度 FX 天酿八年（买一赠一）	双盒	固态	高度酒	99
C-H16	147	0.5833	0.7778	52 度 FX 仙醇五年陈（买一赠一）	双盒	固态	高度酒	58
C-H31	147	0.5556	0.25	52 度 FX 玉液（买一赠一）	双盒	固态	高度酒	149
C-H26	147	0.0833	0.1429	52 度 FX 天酿盛世	双盒	固态	高度酒	188
C-H25	134	0.0714	0.3333	52 度 FX 天酿典藏五星	双盒	固态	高度酒	128
C-H24	132	0.0625	0.25	52 度 FX 天酿典藏三星	双盒	固态	高度酒	99

样本	促销天数	促销贡献值	促销效率值	产品描述	包装	酿造方法	酒精度	价格（元）
C-H20	132	0.0588	0.4	52 度 FX 天酿庆功酒	单盒	固态	高度酒	55
C-H07	124	0.9091	0.92	52 度 FX 仙醇藏品	单盒	固态	高度酒	22.8
C-H29	111	0.9512	0.75	52 度 FX 天酿 1.5L	坛	固态	高度酒	258
C-H34	105	0.913	0.3333	52 度 FX 天酿荣耀礼盒	单盒	固态	高度酒	168
C-H33	104	0.5	0.25	52 度 FX 天酿窖龄 40 年	单盒	固态	高度酒	168
C-H23	104	0.8696	0.8333	52 度 FX 红山韵	单盒	固态	高度酒	108
C-H30	97	0.2308	0.5	52 度 FX 琼浆匠心传奇	单盒	固态	高度酒	88
C-H21	96	0.0769	0.25	52 度 FX 天酿东北情怀	双盒	固态	高度酒	139
C-H27	81	0.0769	0.3333	52 度 FX 天酿梦圆	双盒	固态	高度酒	49.8
C-T03	68	0.9459	0.5385	50 度 FX 金浆 4L	桶	固态	高度酒	32.9
C-H09	53	0.9592	0.9574	52 度 FX 仙醇珍品	双盒	固态	高度酒	138
C-H32	53	0.4	0.3333	52 度 FX 天酿经典（买一赠一）	双盒	固态	高度酒	169
C-H02	37	0.9394	0.9583	52 度 FX 天酿	单盒	固态	高度酒	19.9
C-P12	36	0.9	0.7647	52 度 FX 琼浆 500ml	瓶	固态	高度酒	13.9
C-P04	30	0.8182	0.5	52 度 FX 琼浆御品	瓶	固态	高度酒	9.8
C-T01	29	0.125	0.0625	52 度 FX 金浆 5L	桶	固液法	高度酒	51.9
C-P19	15	0.0476	0.125	42 度 FX 天酿一杯香	单盒	固态	中度酒	88
C-H18	15	0.0556	0.25	56 度 FX 天酿六年陈	单盒	固态	高度酒	39.9
C-T10	15	0.1	0.1111	56 度 FX 金浆 2L	桶	固态	高度酒	23.9
C-P11	2	0.0556	0.0833	42 度 FX 王酒	瓶	固液法	中度酒	13.8
C-H17	2	0.2	0.3333	46 度 FX 天酿 九年陈（买一赠一）	双盒	固态	中度酒	78
D-H16	195	0.0625	0.1111	52 度 FX 仙醇 五年陈（买一赠一）	双盒	固态	高度酒	58
D-H27	150	0.0435	0.0909	52 度 FX 天酿梦圆	双盒	固态	高度酒	49.8
D-H28	150	0.0556	0.05	52 度 FX 天酿窖龄 20 年	单盒	固态	高度酒	98
D-H18	150	0.0588	0.1111	56 度 FX 天酿六年陈	单盒	固态	高度酒	39.9

续表

样本	促销天数	促销贡献值	促销效率值	产品描述	包装	酿造方法	酒精度	价格（元）
D-H22	150	0.0455	0.0625	52 度 FX 天酿八年（买一赠一）	双盒	固态	高度酒	99
D-H17	135	0.0556	0.125	46 度 FX 天酿九年陈（买一赠一）	双盒	固态	中度酒	78
D-P12	112	0.2308	0.1111	52 度 FX 琼浆 500ml	瓶	固态	高度酒	13.9
D-H25	91	0.05	0.0909	52 度 FX 天酿典藏五星	双盒	固态	高度酒	128
D-H31	90	0.0417	0.04	52 度 FX 玉液	双盒	固态	高度酒	149
D-H24	89	0.0476	0.0909	52 度 FX 天酿典藏三星	双盒	固态	高度酒	99
D-H13	86	0.0417	0.0667	42 度 FX 仙醇八年陈（买一赠一）	双盒	固态	中度酒	54.9
D-H20	76	0.0435	0.0909	52 度 FX 天酿庆功酒	单盒	固态	高度酒	55
D-H23	75	0.0455	0.0714	52 度 FX 红山韵	单盒	固态	高度酒	108
D-T10	75	0.5	0.4	56 度 FX 金浆 2L	桶	固态	高度酒	23.9
D-P11	74	0.0556	0.125	42 度 FX 王酒	瓶	固液法	中度酒	13.8
D-T06	71	0.0455	0.0455	42 度 FX 天酿养生酒 2L	桶	固液法	中度酒	16.8
D-T01	63	0.1	0.0714	52 度 FX 金浆 5L	桶	固液法	高度酒	51.9
D-P19	61	0.0526	0.0769	42 度 FX 天酿一杯香	单盒	固态	中度酒	88
D-H30	60	0.0476	0.25	52 度 FX 琼浆匠心传奇	单盒	固态	高度酒	88
D-T14	60	0.0417	0.0526	50 度 FX 仙醇 2L	桶	固液法	高度酒	19.9
D-H29	60	0.25	0.1111	52 度 FX 天酿 1.5L	坛	固态	高度酒	258
D-H09	58	0.0667	0.0714	52 度 FX 仙醇珍品	双盒	固态	高度酒	138
D-P35	57	0.0417	0.0556	50 度 FX 天酿	瓶	固态	高度酒	15.9
D-H21	45	0.0588	0.1667	52 度 FX 天酿东北情怀	双盒	固态	高度酒	139
D-P04	41	0.2	0.1111	52 度 FX 琼浆御品	瓶	固态	高度酒	9.8
D-T15	34	0.0833	0.375	50 度 FX 金浆 4.5L	桶	固液法	高度酒	45.8
D-H26	30	0.0556	0.125	52 度 FX 天酿盛世	双盒	固态	高度酒	188
D-H07	30	0.0909	0.25	52 度 FX 仙醇藏品	单盒	固态	高度酒	22.8
D-T05	30	0.92	0.5	56 度 FX 金浆 4L	桶	固液法	高度酒	43.8

续表

样本	促销天数	促销贡献值	促销效率值	产品描述	包装	酿造方法	酒精度	价格（元）
D-T03	30	0.25	0.2222	50 度 FX 金浆 4L	桶	固态	高度酒	32.9
D-H02	25	0.3333	0.3333	52 度 FX 天酿	单盒	固态	高度酒	19.9
D-H36	22	0.1111	0.0833	52 度 FX 天酿	单盒	固态	高度酒	185
D-P08	15	0.0667	0.1667	45 度 FX 仙醇	瓶	固态	中度酒	8.5

附表 6　　　　　　　固态法白酒促销贡献样本排序

排序	样本	产品描述
1	A-H02	52 度 FX 天酿
2	A-P04	52 度 FX 琼浆御品
3	A-T03	50 度 FX 金浆 4L
4	C-H09	52 度 FX 仙醇珍品
5	B-T03	50 度 FX 金浆 4L
6	C-H29	52 度 FX 天酿 1.5L
7	C-H28	52 度 FX 天酿窖龄 20 年
8	C-T03	50 度 FX 金浆 4L
9	C-H02	52 度 FX 天酿
10	B-P04	52 度 FX 琼浆御品
11	C-H34	52 度 FX 天酿荣耀礼盒
12	C-H07	52 度 FX 仙醇藏品
13	C-P12	52 度 FX 琼浆 500ml
14	C-H23	52 度 FX 红山韵

附表 7　　　　　　　高度酒中促销贡献高的代表性样本

样本	产品描述
A-H02	52 度 FX 天酿
A-T05	56 度 FX 金浆 4L
A-P04	52 度 FX 琼浆御品
A-T03	50 度 FX 金浆 4L

样本	产品描述
C-H09	52 度 FX 仙醇珍品
B-T01	52 度 FX 金浆 5L
B-T03	50 度 FX 金浆 4L
C-H29	52 度 FX 天酿 1.5L
C-H28	52 度 FX 天酿窖龄 20 年
C-T03	50 度 FX 金浆 4L
C-H02	52 度 FX 天酿
B-T15	50 度 FX 金浆 4.5L
B-P04	52 度 FX 琼浆御品
D-T05	56 度 FX 金浆 4L
C-H34	52 度 FX 天酿荣耀礼盒
C-H07	52 度 FX 仙醇藏品
B-H02	52 度 FX 天酿

附表 8　　低档酒中促销贡献高的代表性样本

样本	产品描述
A-H02	52 度 FX 天酿
A-T05	56 度 FX 金浆 4L
A-P04	52 度 FX 琼浆御品
A-T03	50 度 FX 金浆 4L
B-T01	52 度 FX 金浆 5L
B-T03	50 度 FX 金浆 4L
C-T03	50 度 FX 金浆 4L
C-H02	52 度 FX 天酿
B-T15	50 度 FX 金浆 4.5L
B-P04	52 度 FX 琼浆御品
D-T05	56 度 FX 金浆 4L
C-H07	52 度 FX 仙醇藏品
C-P12	52 度 FX 琼浆 500ml

附表 9　　　　　　　　　高度酒中促销效率高的样本信息

样本	产品描述	档次	包装	价格（元）
A-H02	52 度 FX 天酿	低档	单盒	19.9
C-H02	52 度 FX 天酿	低档	单盒	19.9
C-H09	52 度 FX 仙醇珍品	中档	双盒	138
A-P04	52 度 FX 琼浆御品	低档	瓶	9.8
B-T15	50 度 FX 金浆 4.5L	低档	桶	45.8
A-T05	56 度 FX 金浆 4L	低档	桶	43.8
C-H07	52 度 FX 仙醇藏品	低档	单盒	22.8
A-T03	50 度 FX 金浆 4L	低档	桶	32.9
B-P04	52 度 FX 琼浆御品	低档	瓶	9.8
A-H07	52 度 FX 仙醇藏品	低档	单盒	22.8
C-H28	52 度 FX 天酿窖龄 20 年	中档	单盒	98
C-H23	52 度 FX 红山韵	中档	单盒	108
C-H22	52 度 FX 天酿八年（买一赠一）	低档	双盒	99
B-H02	52 度 FX 天酿	低档	单盒	19.9
C-H16	52 度 FX 仙醇五年陈（买一赠一）	低档	双盒	58
C-P12	52 度 FX 琼浆 500ml	低档	瓶	13.9
C-H29	52 度 FX 天酿 1.5L	高档	坛	258
B-T03	50 度 FX 金浆 4L	低档	桶	32.9

参 考 文 献

［1］张凤玲.“飞天”的茅台股价［J］.中国品牌，2021（2）：
59 –61，58.

［2］中华全国商业信息中心.2019 前三季度消费者对白酒消费
行为及偏好调查分析［EB/OL］.http：//www.cncic.org/？p = 2300，
2019 –12 –13.

［3］Li M Y. Construction of Marketing Information Management Sys-
tem of Liquor – Making Enterprises under Clustering Algorithm［J］. Latin
American Applied Research，2018，48（4）：311 –316.

［4］Jones S C，Barrie L，Robinson L，Allsop S，et al. Point-of-
sale alcohol promotions in the Perth and Sydney metropolitan areas［J］.
Drug and Alcohol Review，2012，31（6）：803 –808.

［5］Elberg A，Gardete P M，Macera R，Noton C. Dynamic effects
of price promotions：Field evidence，consumer search，and supply-side
implications［J］. Quantitative Marketing and Economics（QME），2019，
17（1）：1 –58.

［6］高友江.消费者主体的历史挖掘与重塑［J］.管理学报，
2019，16（11）：1612 –1623.

［7］李明宇.为激发市场主体活力创造更好环境［N］.经济日
报，2020 –09 –14（12）.

［8］滕乐法，吴媛媛，李峰.越沉浸越好吗？——品牌体验中
消费者沉浸程度的双重影响研究［J］.管理世界，2020，36（6）：

153 – 167, 251.

[9] 刘金荣, 徐琪. 全渠道零售下"Showrooms"对需求分布、定价和收益的影响研究 [J]. 中国管理科学, 2019, 27 (12): 88 – 99.

[10] Kotler Phillip. Atmospherics as a Marketing Tool [J]. Journal of Retailing, 1973, 49 (4): 48 – 64.

[11] Atulkar S, Kesari B. Role of consumer traits and situational factors on impulse buying: Does gender matter? [J]. International Journal of Retail & Distribution Management, 2018, 46 (4): 1 – 22.

[12] Lecointre – Erickson D, Daucé Bruno, Legohérel patrick. The influence of interactive window displays on expected shopping experience [J]. International Journal of Retail & Distribution Management, 2018, 46 (9): 802 – 819.

[13] Roschk H, Loureiro S M C, Breitsohl J. Calibrating 30 years of experimental research: A meta-analysis of the atmospheric effects of music, scent, and color [J]. Journal of Retailing, 2017, 93 (2): 228 – 240.

[14] Sorensen H. Inside the Mind of the Shopper: The Science of Retailing [M]. United States New Jersey: 2 ed. Pearson Education, 2016.

[15] Garaus M. Atmospheric harmony in the retail environment: Its influence on store satisfaction and repatronage intention [J]. Journal of Consumer Behaviour, 2017, 16 (3): 265 – 278.

[16] 杨潇茵. 基于消费者购物价值的商场环境与营销业绩关系的研究 [D]. 长春: 吉林大学, 2011.

[17] 李飞, 贾思雪, 刘茜, 等. 关系促销理论: 一家中国百货店的案例研究 [J]. 管理世界, 2011 (8): 115 – 129, 188.

[18] 王钰, 李伟, 张维今. 网络零售对传统零售商创新的影响机理研究 [J]. 管理评论, 2019, 31 (5): 139 – 146.

[19] Jang J Y, Baek E, Choo H J. Managing the visual environment

of a fashion store: Effects of visual complexity and order on sensation-seeking consumers [J]. International Journal of Retail & Distribution Management, 2018, 46 (2): 210 - 226.

[20] Wood M. Socio-economic status, delay of gratification, and impulse buying [J]. Journal of Economic Psychology, 1998, 19 (3): 295 - 320.

[21] 李东进, 金慧贞, 郑军. 产品陈列对极度不一致新产品评价的影响研究 [J]. 管理评论, 2018, 30 (9): 97 - 163.

[22] Bogomolova S, Szabo M, Kennedy R. Retailers' and manufacturers' price-promotion decisions: Intuitive or evidence-based? [J]. Journal of Business Research, 2017, 76 (1): 189 - 200.

[23] Ludmial B L B, Martin D L M P. Store atmosphere and impulse: A cross-cultural study [J]. International Journal of Retail & Distribution Management, 2019, 47 (8): 817 - 835.

[24] Augiar T B, Silva E, Guimarā L, Carravilla M A, Oliveira J F. Allocating products on shelves under merchandising rules: Multi-level product families with display direction [J]. Omega, 2018 (76): 47 - 62.

[25] Prashar S, Parsad C, Vijay T S. Factors prompting impulse buying behaviour-study among shoppers in India [J]. International Journal of Indian Culture and Business Management, 2015a, 11 (2): 219 - 244.

[26] 张跃先, 马钦海, 杨勇. 基于服务消费情境的消费者幸福感构念开发和驱动因素研究 [J]. 管理学报, 2017, 14 (4): 568 - 579.

[27] 郭俊辉, 许翠微. 大型商超顾客维系效果研究——基于双渠道服务质量整合模型 (DC - SQ - IM) 的分析 [J]. 商业研究, 2019 (1): 1 - 9.

[28] 李雪，刘益，高伟. 展厅现象下的销售人员创造力研究——一个有调节的双中介模型 [J]. 管理评论，2020，32（8）：204 - 214.

[29] 李明宇，牟凤菊. 辽宁白酒产业高质量发展路径与对策 [J]. 中国酿造，2023，42（2）：251 - 257.

[30] Muratore I. Teens as impulsive buyers：What is the role of price [J]. International Journal of Retail & Distribution Management，2016，44（11）：1166 - 1180.

[31] Terblanche Nic S. Revisiting the supermarket in-store customer shopping experience [J]. Journal of Retailing and Consumer Services，2018，40（1）：48 - 59.

[32] Bustamante J C，Rubio N. Measuring customer experience in physical retail environments [J]. Journal of Service Management，2017，28（5）：884 - 913.

[33] Mehrabian A，Russell J A. An Approach to Environmental Psychology [M]. US：MIT，1974：43.

[34] Das G，Varshneya G. Consumer emotions：Determinants and outcomes in a shopping mall [J]. Journal of Retailing and Consumer Services，2017，38（Sep.）：177 - 185.

[35] Todd，S. Conversion rates matter [J]. Dealernews，2007，43（1）：38.

[36] De Wijk R A，Maaskant A M，Kremer S，Holthuysen N T E，Stijene D A J M. Supermarket shopper movements versus sales and the effects of scent，light，and sound [J]. Food Qual Prefer，2018，70（SI）：32 - 39.

[37] 刘勤. 商业地产租赁估价模型研究——以某大型商业零售连锁企业为例 [D]. 上海：上海交通大学，2007.

[38] 李森彪，邢文杰. 双排队系统下大型超市运营效率的优化

研究［J］. 运筹与管理，2017，26（12）：61 - 67.

［39］［美］菲利普·科特勒，加里·阿姆斯特朗. 市场营销（第16版）［M］. 楼尊，译. 北京：中国人民大学出版社，2015.

［40］郑本荣，杨超，杨珺，等. 闭环供应链的销售渠道选择与协调策略研究［J］. 系统工程理论与实践，2016，36（5）：1180 - 1192.

［41］Ruiz - Molina M，Gil - Saura I，Berenguer - Contri G. Instruments for wine promotion in upscale restaurants［J］. Journal of Foodservice Business Research，2010，13（2）：98 - 113.

［42］Festa G，Cuomo M T，Metallo G，et al. The revolution of wine marketing mix：From the 4Ps to the 4Es［J］. Journal of Business Research，2015，69（5）：1550 - 1555.

［43］Mediobanca. Indagine sul settore vinicolo［OL］. Available at：www. mbres. it/sites/default/files/resources/download _ it/Indagine _ vini _ 2016. pdf，2016.

［44］Pizzi G，Scarpi D. The effect of shelf layout on satisfaction and perceived assortment size：An empirical assessment［J］. Journal of Retailing & Consumer Services，2016（28）：67 - 77.

［45］赵菊，王艳，胡小建，等. 基于"进场费 + 收益共享"契约的供应链协调策略研究［J］. 运筹与管理，2019，28（8）：69 - 75.

［46］Mowrey C H，Parikh P J，Gue K R. The impact of rack layout on visual experience in a retail store［J］. Taylor & Francis，2019（1）.

［47］Flamand T，Ghoniem A，Haouari M，Maddah. Integrated assortment planning and store-wide shelf space allocation：An optimization-based approach［J］. Omega，2018（81）：134 - 149.

［48］Ungureanu F，Lupu R G，Cadar A，Prodan A. Neuromarketing and visual attention study using eye tracking techniques［J］. 2017 21st

International Conference on System Theory, Control and Computing (IC-STCC), Sinaia, 2017: 553 – 557.

[49] 李季, 周李超, 王汉生. 多产品协同促销模式下的零售商促销时间决策模型 [J]. 中国管理科学, 2013, 21 (4): 89 – 97.

[50] Zeviani R. Are we really getting value from our promotions? [OL] Available at: https://www.nielsen.com/au/en/insights/news/2018/are-we-really-getting-value-from-our-promotions.html. Accessed July 28, 2019.

[51] 任庆忠, 徐静. 基于自抗扰控制的不同市场环境库存优化 [J]. 系统管理学报, 2019, 28 (6): 1195 – 1201.

[52] Jedidi K, Mela C F, Gupta S. Managing advertising and promotion for long-run profitability [J]. Marketing Science, 1999, 18 (1): 1 – 22.

[53] Cabral L M B, Villas – Boas M. Bertrand supertraps [J]. Management Science, 2005, 51 (4): 599 – 613.

[54] 黄松, 杨超. 基于战略顾客行为的最优定价与容量选择模型 [J]. 运筹与管理, 2014, 23 (3): 16 – 24.

[55] Lee S, Bruwer J, Song H. Experiential and involvement effects on the Korean wine tourist's decision-making process [J]. Current Issues in Tourism, 2017, 20 (12): 1215 – 1231.

[56] Kim W H, Cho J L, Kim K S. The relationships of wine promotion, customer satisfaction, and behavioral intention: The moderating roles of customers' gender and age [J]. Journal of Hospitality and Tourism Management, 2019 (39): 212 – 218.

[57] 张娜娜, 谢伟, 格佛海. 管理学习的过程模型: 基于苏宁的案例研究 [J]. 科学学研究, 2019, 37 (2): 291 – 300.

[58] Shapiro E. P & G Takes on the supermarkets with uniform pricing [N]. New York Times, 1992, 26 (4): 1992.

［59］ Gil – Saura I，Ruiz – Molina M E. Retail customer segmentation based on relational benefits ［J］. Journal of Relationship marketing，2009，8（3）：253 – 266.

［60］ Aurier P，Lanauze G S D. Impacts of in-store manufacturer brand expression on perceived value，relationship quality and attitudinal loyalty ［J］. International Journal of Retail & Distribution Management，2011，39（11 – 12）：810 – 835.

［61］ Lowe B，Barnes B R. Consumer perceptions of monetary and non-monetary introductory promotions for new products ［J］. Journal of Marketing Management，2012，28（5 – 6）：629 – 651.

［62］ Musso S，Aurier P，De Lanauze G S. Developing in-store brand strategies and relational expression through sales promotions ［J］. Journal of Retailing and Consumer Services，2019（47）：241 – 250.

［63］ 吴锦峰. 商店形象维度对零售品牌权益影响的实证研究［J］. 管理评论，2009，21（7）：65 – 73，79.

［64］ Sharma D，Singh S. Deal proneness and national culture：Evidence from the USA，Thailand and Kenya ［J］. International Marketing Review，2018，35（6）：981 – 1008.

［65］ Garretson J A，Burton S. Highly coupon and sale prone consumers：Benefits beyond price savings ［J］. Journal of Advertising Research，2003，43（2）：162 – 172.

［66］ 丁军. 缺货对顾客购物行为影响分析及营销策略改进 ［D］. 哈尔滨工业大学，2017.

［67］ 卢长宝，彭静，李杭. 限量促销诱发的前瞻性情绪及其作用机制 ［J］. 管理科学学报，2020，23（5）：102 – 126.

［68］ 禹海波，那娜，李媛，等. 需求可变性降低对均值 CVaR 约束销售努力决策库存系统的影响 ［J］. 运筹与管理，2020，29（4）：102 – 112.

[69] 李明宇. 大型连锁超市白酒销售管理理论分析框架构建 [J]. 辽宁工程技术大学学报（社会科学版），2021，23（2）：95 - 104.

[70] 滕飞，夏雪，辛宇. 客户关系与定向增发经营绩效表现 [J]. 南开管理评论，2020，23（3）：212 - 224.

[71] 李明宇. 基于差转计算的大型连锁超市白酒销售管理知识 挖掘 [J]. 辽宁工程技术大学学报（社会科学版），2021，23（3）：176 - 186.

[72] 李宝仁，郑汉良，王莹. 大数据时代零售业统计的变革 [J]. 经济与管理，2015，29（3）：39 - 43.

[73] Atkin T，Newton S. Consumer awareness and quality perceptions: A case for Sonoma county wines [J]. Journal of Wine Research，2012，23（2）：155 - 171.

[74] Barber N，Almanza B，Dodd T. Relationship of wine consumers' self-confidence，product involvement，and packaging cues [J]. Journal of Foodservice Business Research，2008，11（1）：45 - 64.

[75] Hirche M，Bruwer J. Buying a product for an anticipated consumption situation-observation of high and low involved wine buyers in a retail store [J]. International Journal of Wine Business Research，2014，26（4）：295 - 318.

[76] 谢宏图. 论当前高档白酒包装设计的困惑与对策 [J]. 南京艺术学院学报（美术与设计），2017（3）：202 - 204.

[77] 韩培. 传统陶瓷元素在包装设计中的应用 [J]. 包装工程，2020，41（12）：303 - 306.

[78] 刘万明. 中国酒文化结构失调及优化 [J]. 四川理工学院学报（社会科学版），2017，32（1）：26 - 36.

[79] Lick E，König B，Kpossa M R，et al. Sensory expectations generated by colours of red wine labels [J]. Journal of Retailing and Con-

sumer Services, 2017 (37): 146 – 158.

［80］Danner L, Johnson T E, Ristic R, et al. "I like the sound of that!" Wine descriptions influence consumers' expectations, liking, emotions and willingness to pay for Australian white wines ［J］. Food Research International, 2017, 99 (pt. 1): 263 – 274.

［81］Carrero I, Redondo R, Fabra M. E. Who is behind the sustainable purchase? The sustainable consumer profile in grocery shopping in Spain ［J］. International Journal of Consumer Studies, 2016, 40 (6): 643 – 651.

［82］Annunziata A, Pomarici E, Vecchio R, et al. Nutritional information and health warnings on wine labels: Exploring consumer interest and preferences ［J］. Appetite, 2016 (106): 58 – 69.

［83］Bishop M, Barber N. A market segmentation approach to esteem and efficacy in information search ［J］. The Journal of Consumer Marketing, 2012, 29 (1): 13 – 21.

［84］Bruwer J, Saliba A, Miller B. Consumer behaviour and sensory preference differences: Implications for wine product marketing ［J］. The Journal of Consumer Marketing, 2011, 28 (1): 5 – 18.

［85］Marques C P, Almeida D. A Path Model of Attitudinal Antecedents of Green Purchase Behaviour ［J］. Economics & Sociology, 2013, 6 (2): 135 – 144.

［86］Thomas L M, Gómez I, Christopher J G, Anna K M. The effect of tasting sheet sensory descriptors on tasting room sales ［J］. International Journal of Wine Business Research, 2014, 26 (1): 61 – 72.

［87］Ritchie C. Beyond Drinking: The Role of Wine in the Life of the UK Consumer ［J］. International Journal of Consumer Studies, 2007, 31 (5): 534 – 540.

［88］Charters S, Pettigrew S. Why Do People Drink Wine? A Consumer – Focused Exploration ［J］. Journal of Food Products Marketing, 2008, 14（3）: 13 – 32.

［89］ Charters S. Wine and Society: The Social and Cultural Context of a Drink ［J］. Tourism and Hospitality Research, 2007, 34（3）: 816.

［90］ Bordieu P. Outline of a Theory of Practice ［J］. Asa Review of Books, 1977, 6（2）: 232.

［91］ Ehrlich R, Sheppard J, Aufenast J. Getting high ［J］. Harpers On – Trade, 2002（23）: 38 – 41.

［92］ Christy R, Norris G. Discovery markets. Communicating product identities in specialised sectors ［J］. British Food Journal, 1999（10）: 797 – 808.

［93］ Savage M, Barlow J, Dickens P, Fielding T. Culture, Consumption and lifestyle. In Consumption, Critical Concepts in the Social Sciences（ed. by D. Miller）［M］. London: Routledge, 1992: 523 – 555.

［94］石青辉, 张贵华. 白酒消费行为的价值体现及营销启示 ［J］. 消费经济, 2007, 23（13）: 2 – 6.

［95］龚艳萍, 向鑫. 论中国传统文化价值观对白酒品类消费动机的影响 ［J］. 经济研究导刊, 2009（3）: 164 – 165.

［96］杨文榜. 论李白饮酒诗的文化意蕴 ［J］. 乐山师范学院学报, 2005（4）: 13 – 15.

［97］李明宇. 中国白酒文化特征要素分析与内涵理论模型 ［J］. 中国酿造, 2023, 42（5）: 248 – 254.

［98］马健. 中国白酒的文化形象认同危机与酒道传播系统重构 ［J］. 系统科学学报, 2019, 27（2）: 86 – 91, 136.

［99］ Hu H C. The Chinese concept of "face" ［J］. American Anthropologist, 1944（46）: 45 – 64.

［100］ Goffman E. On face-work: An analysis of ritual elements in social interaction ［J］. Psychiatry: Journal for the Study of Interpersonal

Processes，1955，18（3）：213 - 231.

［101］Stover L E. The Culture Ecology of Chinese Civilization：Peasants and Elitesin the Last of the Agrarian States［M］. NY：PicaPress，1974.

［102］施卓敏，郑婉怡. 面子文化中消费者生态产品偏好的眼动研究［J］. 管理世界，2017（9）：129 - 140，169.

［103］范婉琳. 论跨文化交际中的中西方面子文化差异［J］. 兰州教育学院学报，2018，34（8）：95 - 96，172.

［104］刘聪伟. 基于餐桌文化来谈中西文化的面子观差异［J］. 开封教育学院学报，2019，39（6）：247 - 249.

［105］Ting - Toomey S，Kurogi A. Facework competence in intercultural conflict：An updated face-negotiation theory［J］. International journal of intercultural relations，1998，22（2）：187 - 225.

［106］杨强，张宇，刘彩艳，等. 感知价值与面子威胁对消费者冲动性购买行为影响的实证研究［J］. 预测，2014，33（6）：8 - 14.

［107］郑玉香. 我国大学生面子消费决策行为特点的探索性研究［J］. 经济问题探索，2009（2）：55 - 60.

［108］宋晓兵，赵诗雨，栾冬晖. 价格比较对消费者感知面子的影响研究［J］. 预测，2016，35（5）：16 - 22.

［109］余锋. 筷子与叉子——餐桌礼仪中的中西文化差异［J］. 赤峰学院学报（哲学社会科学版），2012（4）：64 - 65.

［110］Sun T，Horn M，Merritt D. Values and lifestyles of individualists and collectivists：A study on Chinese，Japanese，British and US consumers［J］. Journal of Consumer Marketing，2004，21（5）：318 - 331.

［111］Kerr W C，Greenfield T K，Bond J，Ye Y，Rehm J. Age，period and cohort influences on beer，wine and spirits consumption trends in

the US National Alcohol Surveys ［J］. Addiction, 2004 （99）: 1111 –
1120.

［112］ Mitchell R, Hall C M. The Post-visit Consumer Behaviour of
New Zealand Winery Visitors ［J］. Journal of Wine Research, 2004, 15
（1）: 39 –49.

［113］ Bruwer J, McCutcheon E. Marketing implications from a be-
haviorism per-spective of consumption dynamics and socio-demographics of
wine consumers ［J］. Asia-Pacific Journal of Marketing & Logistics, 2017,
29 （3）: 519 –537.

［114］ Goh S K, Jiang N, Hak M F A, et al. Determinants of smart
phone repeat purchase intention among malaysians: Amoderation role of so-
cial influence and amedia ting effect of consumer satisfaction. International
Review of Management and Marketing, 2016 （6）: 993 –1004.

［115］ John Thøgersen et al. How important is country-of-origin for or-
ganic food consumers? A review of the literature and suggestions for future
research ［J］. British Food Journal, 2017, 119 （3）: 542 –557.

［116］ 罗胜. 电子商务环境下化妆品消费者冲动性购买行为研
究 ［D］. 华南理工大学, 2018.

［117］ Petter S, De Lone W, McLean E. Measuring information sys-
tems success: Models, dimensions, and interrelationships ［J］. European
Journal of Information Systems, 2008, 17 （3）: 236 –263.

［118］ Zhang Z. The influence and evaluation of commercial building
indoor environment on customer satisfaction: Cases from supermarket of
northeast China ［C］//IOP Conference Series: Earth and Environmental
Science, 2019, 233 （2）: 022028.

［119］ Jacoby J, J C Olson. Consumer response to price: An attitudi-
nal, information processing perspective ［J］. Moving ahead with attitude
research, 1976: 73 –86.

［120］吴泗宗. 市场营销学 ［M］. 北京: 清华大学出版社,
2012: 68 - 70.

［121］Engel J F, Kollat D T, Blackwell R D. Consumer Behavior
［M］. New York: Holt, Rinehart and Winston Inc. , 1968.

［122］Mittal S, Deepak C, Neena S. Impulse buying tendencies
among Indian consumers: Scale development and validation ［J］. Journal
of Indian Business Research, 2016, 8 (3): 205 - 226.

［123］Flamand T, Ghoniem A, Maddah B. Promoting impulse buy-
ing by allocating retail shelf space to grouped product categories ［J］. Jour-
nal of the Operational Research Society, 2016, 67 (7): 953 - 969.

［124］Howard J A, Sheth J N. A Theory of Buyer Behavior ［J］.
Journal of the American Statal Association, 1969: 467 - 487.

［125］理查德·科克. 帕累托80/20效率法则 ［M］. 李汉昭,
译. 北京: 海潮出版社, 2001.

［126］Kim B D, Rossi P E. Purchase frequency, sample selection,
and price sensitivity: The heavy-user bias ［J］. Marketing Letters, 1994,
5 (1): 57 - 67.

［127］Yoon E, Carlotti S, Moore D. Make your best customers even
better ［J］. Harvard Business Review, 2014, 92 (3): 22 - 24.

［128］王永贵, 王帅, 胡宇. 中国市场营销研究70年: 回顾与
展望 ［J］. 经济管理, 2019, 41 (9): 191 - 208.

［129］肖海林, 张术丹. 中国绿色变轨型高技术产品第一批消
费者的购买意向模型——基于汽车产业的多重比较研究 ［J］. 管理评
论, 2021, 33 (1): 103 - 119.

［130］Hofstede G. Management scientists are human ［J］. Manage-
ment Science, 1994, 40 (1): 4 - 13.

［131］Hofstede G, McCrae R R. Personality and culture revisited:
Linking traits and dimensions of culture ［J］. Cross - Cultural Research,

2004，38（1）：52 – 88.

[132] Khare A. Culture, small retail stores, and Indian consumer preferences：A moderating role of demographics [J]. The International Review of Retail, Distribution and Consumer Research, 2013, 23 (1)：87 – 109.

[133] Graafland J, Noorderhaven N. National culture and environmental responsibility research revisited [J]. International Business Review, 2018, 27 (5)：958 – 968.

[134] McNeill L S, Fam K S, Chung K. Applying transaction utility theory to sales promotionthe impact of culture on consumer satisfaction [J]. The International Review of Retail, Distribution and Consumer Research, 2014, 24 (2)：166 – 185.

[135] Hwang J, Seo S. A critical review of research on customer experience management：Theoretical, methodological, and cultural perspectives [J]. International Journal of Contemporary Hospitality Management, 2016, 28 (10)：2218 – 2246.

[136] 戚海峰. 中国人消费行为中的面子问题探究 [J]. 湖北大学学报（哲学社会科学版），2009，36（1）：120 – 125.

[137] 薛海波，符国群，江晓东. 面子意识与消费者购物决策风格：一项 70 后、80 后和 90 后的代际调节作用研究 [J]. 商业经济与管理，2014（6）：65 – 75.

[138] 宋晓兵，吴育振，马鹏飞. 产品普及率对双维度感知面子的影响：自我建构的调节作用研究 [J]. 管理评论，2017，29（9）：155 – 166.

[139] 于春玲，朱晓冬，王霞，等. 面子意识与绿色产品购买意向——使用情境和价格相对水平的调节作用 [J]. 管理评论，2019，31（11）：139 – 146.

[140] 崔旭超. 卖点恐慌袭击食品业——白酒业集体陷入卖点

恐慌〔J〕. 糖烟酒周刊, 2004 (33)：A008 - A011.

〔141〕虞世南, 北堂书钞〔M〕. 北京：中国书店, 1989：630.

〔142〕李井岩, 李明宇. 从红山文化源头查海遗址探析我国谷物酿酒的起源〔J〕. 北方文物, 2015 (1)：16 - 19, 25.

〔143〕胥劲松. 基于消费者行为的白酒营销策略〔D〕. 成都：电子科技大学, 2009.

〔144〕李明宇. 三沟酒业品牌诉求与推广〔J〕. 辽宁工程技术大学学报 (社会科学版), 2017, 19 (5)：506 - 510.

〔145〕孟锦贵. 唐代饮酒诗选〔M〕. 太原：山西古籍出版社, 2000：176.

〔146〕李明宇, 张志勇. 张三丰故事集〔M〕. 沈阳：辽宁大学出版社, 2019：141 - 142.

〔147〕李明宇. 三沟酒业品牌文化建设研究〔J〕. 辽宁工程技术大学学报 (社会科学版), 2018, 20 (5)：385 - 390.

〔148〕王颖超. 传统再生产与品牌文化的打造——以一种白酒"道光廿五"为例〔D〕. 北京师范大学, 2008.

〔149〕Assael H. Consumer Behavior and Marketing Action〔M〕. Boston：Kent Publishing Company, 1984.

〔150〕Sajeesh S, Raju J S. Positioning and pricing in a variety seeking market〔J〕. Management science, 2010, 56 (6)：949 - 961.

〔151〕Niu B, Chen L, Liu Y, Jin Y. Joint price and quality decisions considering chinese customers' variety seeking behavior〔J〕. International Journal of Production Economics , 2019 (213)：97 - 107.

〔152〕Marques C, Guia A. Gender, knowledge, and motivation for wine purchasing〔J〕. International Journal of Wine Business Research, 2018, 30 (4)：481 - 492.

〔153〕石青辉. 白酒消费行为研究〔D〕. 长沙：湖南大学, 2008.

〔154〕Festinger, Leon. A Theory of Cognitive Dissonance〔M〕.

California：Stanford University Press，1962：1 –47.

［155］Wood W，Rünger D. Psychology of Habits ［J］. Annual Review of Psychology，2016，67（1）：289 –314.

［156］杜立婷，李东进. 购买习惯对新产品选择行为的双重影响模型及实证检验 ［J］. 管理学报，2017，14（7）：1070 –1078.

［157］Labrecque J S，Wood W，Neat D T，et al. Habit Slips：When Consumers Unintentionally Resist New Products ［J］. Journal of the Academy of Marketing Scicnce，2017，45（1）：119 –133.

［158］Aleshina I V. Consumer behavior ［M］. Russia Moscow：Economics，2016.

［159］张锐. 白酒涨价的市场成色有待检验 ［N］. 经济日报，2019 –06 –11（009）.

［160］张贵华. 白酒客户的消费行为实证分析 ［A］//中国高等院校市场学研究会. 中国高等院校市场学研究会 2011 年年会论文集 ［C］. 湖南：中国高等院校市场学研究会，2011：61 –66.

［161］Park E J，Kim E Y，Funches V M，et al. Apparel product attributes，web browsing，and e-impulse buying on shopping websites ［J］. Journal of Business Research，2012，65（11）：1583 –1589.

［162］Tran T T. Factors affecting the impulse shopping intention of Vietnamese people：An application case in Ho Chi Minh City ［J］. International Journal of Advanced and Applied Sciences，2019，6（3）：65 –74.

［163］谷一波，田志宏. 中国居民白酒消费的影响因素研究 ［J］. 食品与发酵科技，2019，55（2）：72 –77.

［164］筱鹂. 不可忽视的"她力量"：1919 发布女性购酒大数据 ［J］. 酿酒科技，2021（4）：134.

［165］Alba J W，Williams E F. Pleasure principles：A review of research on hedonic consumption ［J］. Journal of Consumer Psychology，

2013，23（1）：2 - 18.

［166］黄丽娟. 移动营销情境下消费者感知价值研究——以微信订阅号为例［D］. 西安电子科技大学，2019.

［167］［美］迈克尔·所罗门. 消费者行为学（第 12 版）［M］. 杨晓燕，等译. 北京：中国人民大学出版社，2018.

［168］王丹. 传统节日研究的三个维度——基于文化记忆理论的视角［J］. 中国人民大学学报，2020，34（1）：164 - 172.

［169］康亮. 节庆消费视角下电商"造节"营销模式思考［J］. 商业经济研究，2018（10）：71 - 73.

［170］陈飞，怀雅男. 春节模型的效应期识别方法研究［J］. 系统工程理论与实践，2019，39（4）：1031 - 1041.

［171］韩庆龄，包庆德. 消费社会深度反思及其生态批判［J］. 哈尔滨工业大学学报（社会科学版），2021，23（2）：122 - 129.

［172］［美］菲利普·科特勒，凯文·莱恩·凯勒. 营销管理（第 15 版）［M］. 何佳讯，等译. 北京：格致出版社，2016.

［173］Engel J F, Blackwell R D, Miniard P W. Consumer Behavior［Z］. 8th Edition ed. Chicago：The Dryden Press，1995.

［174］Theodore Levitt. Marketing Success of through Differentiation of Anything［J］，Harvard Business Review，1980：83 - 91.

［175］Krishna A, Cian L, Aydınoǧlu, Nilüfer Z. Sensory Aspects of Package Design［J］. Social ence Electronic Publishing，2017，93（1）：43 - 54.

［176］刘向东，刘雨诗，陈成漳. 数字经济时代连锁零售商的空间扩张与竞争机制创新［J］. 中国工业经济，2019（5）：80 - 98.

［177］Cohen D A, Babey S H. Candy at the cash register-a risk factor for obesity and chronic disease［J］. New England Journal of Medicine，2012，367（15）：1381 - 1383.

［178］Nakamura R, Pechey R, Suhrcke M, Jebb S A, et al. Sales impact of displaying alcoholic and non-alcoholic beverages in end-of-aisle locations: An observational study [J]. Social Science & Medicine, 2014, 108 (SI): 68 – 73.

[179] Garaus M. Atmospheric harmony in the retail environment: Its influence on store satisfaction and repatronage intention [J]. Journal of Consumer Behaviour, 2017, 16 (3): 265 – 278.

[180] Imschloss M, Kuehnl C. Don't ignore the floor: Exploring multisensory atmospheric congruence between music and flooring in a retail environment [J]. Psychology & Marketing, 2017, 34 (10): 931 – 945.

[181] Helmefalk M, Hultén B. Multi-sensory congruent cues in designing retail store atmosphere: Effects on shoppers' emotions and purchase behavior [J]. Journal of Retailing and Consumer Services, 2017, 38 (5): 1 – 11.

[182] Cohen S G, Bailey D E. What makes teams work: Group efffectiveness research from the shop flfloor to the executive suite [J]. Journal of Management, 1997 (23): 239 – 290.

[183] Guidotti R, Rossetti G, Pappalardo L, Giannotti F, et al. Personalized Market Basket Prediction with Temporal Annotated Recurring Sequences [J]. IEEE Trans Knowl Data Eng, 2018, 31 (11): 2151 – 2163.

[184] Hackman J R, Lawler E E. Employee reaction to job characteristics [J]. Journal of Applied Psychology Monograph, 1971 (55): 259 – 286.

[185] McGrath J E. Social Psychology: A Brief Introduction [M]. New York: Holt, Rinehart & Winston, 1964: 214 – 217.

[186] Kotler P. Marketing para o século XXI: Como criar, conquistar e dominar mercados [M]. São Paulo: Ediouro, 2009.

[187] Kotler P. Marketing Management: Analysis, planning, im-

plementation，and control［J］. Journal of Marketing，1998（7）：134 –
145.

［188］McCarthy J，Perreault Jr. W D. Basic Marketing：A Manage-
rial approach 1st ed［M］. Homewood，Il：Irwin，1960.

［189］Kotler P，Turner R E. Marketing management：Analysis，
planning，and control［J］. Journal of Marketing，1967（1）：110 –
111.

［190］Robert Lauterborn. Based on the Marketing Theory of 4Cs
［M］. New Marketing Litany：Four Ps Passé：C – Words Take Over，
1990.

［191］陈良凯．商业银行理财产品销售影响因素的实证研究——
以四川农行为例［D］. 西南交通大学，2014.

［192］李明宇．大型商超白酒销售业绩评价指标体系构建与应
用研究［J］. 中国酿造，2023，42（10）：256 – 262.

［193］Muratore I. Teens as impulsive buyers：What is the role of
price？［J］. International Journal of Retail & Distribution Management，
2016，44（11）：1166 – 1180.

［194］Badgaiyan A J，Verma A. Intrinsic factors affecting impulsive
buying behaviour – Evidence from India［J］. Journal of Retailing and Con-
sumer Services，2014，21（4）：537 – 549.

［195］Yan J，Tian K，Heravi S，et al. The vices and virtues of con-
sumption choices：Price promotion and consumer decision making［J］.
Marketing Letters，2017，28（3）：1 – 15.

［196］黄静，王锦堂，刘洪亮，等．视觉营销与消费者行为
［J］. 科学决策，2020（4）：67 – 89.

［197］张伟，杨婷，张武康．移动购物情境因素对冲动性购买
意愿的影响机制研究［J］. 管理评论，2020，32（2）：174 – 183.

［198］Herzberg F，Mausner B，Snyderman B B，The Motivation to

Work, New York: John Wiley & Sons, Inc., 1959.

[199] Barsade S, O'Neill O A. Manage your emotional culture [J]. Harvard Business review, 2016, 94 (1): 58 – 66.

[200] Kumar V, Pansari A. Competitive advantage through engagement [J]. Journal of Marketing Research, 2016, 53 (4): 497 – 514.

[201] 刘福元. 城管考核机制中的指标体系研究——围绕导向性, 设定原则和量化评价的制度文本考察 [J]. 西南政法大学学报, 2017, 19 (3): 62 – 84.

[202] 李明蔚, 张俊娥, 王永刚, 等. 白酒企业生态文明评价指标体系构建 [J]. 中国人口·资源与环境, 2016, 26 (S1): 129 – 133.

[203] 廖斌, 王婷, 王海天. 白酒企业可持续竞争力评价研究 [J]. 中国酿造, 2019, 38 (7): 200 – 204.

[204] 李明宇. 和谐劳动关系背景下的国有煤矿企业文化——以同煤集团下属 3 矿为例 [J]. 辽宁工程技术大学学报 (社会科学版), 2016, 18 (4): 521 – 525.

[205] Kim S, Egan T, Kim W, et al. The impact of managerial coaching behavior on employee work-related reactions [J]. Journal of Business & Psychology, 2013, 28 (3): 315 – 330.

[206] 包研科. 泛因素空间与数据科学应用 [M]. 北京: 北京邮电大学出版社, 2021.

[207] 包研科, 赵凤华. 多标度数据轮廓相似性的度量公理与计算 [J]. 辽宁工程技术大学学报, 2012 (5): 797 – 800.

[208] Cavazotte F S C N, Araujo F F, Abreu A L. Organizational identification among Brazilian public employees: a study of the cultural sector. [J]. Revista brasileira de gestão de negócios, 2017 (19): 289 – 306.

[209] Frieder R E, Wang G, Oh I S. Linking job-relevant personality traits, transformational leadership, and job performance via perceived

meaningfulness at work：A moderated mediation model ［J］. Journal of Applied Psychology，2018，103 （3）：324 – 333.

［210］ Scott C A. The effects of trial and incentives on repeat purchase behavior ［J］. Journal of Marketing Research，1976，13 （1）：263 – 269.

［211］ Gedenk K，Neslin S A. The role of retail promotion in determining future brand loyalty：Its effect on purchase event feedback ［J］. Journal of Retailing，1999，75 （4）：433 – 459.

［212］ Ehrenberg A S C，Hammond K，Goodhardt G J. The After – Effects of Price – Related consumer promotions ［J］. Journal of Advertising Research，1994，34 （4）：11 – 21.

［213］ Mela C F，Gupta S，Lehmann D R. The long-term impact of promotion and advertising on consumer brand choice ［J］. Journal of Marketing Research，1997，34 （2）：248 – 261.

［214］ Blattberg R C，Briesch R，Fox E J. How promotions work ［J］. Marketing Science，1995，14 （3）：122 – 132.

［215］ 李明宇. 大型商超白酒产品促销效能评价方法研究 ［J］. 中国酿造，2023，42 （9）：246 – 252.

［216］ 李树，卿烈蓉. 加里·贝克尔晚年对社会经济学的贡献 ［J］. 经济学动态，2016 （4）：149 – 159.

［217］ Spinnewyn F. Rational habit formation ［J］. European Economic Review，1981，15 （1）：91 – 109.

［218］ Li M Y，Xu R Z，Chen Q H. A Partial order OWA Operator for Solving the OWA Weighing Dilemma ［J］. IEEE Access，2023 （11）：55435 – 55441.

［219］ 岳立柱，李良琼. 应用偏序集表示权重难以获知的 TOPSIS 模型 ［J］. 模糊系统与数学，2017，31 （4）：167 – 174.

［220］ 范懿. 一个有关哈斯图的解析方法 ［J］. 上海第二工业大

学学报，2003，20（1）：17 – 22.

［221］Khare A，Sarkar S，et al. Influence of culture，price perception and mall promotions on Indian consumers' commitment towards malls ［J］. International Journal of Retail & Distribution Management，2019，47（10）：1093 – 1124.

［222］Flamand T，Ghoniem A，Haouari M，Maddah. Integrated assortment planning and store-wide shelf space allocation：An optimization-based approach ［J］. Omega，2018（81）：134 – 149.

［223］Garrett J，Gopalakrishna S. Sales team formation：The right team member helps performance ［J］. Industrial Marketing Management，2019，77：13 – 22.

［224］Park W W，Kim M S，Gully S M. Effect of cohesion on the curvilinear relationship between team efficacy and performance ［J］. Small Group Research，2017，48（4）：455 – 481.

［225］李明宇，岳立柱，金珊. 应用关系矩阵表示偏序集平均高度的方法 ［J］. 辽宁工程技术大学学报（自然科学版），2018，37（1）：216 – 220.

［226］Matthews L M，Zablah A R，Hair J F，Marshall G W. Increased engagement or reduced exhaustion：Which accounts for the effect of job resources on salesperson job outcomes ［J］. Journal of Marketing Theory and Practice，2016，24（3）：249 – 264.

［227］Azanza G，Gorgievski M J，Moriano J A，Molero F. Influencing salespeople's work outcomes through authentic leadership ［J］. Leadership & Organization Development Journal，2018，39（3）：926 – 944.

［228］卢长宝，庄晓燕. "新零售" 背景下聚集促销现象及运作模式研究 ［J］. 福建论坛（人文社会科学版），2018（9）：45 – 52.

［229］Robinot E，Ertz M，Durif F. Jingle Bells or "Green" Bells? The Impact of Socially Responsible Consumption Principles upon Consumer

Behavior at Christmas Time ［J］. International Journal of Consumer Studies，2017（6）.

［230］李明宇，岳立柱. 不完全赋值的第二类语义多准则模型分析方法［J］. 辽宁工程技术大学学报（自然科学版），2018，37（2）：434 – 439.

［231］汪培庄. 模糊数学与优化：汪培庄文集［M］. 北京：北京师范大学出版社，2013.

［232］包研科，茹慧英，金圣军. 因素空间中知识挖掘的一种新算法［J］. 辽宁工程技术大学学报，2014，33（8）：1141 – 1144.

［233］包研科，茹慧英. 差转计算的算法与实证［J］. 模糊系统与数学，2017，31（6）：177 – 184.

［234］包研科，汪培庄，郭嗣琮. 因素空间的结构与对偶回旋定理［J］. 智能系统学报，2018，13（4）：656 – 664.

［235］李明宇. 传统媒体与新媒体的新闻信息传播比较［J］. 中国广播电视学刊，2014（9）：100 – 101.

［236］李明宇，邢瑜辉，白洋. 做好民企党建工作，助力三沟创新发展［J］. 酿酒，2019，46（1）：20 – 22.

［237］李明宇，刘建辉. 基于WEB的化工仿真系统研究［J］. 计算机仿真，2009，26（12）：286 – 289.

［238］李明宇，张志勇. 阜新市三丰文化与旅游产业融合发展研究［J］. 辽宁工业大学学报（社会科学版），2023，25（1）：73 – 78.

后　记

　　手捧定稿的书稿，内心不禁感慨万分。在繁忙的工作之余，总算完成了这本书的撰写，它给我留下了多少欣慰和多少回忆。这本著作是近年来笔者在大型商超白酒营销管理领域的研究成果，也包括笔者在做博士期间和在企业挂职期间的一些理论思考与实践经验。

　　诚朴求是，博学笃行。首先，我要感谢仲维清、岳立柱、沈玉志、包研科、邵良杉、王世权、李乃文等各位专家和学者的启迪与帮助，选题的研讨、模型的构建、方法的运用、现实的透视，都有各位良师益友的真知灼见，在此衷心感谢他们！我也要感谢辽宁工业大学的领导和同事，这本著作与他们直接的关心和支持是分不开的。同时，我还要感谢调研过程中用例企业从上到下对我的热情接待，同仁们利用休息时间耐心解答我的疑问，并在理论模型与指标体系构建方面提供了许多建设性看法。这一切，都在激励我以诚恳朴实的态度，修身治学，勇于探索科学真理；以坚毅自强的品格，博学躬行，为实现第二个百年奋斗目标、实现中华民族伟大复兴的中国梦而不懈奋斗！

　　新故相推，日生不滞。大型商超白酒营销是一个年轻的领域，又会随着时代的发展而持续变化，不断形成新的局面，需要用发展的思维去创新研究。本书是抛砖引玉之作，虽然针对每一个观点、每一个数据、每一个图表，笔者都反复推敲，力求凝练和准确，但是限于水平，书中疏漏、不足之处在所难免，敬请广大专家、学者批评指正。

　　砺器悟道，守正创新。正如习近平总书记所指出的，要努力构建具有中国特色、中国风格、中国气派的学科体系、学术体系和话语体

系，因此，《大型商超白酒销售业绩影响因素研究》的内容不仅需要
与时俱进，更需要扎根本土。撰写这本书，是我的一个心愿和一份责
任，也是本人科研工作的一个阶段性总结，更是新征程的起点！

最后向参加本书评阅、评审以及出版的各位专家和工作人员致以
最诚挚的谢意！

李明宇

于辽宁工业大学

2023 年 10 月